첫 사랑의
추억에서
다시 찾은 행복

이 성 / 평역

지성문화사

머리말

이 소설의 주인공 캐럴라인 잭슨은 지나치게 섹스에 탐닉하는 여자 같기도 하고, 또 신분 상승을 위해서는 여자로서의 수단과 방법을 가리지 않는 철저한 속물 같기도 하다.
 그러나 달리 보면 조금만 행복을 위해 절망적인 몸부림을 치는 가련한 여인이다.
 그녀는 아버지가 누구인지도 모르는 불우한 가정에서 태어났으나, 조금도 위축되지 않고 항상 밝고 명랑함을 잃지 않는다. 그리고 강한 승부욕과 집착력을 갖고 있으며, 어느면에서는 다분히 도전적이기도 하다.

그녀는 자라서 마침내 성에 눈뜨게 되지만, 그 성을 통하여 남자들 알게되고 냉혹한 현실과 부딪치면서 좌절과 슬픔을 맛보게 딘다. 그녀에게 있어 남자는 생계 수단이자 미래의 전부이다. 그녀로서는 남자를 통하지 않고서는 아무것도 얻을 수 없었다.

그렇다고 해서 그녀는 남자의 노예가 되거나 부속물이 되는 것은 단호히 거부한다. 그녀가 오히려 남자를 선택했다. 많은 남자들이 그녀를 스쳐갔으나 불행하게도 그들 중 진심으로 그녀를 사랑하는 남자는 한 명도 없었다. 그녀 또한 끝까지 사랑할 만한 남자를 발견하지 못했다.

'가난에 찌든 구질구질한 생활속에서 탈출하는 것'만이 유일한 그녀의 소망이고 꿈이었던 그녀는 자신의 '도약'을 위해 맥켄리 하원의원의 '숨겨진 여자'가 된다.

그리고 자신의 꿈을 이루기 위해 온갖 수모와 배신을 딛고 혼신의 힘으로 현실을 헤쳐 나간다. 참으로 눈물겨운 일이 아닐 수 없다. 주인공의 삶과 사랑에 대한 편견, 또한 솔직하게 묘사되는 섹스에 대한 장면 등등은 그녀의 삶에 대한 처절한 몸부림을 상징적으로 보여주는 것이라 할 수 있다.

앞서 언급한 것처럼 그녀에게 있어 섹스는 유일한 재산이고 희망이며, 무엇보다도 그녀의 삶 자체이기 때문이다.

차 례

Blue Sex

사랑은 영원한 신비(神秘)이다
그것은 설명할 수 있는 방법이
전혀 없기 때문이다.

R. 타고르

1

1
이별

이별

맥켄리 하원의원은 오십대 중반의 나이지만, 건장한 체구의 소유자였다. 그의 회색의 강철 같은 굵은 머리카락은 그의 차고 매서운 눈과 잘 어울리고 있었다. 그리고 그의 턱은 네모져 있어 굳은 의지력을 보여주는 듯했다.

그는 워싱턴 정가에서 '하원의원 중의 하원의원' 이란 별명으로 불리며 막강한 권력을 행사하는 실력가로 알려져 있었다.

그는 침실을 향해 말했다.

"간단히 샤워만 하고 나갈게, 케럴라인."

"알았어요."

하원의원이 샤워를 하는 동안, 캐럴라인은 침대 커버를 씌우고 서랍에서 베이비 오일병을 꺼내와 뚜껑을 열어 옆에 놓고 핑크색 새틴 시트를 깔아 그가 나오면 맛사지할 준비를 하였다.

시트는 깨끗했지만 전에 베이비 오일을 쓸 때 떨어진 자국이 아직 남아 있었다. 그녀는 가운을 벗어 방바닥 아래 던져 버린 채로 침대 위에 벌렁 누웠다. 스커트 자락이 위로 치켜지면서 미끈한 허벅지가 드러났다.

그때 샤워 소리가 멎었다. 그녀는 휴우 하고 조그맣게 안도의 한숨을 쉬면서 침대위에서 일어났다.

마침내 하원의원은 그의 몸을 큰 타올로 휘어감고 침실로 걸어 들어왔다. 그는 샤워를 너무 빨리 한 탓에 머리카락은 아직 훔치지도 않아 젖어 있었고 숨도 약간 가쁜 듯했다.

캐럴라인은 그의 모습을 보고 오늘도 빨리 끝날 것으로 생각되어 내심 반가왔다.

하원의원은 침대 위에 배를 깔고 엎드려 누웠다. 캐럴라인은 준비한 베이비 오일을 조금씩 그의 등뒤에 바르며 부드럽고 긴 손으로 문지르기 시작했다.

얼마 후 그녀는 그의 근육살이 모인 히프 위에 올라앉아서 그의 양 어깨로부터 아래로 천천히 온몸을 주물러 내려갔다.

그녀의 손은 능숙하게 움직여 거의 프로에 가까운 솜씨를 보여 주었다. 맥켄리 의원의 온몸은 시원해져 옴을 느꼈다. 그는 만족한 미소를 지으며 엎드려 있었다. 하루의 피로가 씻은 듯이 가시는 듯 했다.

'고마운 캐럴라인…'

그는 속으로 캐럴라인에게 감사했다. 그녀의 매력적인 얼굴, 늘씬한 몸매, 드거운 사랑의 장면을 하나하나 떠올려 가며 아름다운 추억들을 생각하니, 지금 그녀와 헤어진다는 것은 무척 괴로운 일이 아닐 수 없었다.

　그러나 더 이상 그녀와 관계를 지속하는 것은 무엇보다도 페니
와의 결혼 문제가 걸려 있는데다가 정치적으로도 부담이 된다고
생각했다.

　'그런데 어떻게 헤어지자는 말을 꺼내지?'

　그는 잠시 깊은 생각에 잠겼다.

　사실 지난 3년 동안 서로의 필요에 의해 맺은 관계이지만 잊지
못할 추억이 될 것이었다.

2
상류 사회를 향하여

그들이 처음 만나게 된 곳은 워싱턴의 한 칵테일 파티장이었다. 원래 이와 같은 파티는 정계와 재계를 잘 아는 사람의 명의로 재계의 지원을 받아, 워싱턴의 상류사회에서 주최하는 것이 상례로 되어 있었다.

따라서 참석 범위는 정계와 재계의 실력자와 내로라 하는 로비스트들에 한정되어 있었다. 상호 정보 교환과 친목 도모 등 명실공히 정경 상호간의 긴밀한 유대를 위한 모임이며 비공식적인 파티였다.

그런데 그날의 모임은 좀 특별했다. 그것은 새로 당선된 상·하 의원의 상견례를 겸하기도 한 것이었다. 그러다 보니 참석자들은 서로를 알고 알리기에 바쁜 날이기도 했다.

이날의 파티에 캐럴라인이 참석하게 된 까닭은 한 상원의원과 연인 관계에 있는 친구의 주선으로 이루어진 것이었다.

파티는 전 독일 주재 미국대사였던 쟌 핸드릭스 씨의 미망인의 저택에서 개최되었다. 핸드릭스 부인은 남편으로부터 막대한 유산을 물려받아 워싱턴 사교계에서는 손꼽히는 저명인사로 알려진 여자이다.

캐럴라인은 워싱턴의 고급 주택가인 조지타운에 있는 타운 하우스에 가기 위하여 그녀의 아파트 월세까지 써가면서 격식을 차렸다. 그녀로서는 절호의 기회였다. 상류사회의 문은 아무에게나 좀처럼 쉽게 열리는 것이 아니었다.

그녀는 고급 리무진차를 전세내서 타고 그곳으로 갔다. 이 타운 하우스는 5층 건물로서 분홍색 벽돌과 순백색 대리석으로 장식된 아름다운 저택이었다.

이 집은 조지언 시대의 전형적인 건축 스타일로 1868년에 지어졌는데, 지금도 워싱턴의 명물로 인정받고 있었다.

정문의 수위가 캐럴라인이 전세내어 타고온 검은색 리무진의 문을 열어주자 그녀는 귀부인같이 우아하게 차에서 내렸다.

그녀의 긴 금발머리, 카리브 휴양지에서 일광욕으로 예쁘게 태운 살결, 목과 어깨가 깊이 드러난 흰 비단 가운드레스, 진주에 금속 고급장식 브로치─이 모두가 캐럴라인의 몸매를 더욱 돋보이게 했다.

그날의 호스테스인 핸드릭스 부인은 아직 독신인 어느 하원의원이 교제를 하고 있는 영화배우가 캐럴라인인 줄로 착각했을 정도였다.

그녀는 핸드릭스 부인이 자기를 영화배우로 보아 준 것에 대해 매우 흡족하게 생각하였다. 그러나 자신이 영화배우가 아니라고 알려주지 않아, 부인은 그녀가 계속 영화배우인 것으로 알고 있었다.

핸드릭스 부인은 꼬치꼬치 따지지 않고 그저 젊고 아름다운 사람과 정계 인사들과 어울리기를 좋아하고 있을 뿐이었다.

캐럴라인은 파티장에서 유명 인사들과 스스럼없이 인사를 나누며 그들에게 자신의 미모를 알리기에 바빴다.

그녀는 또 파티장의 사진사에 의하여 그녀가 상·하 의원들과 사교계 인사들과 어울리고 있는 장면이 많이 찍히도록 애를 썼다. 그녀는 그들과의 사진 속에서 우아하고 아름다운 모습을 드러내기 위해 세심하게 신경을 썼다.

이날의 파티에서 캐럴라인은 여러 남자들로부터 많은 윙크를 받았다. 그와 동시에 많은 부인들로부터 질투와 미움을 사기도 했다.

이날 파티에 초청된 손님 중에 제임스 맥켄리라는 하원의원이 있었다. 그는 페니 필립스라는 예쁜 젊은 금발 여인을 데리고 왔는데, 그들은 서로 사귀는 사이 같았다. 그녀의 아버지는 맥켄리 하원의원의 선거구의 유력 인사였다.

아마도 기회를 노리고 있었던 듯, 페니가 화장실로 갔을 때 맥켄리 의원이 슬그머니 캐럴라인 곁으로 다가왔다. 사진사의 사진 촬영이 끝나자 그는 재빨리 캐럴라인에게 말을 걸었다.

"오늘은 이만 하면 많은 사진을 찍으신 것 같군요."

"여자들은 원래 사진찍기를 좋아해요, 상원의원님."

캐럴라인은 그가 상원의원일 것으로 지레짐작했다.

"나는 텍사스 주에서 선출된 제임스 맥켄리 하원의원입니다. 아가씨는 미스 뭐라고 불러야 할까요?"

"나의 이름은 캐럴라인 잭슨입니다. 당신은 여자들에게 매우 친절하신 것 같군요, 맥켄리 의원님."

"꼭 그렇지만은 않습니다. 그러나 미스 잭슨은 워낙 미인이시라, 내가 정중히 모셔야 할 분같이 느껴집니다."

하며 그는 여러 가지 재미있는 대화를 이끌어 캐럴라인에게 호감을 사려 했다. 그는 그녀의 전화번호를 물어서 그것을 자신의 수첩에 적었다.

그 당시 캐럴라인은 텔레비전 방송국에서 안내 접수역으로 일하며 PD로부터 '선발'되기를 기대하고 있었다.

그녀의 수입은 형편없었고 일도 따분했다. 그녀는 결국 자기가 선발될 수 있는 유일한 길은 오직 침대에 의해서만 이루어질 수 있다고 생각하고 있었다.

캐럴라인은 맥켄리 의원이 자신을 바라보는 눈길이 틀림없이 자기를 좋아하고 있는 것으로 느껴졌다.

"이 저택의 다른 방들도 구경하셨습니까?"

맥켄리 의원이 은근한 눈으로 그녀를 쳐다보며 물었다.

"아뇨."

캐럴라인은 고개를 흔들었다. 그는 남의 눈을 피해서 그녀를 슬슬 다른 곳으로 이끌어갈 눈치였다.

"이 저택은 참으로 구경해볼 만한 훌륭한 건물입니다. 제가 이 건물 구경을 시켜드리죠."

"네, 좋아요."

캐럴라인은 잠시 생각하는 척하다가 재빨리 대답했다.

맥켄리 의원은 그녀를 이층 계단으로 안내해서 올라갔는데, 그곳에도 일층과 같이 많은 손님들이 파티를 즐기고 있었다.

"삼층도 구경해 봅시다."

그는 그렇게 말하며 그녀의 손을 덥썩 잡았다.

그들이 계단을 올라가는 동안 맥켄리 의원은 그녀에게 직업과 생활 상황 등을 물었다. 그녀는 자신의 직장과 그녀가 하고 있는 일 등을 그에게 말해 주었다.

"방송국이 당신의 미모만큼 급료를 주지 않고 있군요."

그는 의미심장하게 말했다.

"위싱턴은 참으로 생활비가 많이 드는 도시예요."

그녀는 자못 심각하게 말했다.

삼층에는 핸드릭스 부인의 응접실과 침실, 독서실, 운동실 등이 있는 곳으로, 아무 손님도 없는 조용한 곳이었다.

그들은 응접실로 들어갔다. 방 한쪽에는 박물관에서나 볼 수 있는 웬 남자의 거대한 전신 초상화가 걸려 있었다. 아마도 그녀의 남편인 전 독일 주재 미국대사인 듯싶었다. 그리고 미국, 구라파 등지에서 수집한 진귀한 예술품들이 화려한 샹들리에 불빛에 비쳐 빛나고 있었다.

"아주 아름답고 멋진 응접실이군요."

캐럴라인은 그저 놀라고 감탄할 뿐이었다. 그것은 한없이 아름답고 부러운 것으로 그녀의 시야를 가득 채우고 있었다.

"저로서는 이와 같은 곳에서 감히 살 수도 없는 별천지 같은 곳이군요."

하고 그녀는 이제 거의 탄식하는 소리까지 하였다.

"당신과 같은 미모의 여인은 무엇이든지 원하시는 대로 가질 수 있는 자격이 있어요."

맥켄리 의원은 자신이 그녀를 위하여 그것을 해 줄 수 있는 듯 간접적으로 암시하는 말을 하였다.

캐럴라인은 이 순간이 아주 중요한 고비라고 생각했다. 그녀는 남자의 구미에 맞을 만한 말을 생각해 보았다. 그러나 적당한 말이 얼른 떠오르지 않았다. 그녀는 거의 본능적으로 말했다.

"날 너무 쉽게 생각하시는 건 아니겠죠?"

"물론입니다."

맥켄리 의원은 다소 당황하면서 대답했다.

"난 멋진 남자를 좋아해요. 시시한 남잔 딱 질색이거든요."

캐럴라인의 머리는 빠르게 회전했다. 여자의 적당한 콧대는 아름다운 몸매만큼이나 남자를 흥분시킨다는 것을 그녀는 잘 알고 있었다.

"그럼 난 어떻게 보여요?"

맥켄리 의원이 다소 겸연쩍게 물었다.

"시시한 남자였다면 아마도 날 여기까지 데려오기 전에 뺨부터 먼저 한 대 얻어맞았을 거예요… 호호."

캐럴라인은 자신의 콧대를 슬쩍 세우면서 상대편의 자존심까지 치켜올려 주었다.

"그 말을 들으니 기분이 나쁘지 않군요. 하하…"

맥켄리 의원도 유쾌하게 따라 웃었다.

그들은 천천히 걸음을 옮겨 핸드릭스 부인의 운동실로 들어갔다. 그곳에는 최신의 최고급 운동기구가 구비되어 있었으며, 한쪽 벽은 대형 거울로 완전히 가리워져 있었다.

거울 앞에는 긴 테이블이 있고, 그 옆에는 핸드릭스 부인의 화장대가 있으며, 그 위에는 향수와 화장품들이 가지런히 놓여 있었다. 캐럴라인은 큰 셸리머 향수병을 집어들었다.

"이 향수는 내가 가장 좋아하는 향수예요."

그녀는 혼자 중얼거리듯 말하며 향수를 그녀의 귀 뒤에 살짝 뿌렸다.

캐럴라인이 화장대에서 집주인의 고급 화장품을 만지고 있는 동안 맥켄리 의원은 운동실로 들어오는 문들을 잠근 후에 그녀에게로 왔다.

"갑자기 대담해지신 것 같군요."

캐럴라인이 웃으며 말했다.

"그래요. 새로운 용기가 생겼거든요."

그는 그녀의 등뒤에 서서 양손을 그녀의 겨드랑이 아래로 넣어 젖가슴을 만졌다. 그녀는 거울에 비친 그의 모습을 보고 살짝 웃음을 지었다. 뭔가 그녀의 운명이 바뀌어질 것 같은 예감이 그녀의 머리를 스쳤다.

"나는 당신의 젖가슴이 실리콘인 줄 알았어요."

그는 크고 탐스러운 그녀의 젖가슴이 정형 수술에 의한 것으로 짐작한 모양이었다. 사랑의 속삭임 치고는 참으로 멋대가리가 없었지만, 한편으로 개구쟁이 같은 그의 말에 웃음이 나왔다.

캐럴라인은 웃음을 터뜨리려다 말고 문득 "여자가 남자 앞에서 옷을 벗는 것은 1분이 늦어도 안되고 1분이 빨라도 안되는 거야." 하던 어머니의 충고가 생각났다. 그녀는 목줄기 속의 마른 침을 삼키며 바짝 긴장했다.

"천만에요, 이건 실리콘이 아니고 순수한 것이예요."

"난 순수한 걸 좋아해요."

"그렇다면 이걸 당신에게 드릴 테니 가져 볼 용기가 있으세요?"

그녀는 드디어 주사위를 던졌다. 운명의 루비콘 강을 무사히 건너기만 하면 그녀의 앞에는 멋진 상류 사회가 화려하게 펼쳐질 것이다. 그러나 실패하면 웃음거리가 되거나 값싼 창녀 취급을 받게 될 것이다.

"불 속에라도 들어가겠습니다."

하원의원의 눈이 크게 떠졌다.

"뭐 뜨거운 불 속에까진 들어갈 필요가 없어요. 부드러운 내 몸 속에 들어오면 돼요."

캐럴라인은 돌아서서 그의 얼굴을 정면으로 바라보았다. 그녀의 눈 속에는 여자로서의 간절한 소망이 담겨 있었다. 그녀의 아랫입술이 약간 벌어지면서 눈가에 촉촉하게 물기가 배었다. 그녀는 몸을 앞으로 기울여 가볍게 그의 입술에 키스를 하였다.

그는 거칠게 그녀의 허리를 휘어감고 힘껏 끌어안으며 그의 뜨거워진 혀를 그녀의 입속으로 밀어들었다.

캐럴라인은 그의 혀를 빨면서 대담하게 허벅지로 그의 아랫도리를 감쌌다. 하원의원의 얼굴이 벌겋게 상기되며 순식간에 그의 남성이 불끈 일어서고 있음을 느꼈다.

뒤이어 그의 손이 그녀의 등뒤에 있는 드레스의 지퍼를 찾느라고 더듬기 시작했다.

"이렇게 해도 이곳이 안전할까요?"

그녀가 속삭였다.

"이곳에는 아무도 올라오지 못할 거예요. 내가 문을 모두 잠가 놓았으니까요."

그는 서둘러 그의 상의를 벗었다. 캐럴라인은 그의 와이셔츠의 단추를 따주고 넥타이도 풀어주었다.

그의 몸은 근육질로 잘 단련되어 있었다. 지나치게 거칠지도 않고 알맞게 균형이 잡혀 있었다. 그것은 그녀에게 기묘한 안도감과 함께 신뢰감을 주었다. 그리고 그것은 그녀를 흥분시키기까지 했다.

그녀는 그의 허리띠를 풀고 그의 바지도 벗겼다. 그는 구두끈을 푼 다음 옆으로 걷어차듯 벗어버렸다.

캐럴라인은 그의 팬츠를 천천히 아래로 내려 그녀의 긴 손가락으로 그의 심벌을 휘어잡았다. 그의 심벌은 놀랍게도 굵고 큼직했다.

"이렇게 큰 것을 감쪽같이 잘도 감춰 두었군요."

캐럴라인이 장난스럽게 말했다.

"당신을 위해 잘 보관해 두었던 거에요."

하원의원이 웃으며 응수했다.

"여러 군데 써먹지 않고요?"

"당신 같은 미인이 아니면 이건 아예 요지부동인 걸요. 그런데 당신은 어때요?"

"난 원래 열려 있는 것이니까 개점휴업이었다고 해야겠군요."

캐럴라인이 그것을 놓아주자, 그는 팬츠를 발 아래로 내려 발길로 저만큼 걷어차 버렸다. 어지간히 급한 모양이었다.

그녀는 서두르지 않고 천천히 옷을 벗기 시작했다. 여자의 옷벗는 모습만큼 남자를 흥분시키고 조급하게 만드는 것도 없었다. 그녀는 그것을 잘 알고 있었다.

하원의원은 마른 침을 꿀꺽 삼키며 그녀의 옷벗는 모습을 취한 듯이 지켜보고 있었다. 탐스러운 젖가슴, 풍만한 히프, 미끈한 두 다리, 그녀는 참으로 아름다운 여인, 바로 그것이었다.

그는 지금까지 많은 여자와 관계를 가져 보았지만 그녀만큼 멋진 몸매와 풍만한 육체를 가진 금발 미인은 처음이었다.

그는 일초라도 빨리 그녀의 몸속으로 자신의 몸을 밀어넣고 싶었다. 그러나 다음 순간, 저 아름다운 얼굴의 예쁜 입에다 자신의 심벌을 넣어 보았으면 하는 생각이 들었다.

"우선 이걸 좀 달구어 주지 않겠소?"

하원의원은 손가락으로 자신의 심벌을 가리키며 말했다.

캐럴라인은 그것이 무엇을 요구하는 것인지 알 수 있었다. 그러나 이건 아무래도 좀 심한 것 같았다. 그는 너무도 당연한 것처럼 자신에게 명령하듯 말하고 있지 않는가.

그러나 그녀는 아무 말없이 무릎을 마룻바닥에 대고 앉으며 다시 그의 심벌을 잡았다. 이것이 상류 사회로 가는 길이라면 이를 악물고 감수하는 수밖에 없었다.

"내가 당신의 모습을 볼 수 있도록 저쪽 운동 테이블 위에 드러눕겠소."

하원의원은 아이보리색 요를 깐 테이블 위에 누워서 그의 양다리를 벌렸다. 그는 아름다운 젊은 금발 미녀가 벌거벗은 알몸으로 그에게 다가오는 것을 보며 즐거워했다.

캐럴라인은 팔꿈치를 그의 양다리 사이에 짚은 채로 그의 심벌을 두 손으로 잡고는 위아래로 천천히 맛사지하듯 쓰다듬으며 마치 아이스크림을 핥듯 혀끝으로 애무하기 시작했다.

하원의원은 몸을 일으켜 거울에 비치는 그녀의 모습을 보았다. 그녀의 크고 푸른 눈동자는 밝고 빛났다. 그녀의 얼굴은 살아 있는 조각품 같았다.

"오, 당신은 너무도 아름다워."

흥분한 그는 히프를 번쩍 쳐들면서 몸을 비꼬았다.

"당신은 뜨거운 남자 같아요."

그녀가 속삭이듯 말했다.

"캐럴라인, 당신은 사랑의 마술사 같아."

그녀는 자신에게 주어진 임무를 충실히 수행하는 하인처럼 열심히 그의 남성을 애무했다.

그러더니 차츰 템포가 빨라졌다. 그것은 마치 정지했던 기관차의 피스톤이 처음에는 힘겹게 천천히 움직이다가 점차 가속도를 더해 가며 질주하는 것과도 같았다.

맥켄리 의원은 무아의 상태에서 흥분의 절정을 느끼며 거울을 통해서 그녀를 보려고 했다.

그러나 쉬지 않고 움직이는 그녀의 긴 머리카락이 그녀의 얼굴을 가리고 있어 그녀의 아름다운 얼굴과 이 숨막히는 광경을 제대로 볼 수가 없었다.

"리본이나 끈을 찾아 당신의 머리카락을 동여매서 내가 당신의 얼굴을 볼 수 있게 해 주면 좋겠소."

캐럴라인은 근처에 있는 서랍을 뒤져 다이아몬드가 박힌 한 쌍의 머리핀을 찾아내었다. 그녀는 그것을 양쪽 옆머리에 꽂아 머리카락이 흘러 내리지 않게 한 다음 그의 곁으로 왔다.

그는 그녀의 머리카락이 동여매져서 그녀의 얼굴을 볼 수 있게 된 것이 기뻤다. 그는 머리를 돌려 거울 쪽을 보았다.

맥켄리 의원은 아름다운 미인이 자신의 남성을 애무하고 있는 모습을 보니 기쁘고 즐거웠다. 그녀의 탐스러운 젖가슴은 그녀의 얼굴의 움직임과 함께 큰 파도처럼 출렁이고 있었다. 이루 말할 수 없이 야릇하고 짜릿한 쾌감이 그를 감쌌다.

그녀의 흡입력어 점점 강하게 그의 남성을 압박해 옴에 따라 그의 흥분은 극도에 달했다.

"오오, 그만!"

그는 신음소리를 토해내었다.

"그만… 이리 와요."

그는 숨을 몰아쉬고 있었다.

캐럴라인은 머리를 들고 손수건으로 그녀의 입가를 닦았다. 상대를 즐겁게 해 주기 위한 그녀의 헌신적인 노력은 비장할 정도로 진지했다.

"이왕이면 우리의 모습이 저 거울에 비치도록 합시다."

그는 부잣집 막내아이처럼 원하는 것도 많았다.

"그러죠."

그녀는 하원의원이 누운 운동용 테이블을 옮겨 거울을 향하게 하였다. 그리고는 테이블 위로 올라가 그의 허벅지 위에 올라앉았다. 그의 하체는 참으로 튼튼하고 믿음직스러웠다.

그녀는 소중한 보물을 다루듯 그의 남성을 두 손으로 잡고 금발로 덮인 그녀의 하복부로 가지고 갔다. 이윽고 그것은 무언가에 집어삼키우듯 순식간에 자취를 감추고 말았다.

"으음!"

그녀의 히프 밑에 깔린 하원의원이 신음소리를 냈다.

그는 반듯이 누워 두 손바닥으로 그녀의 율동을 격려라도 하듯 받쳐 주면서 그의 격정은 점점 고조되어 갔다.

"아, 아…"

그녀의 율동이 한 순간 격렬하게 파동쳤다.

캐럴라인은 갑자기 숨이 막히는 듯 짧은 신음소리를 냈다. 그녀의 전신이 경련하듯 부르르 떨렸다. 그녀는 머리를 뒤로 젖히고 눈을 꽉 감았다. 양팔을 쭉 공중으로 뻗치는 그녀의 얼굴이 창백해졌다.

맥켄리는 그녀의 몸속이 후끈하고 뜨거워지며 그의 하복부가 흥건히 적셔지고 있음을 느꼈다. 그는 그녀가 클라이맥스에 도달하고 있음을 알고 질풍노도처럼 그들의 사랑을 절정으로 이끌어 갔다.

"오, 캐럴라인. 못 참겠어!"

하나, 둘, 셋… 참다가 참다가 더 이상 못 참는 순간, 드디어 그의 남성은 격렬한 분출을 시작했다. 큰 제방이 터져 성난 물이 쏟아져 나오듯 그녀의 숲을 흠뻑 적시고도 남아서 밖으로 밀려나와 그의 몸을 타고 흘러내렸다.

그래도 맥켄리는 그녀의 몸 아래 누운 채 지하수를 펌프질해서 올리듯 그의 몸을 계속 위아래로 움직여 마지막 한 방울까지 짜내려고 안간힘을 썼다.

　　그러나 가슴을 펄떡이며 가쁜 숨을 몰아쉬고 있는 그는 이미 온 힘을 탕진한 듯 서서히 잦아들고 있었다. 한동안 정적의 시간이 흘러갔다.

　　한참 후 그녀는 얼굴을 돌려 옆에 누워 있는 하원의원에게 미소를 지었다. 그는 아직도 무엇이라 말할 기력조차 없는 듯했다. 그러나 그의 마음을 잡아놓을 수 있는 어떤 마무리가 필요했다.

　　"당신은 아주 멋진 남자예요."

　　그녀는 그의 가슴에 난 털을 쓰다듬으며 말했다.

　　"캐럴라인, 정말 즐거웠어."

　　그는 한쪽 손을 약간 들어 보이며 감사를 표했다.

　　"맥켄리 씨…"

　　그녀는 첫정을 바친 소녀처럼 말했다.

　　"당신의 매력에 난 정신을 잃었어요. 나에겐 이제 당신밖에 없어요. 당신은 나의 전부예요."

　　여자의 순정어린 속삭임은 남자를 잡아끄는 묘약임에 틀림없었다. 맥켄리는 감동한 듯,

　　"캐럴라인, 당신을 사랑해."

하고 말했다.

　　캐럴라인은 지쳐 누워 있는 맥켄리 의원의 입술에 가볍게 키스를 하고 테이블에서 내려와 몸을 씻기 위해 목욕실로 가면서 속으로 중얼거렸다.

'오늘 일은 그에게 단지 봉사하려 한 것뿐인데 나까지 흥분한 건 웬일일까?'

그녀가 돌아왔을 때 그는 일어나 옷을 다 입고 있었다.

"캐럴라인, 당신의 섹스 기교는 일품이더군."

흥분이 다소 가라앉자 맥켄리가 빙긋 웃으며 말했다.

"기왕에 즐기려면 그렇게 해야죠."

"그걸 다 어떻게 터득했죠?"

그의 음성에는 약간 이죽거림이 있었다. 그것은 남성 특유의 어처구니없는 독점욕인지도 몰랐다.

"연구를 했죠. 주부가 즐거운 식탁을 마련하려면 요리법을 연구해야 하듯이…"

"연구에 착수한 지는 얼마나 됐어요?"

"상당 기간이라고 해 두죠."

"참 대단한 노력가이십니다."

"당신도 참 대단한 수사관이군요."

"난 합중국 하원의원이오."

그가 웃으며 말했다.

"난 숙녀예요."

"사과합니다."

둘은 유쾌하게 웃었다.

"아무래도 내가 먼저 나가는 것이 좋겠어요. 내가 데리고 온 여자가 나를 찾고 있을 게 분명해요. 당신에게 곧 전화할께요."

그는 그녀의 뺨에 키스를 하고는 운동실을 나갔다.

캐럴라인은 그를 따라가서 운동실 문을 잠근 다음 옷을 입기 시작했다.

'흠, 거물 정치인은 여자 다루는 솜씨도 비상하군.'

그녀의 입가에 미묘한 웃음이 감돌았다.

그녀는 다이아몬드 머리핀을 뽑아 서랍에 넣은 후 머리빗질을 하고 집주인의 립스틱도 바르며 화장을 했다. 그리고는 셸리머 향수도 조금 뿌린 다음 아래층으로 내려갔다.

파티는 분명히 그녀로서는 성공적이었다. 그녀는 오늘의 파티에서 맥켄리뿐만 아니라 다른 여러 남자들에게도 그녀의 전화번호가 적힌 명함을 주었었다.

그녀로서는 최선을 다했다고 할 수 있었다. 특히 멕켄리라는 정계의 실력자와 정사까지 나눈 것은 그녀의 앞날에 어떤 서광이 비칠 수도 있는 일이었다. 그녀는 마음속으로 오늘의 파티 주최자에게 감사하면서 그곳을 떠났다.

3
여자의 변신

캐럴라인은 그 날 파티에서 대어(大魚)를 낚은 것으로 확신했다. 그녀는 앞으로 전개될 일을 생각하니 그저 한없이 기쁘고 즐거웠다. 이것이 꿈인지 생시인지 자신의 팔을 꼬집어 보고 싶은 심정이었다.

그녀는 맥켄리 의원을 통해서 워싱턴 상류사회의 파티에 참석할 수 있게 되었고, 그곳에서 많은 남자들—그것도 돈이 많은 실업가나 정계 실력자들을 만날 수 있게 되었다.

특히 그녀가 동경해 마지않던 화려한 생활을 마음껏 즐길 수 있으리라고 생각되었다.

그런데 실망스럽게도 맥켄리 하원의원은 이튿날에도, 그 다음날에도 그녀에게 전화를 걸지 않았다. 그것은 상대방을 3일 동안

이나 기다리게 하는 한편, 자신의 느긋함을 보여주기 위한 협상 전략인 것 같았다.

그러다가 3일째 되는 날 오전, 맥켄리 의원은 그녀에게 전화로 워싱턴의 포토맥 강변에 있는 어느 우아한 고급 레스토랑에서 점심식사를 같이 하자고 전해왔다.

캐럴라인은 텔레비전 방송국에는 몸이 아파서 결근하겠다고 연락하고, 함께 자취하는 친구인 파커에게 오후에는 절대로 아파트에 들어오지 말라고 했다. 또 저녁에 들어올 때도 꼭 먼저 전화로 확인한 다음에 들어오라는 당부도 잊지 않았다.

캐럴라인은 샤넬 디자인을 본뜬 베이지 색깔의 실크 드레스를 파커로부터 빌려 입고 하원의원을 만나기 위해 서둘러 초대 장소로 갔다.

캐럴라인이 레스토랑에 도착하자 그곳 지배인이 그녀를 조용하고 아늑한 특실로 안내했다. 맥켄리는 테이블에서 일어나 정중히 그녀의 손을 잡았다.

"미스 잭슨, 와 주셔서 감사합니다."

그는 품위있고 점잖은 목소리로 말했다.

"나는 당신에게 몇 가지 의논드릴 일이 있습니다."

웨이터가 식사 메뉴판을 가지고 오자 그는 우선 술부터 주문하고는 말을 이었다.

"캐럴라인, 내가 보기엔 당신이 텔레비전 방송국에서 일하는 것을 그다지 만족스럽게 생각하지 않는 것 같더군요?"

"네, 별로 탐탁하게 생각하지 않아요. 방세도 겨우 내는 형편이니깐요."

"그렇다면 내게 와서 일하면 어떨까요?"

"제가 해야 할 일은 어떤 건데요?"

"사무도 보고 전화도 받는 등 ─ 말하자면 일반 사무직입니다. 연봉으로 2만5천 달러를 지불받게 됩니다."

"네? 일 년에 2만5천 달러라구요?"

그녀는 깜짝 놀라지 않을 수 없었다.

"그렇습니다. 당신은 미국 연방 하원위원회가 비용을 지불하는 아파트로 들어가서 살 수 있습니다. 이 아파트는 침실 두 개짜리 아파트입니다. 가끔 나는 나의 동료를 데리고 가기도 할 것입니다. 당신은 나와 나의 동료를 가정에서처럼 아늑한 곳으로, 아주 정말 그러한 곳으로 만들어 주어야 합니다."

맥켄리 의원은 잠시 말을 끊고 사이를 두었다가 단호한 어조로 말했다.

"내 입장에서 이렇게 많은 돈을 지불하는만큼 당신도 내가 원한다면 언제라도 응해 주어야 할 것으로 생각됩니다. 그러나 그런 일이 그렇게 자주 있는 편은 아닙니다. 나는 업무상 지방에 출장도 자주 다니니까요. 내 말이 무슨 뜻인지 잘 이해하시겠지요?"

그의 말은 아주 사무적이었다. 그는 말을 마치자 약간 쑥스러웠던지 옆의 벽에 걸린 풍경화로 시선을 돌렸다.

"네, 잘 이해합니다."

캐럴라인은 짤막하게 대답했다.

"그리고 나의 정치 노선에 동조하는 재계 인사들도 잘 접대해 주어야 할 것입니다. 물론 그때 그때에 따라서 인원수도 다르고 그들이 원하는 것도 다를 거예요. 이들은 돈 같은 것에 구애받지 않는 아주 부유한 사람들이어서 때로는 당신에게 푸짐한 팁을 주기도 할 것입니다."

"나에게는 과분한 대우입니다. 다만 연방 하원위원회와 저는 어떤 관계가 되는 거죠?"

캐럴라인은 아까부터 궁금했던 점에 대해 물었다.

"외형상으로 나는 합법적인 입법 활동을 위해 여비서를 두는 것이고, 비서로서의 당신과 나는 특별한 관계를 유지한다는 것입니다."

"의원님께서 아주 간결하게 잘 설명해 주셔서 감사합니다."

주문한 술을 웨이터가 가지고 왔다. 캐럴라인은 그녀의 술잔을 들어 맥켄리 의원의 잔에 부딪치며 그의 제안에 대한 동의의 표시로 건배를 제의했다.

맥켄리 의원은 흡족한 얼굴로 그녀의 예쁜 입술을 지그시 바라보며 술잔을 높이 들었다.

"그럼 우리의 거래가 성립된 것으로 알겠습니다."

"거래요?"

그녀는 다소 뾰르통한 어조로 말했다.

"좀 그렇군. 그럼 어떻게 표현을 바꿀까요?"

"관계라고 하면 어떨까요?"

"거 참 좋은 표현이군."

"그럼 우리의 관계가 성립되었습니다."

그녀는 기쁜 얼굴로 말했다.

그들은 서로 뜻있는 미소를 교환하며 술을 마셨다. 맥켄리 의원에게는 자신의 개인 돈은 한 푼도 쓰지 않고 자신이 제시한 조건대로 미녀를 수중에 넣어 얼마든지 즐길 수 있게 되었다는 기쁨이 있었다.

그리고 캐럴라인에게는 쪼들리고 구질구질한 생활에서 벗어나 고대하던 상류사회의 인사들과 같이 사치와 향락을 즐길 수 있는 길이 열리게 되었다는 기쁨이 있었다.

두 사람은 비록 이 기쁨을 큰 소리로 외치고 있지는 않지만, 서로 각자의 꿈이 실현된 것을 생각하니 그저 기쁘고 흐뭇하기만 했다.

맥켄리 의원은 주위를 두리번거리며 살펴보았다. 그는 손님이 몇 사람 없는데다 멀리 떨어져 있는 것을 확인하고는 슬그머니 손을 테이블 아래로 넣어 그녀의 무릎을 찾았다.

그녀는 무릎을 움직여 그에게 잡히도록 해 주었다. 그의 손은 그녀의 무릎에서 허벅지로 옮겨와 천천히 쓰다듬고 있었다.

그러나 그것으로 만족할 맥켄리가 아니었다. 어느 결에 그의 손은 허벅지와 허벅지 사이의 부드럽고 연한 부분을 간지럽히고 있었다.

캐럴라인은 오늘 따라 왠지 야릇한 흥분이 전신을 휩싸며 온몸이 달아오름을 느꼈다. 그의 손은 점점 대담해져 허벅지의 깊숙한 곳으로 다가오고 있었다.

그녀는 저도 모르게 지그시 눈을 감은 채 황홀감에 빠져들었다. 하원의원의 손가락이 그녀의 깊숙한 곳을 종횡무진으로 자극하고 있었다.

그녀가 문득 정신을 차려보니 그녀의 스커트 자락이 올라와 있음을 보고 황급히 이를 가리기 위해 테이블 보를 끌어내려 벗겨진 허벅지를 가렸다.

사실 그녀는 맥켄리 의원이 이렇게 할지도 모른다는 것을 미리 예상하고 일부러 팬티를 입지 않고 나왔었다. 그의 손은 아직도 그녀의 허벅지 깊숙한 곳에서 맴돌고 있었다.

캐럴라인도 손을 테이블 아래로 넣어 그의 허벅지를 만져 보려고 했다. 그런데 맥켄리는 그때 이미 지퍼를 내려 그의 남성을 옷 밖으로 꺼내놓고 있었다. 그녀는 그의 남성을 잡으며 미소를 지었다.

"이걸 애무하고 싶어요."

그녀는 작은 목소리로 속삭였다.

"이 테이블 보만 좀 길고 컸더라면… 뭐 어쩔 수 없군. 빨리 식사부터 합시다."

그는 생각을 바꾼 듯 말했다.

그들은 옷매를 고치고 식사를 주문하기 위해 웨이터를 손짓해서 불렀다.

그녀는 바닷가재 샐러드를, 그는 루빈 샌드위치를 주문하였다. 그들은 식사를 빨리 끝내고, 캐럴라인의 제의에 따라 워싱턴의 중산층 지역에 있는 그녀의 아파트로 가기로 했다.

"사실 나도 호텔로 가고 싶었으나 나와 당신이 함께 호텔에서 룸 체킹을 하는 것이 당신에게 좋지 않을 것 같아 내 아파트로 가자고 한 거예요."

그녀는 말했다.

"당신의 세심한 배려가 마음에 들군요. 난 당신이 아파트를 둘이서 같이 쓴다고 해서 오히려 거북하게 생각했었는데….”

“괜찮아요, 친구에게 말해서 오늘 오후에는 들어오지 말라고 했어요. 그리고 올 때에는 미리 전화를 하고 들어오라고 일러놓았으니 안심하세요.”

“역시 빈틈이 없구먼요. 내일 아침부터는 당신이 직접 아파트를 구하러 다녀봐요. 직장에 나가지 말고 서둘러 찾아봐요.”

“얼마의 예산으로 아파트를 구해야 하나요?”

그녀는 순진하게 물어보았다.

“침실이 두 개 있는 아파트로서 월세 8백 달러까지는 돼요. 그리고 아파트를 임대할 때 어떤 서류에도 당신이 사인을 해서는 안 됩니다. 아파트는 나의 명의로 임대해야 돼요. 그것은 특별계정에서 지불하게 되어 있기 때문이예요. 내 말 이해하겠죠?”

캐럴라인은 머리를 끄덕였다.

“그리고 되도록 의사당에서 가까운 곳의 아파트를 구하도록 해요.”

“가구는 어떻게 하죠?”

그녀는 가구까지 구입해 줄 것을 기대했다.

“내 아파트에 있는 가구는 거의 내 친구 파커의 것이예요. 쓸 만한 것도 없고요.”

“그런 건 내가 다 알아서 처리할 거예요. 내부 장식 디자이너를 불러 근사하게 꾸며놓을 테니까 염려하지 말아요.”

맥켄리 의원이 웨이터에게 식사 대금 청구서를 가져오라고 손짓하는 사이에 캐럴라인은 화장실로 가서 물수건으로 허벅지를 닦고 화장을 고친 후 거울 속에 비친 자신을 향해 말했다.

"야, 너 정말 잭팟(장땡) 잡았다!"

그녀는 손뼉을 치며 환호성이라도 지르고 싶은 심정이었다.

이윽고 그들은 택시를 타고 그녀의 아파트로 갔다. 동네는 그리 나쁘지 않았으나 아파트 건물은 몹시 퇴락하고 모양새는 부끄러울 정도였다. 맥켄리 의원은 택시에서 내리기 전에 커다란 선글라스를 썼다.

캐럴라인과 그는 아파트 정문의 계단으로 빠르게 걸어 올라갔다. 그날 따라 아파트의 복도는 더욱 어두운 굴속 같았고, 온갖 퀴퀴한 냄새가 났다.

'이건 아무래도 좀 창피한 일이군.'

그녀는 다소 풀이 죽어 맥켄리 의원을 쳐다보았다. 그런데 그는 뭐가 그리 좋은지 선글라스 속으로 보이는 그의 얼굴은 연신 싱글벙글하고 있었다.

이것은 아마도 '빈민 구제 결의안'을 제안한 그의 정치적 신념과도 관계가 있는 것 같았다. 아무튼 캐럴라인은 그의 그러한 태도가 한없이 고맙고 존경스러웠다.

그녀는 아파트의 문을 열고 방안에 그녀의 친구가 혹시 있는지 살펴보고는 맥켄리 의원에게 들어오라는 신호를 보냈다.

그는 방에 들어서자마자 그녀를 와락 껴안았다. 그들은 급했다. 점심 때부터 참았던 그들이 아니었던가! 그들은 서로 부둥켜안은 채 침대 위로 쓰러졌다.

낮술과 밤술의 맛이 다르고 그 취기가 다르듯이, 한낮의 정사와 밤의 정사도 그 맛과 열기가 달랐다. 밤의 정사가 달콤한 포도주 맛이라면 낮의 정사는 독한 위스키 맛이었다. 밤이 구름 속의

달이라면 낮은 열사(熱砂)의 태양이었다.

"아, 아…"

"음, 으음!"

침대의 스프링이 터질듯 삐걱거리고 온 방안이 지진이 난 듯 요동쳤다. 그들의 눌러 참았던 사랑의 향연은 화산의 폭발처럼 격렬하였고, 그것은 온 산과 계곡을 분출하는 용암으로 뒤덮이게 했다.

태풍이 지나가자 다시 적막의 시간이 왔다. 그들은 침대 위에 시체처럼 널부러진 채 조용히 여진(餘震)의 감미로움을 즐기고 있었다.

"당신은 멋진 칫솔 같아요."

캐럴라인이 약간 장난기를 섞어 말했다.

"칫솔?"

"필요한 곳을 시원하게 긁어 주시니깐요."

"흠!"

"왜, 기분이 언짢으세요?"

"그게 작다는 말이군."

"작아야 귀엽죠. 난 귀여운 것이 좋아요."

"귀엽다고?"

"그리고 난 작다고는 말하지 않았어요."

"그럼 한 번 입이 벌어지게 해 줄까?"

"어떻게요?"

"사이즈를 키우는 방법이 있지."

하원의원이 다소 음흉하게 말했다.

"큰 건 싫어요. 내 그걸 망쳐놓으니까요."

"이번엔 나를 위로해 주시는군."

"그게 아니예요."

"?…"

"제 친구 중에 예쁜 바람둥이가 있어요. 걔 말로는, 백인은 우묵같이 너무 흐물흐물하고 황인종은 막대기같이 너무 딱딱해서 싫대요."

"그럼 뭐가 좋다는 거지?"

하원의원이 비상한 관심을 보였다.

"흑인 것이 최고래요. 너무 흐물흐물하지도 않고 딱딱하지도 않아서…"

"뭐 검둥이가? 이런 빌어먹을! 검둥이 거세법이라도 만들어야겠군."

"그게 정치라는 건가요?"

"흠!"

"정치는 타협이라면서요. 타협은 중간을 택하는 것이고… 그러니까 사이즈도 중간이 좋다는 거죠."

"당신의 유머는 꽤나 정치적이군."

그들은 어느덧 스스럼없는 사이가 되어 있었다.

하원의원은 마음속으로 지난 번 칵테일 파티에서 캐럴라인을 발견한 것을 퍽 다행한 일이라고 생각했다. 뛰어난 미모에다 그만한 감각을 갖춘 여자도 흔치 않을 것이었다.

맥켄리 의원은 와이셔츠의 넥타이를 매고 양복을 입으면서 말했다.

"캐럴라인, 당신은 나의 비서로서 오는 금요일에 첫 급료를 받게 될 거예요. 그러나 내가 말한 대로 아파트를 구할 때까지는 사무실에 나오지 않아도 돼요."

그가 떠난 후 캐럴라인은 그녀가 좋아하는 셸리머 향수 한 병이 선물로 그녀의 옷장 위에 놓여 있음을 발견했다.

4
바비큐 파티

캐럴라인은 아침 일찍 텔레비전 방송국에 전화를 걸어 사직하겠다고 말하였다. 그리고는 신문을 사 들고 와서 펴놓고 임대아파트 광고란을 찾았다.

맥켄리 의원이 말한 대로 월세 800달러 이내의 침실 두 개짜리 아파트를 찾느라고 3일간을 소비했다.

마침내 그녀는 마땅한 것을 찾았는데, 그것은 뉴욕 애비뉴에 있는 고지대의 아파트로서, 앞쪽에는 꽤 넓은 휴식공간까지 갖추어져 있었다. 특히 방은 두터운 벽으로 되어 있어 방음이 잘 되는 좋은 점이 있었다.

그녀는 하원의원을 불러 집구경을 시킨 다음 결정하기로 하였다. 그는 캐럴라인의 선택에 만족해하며, 그 아파트를 계약하기로 하고 수표를 건네주었다.

다음날 그녀는 하원의원이 지정한 내부 장식 디자이너와 만나 함께 아파트의 인테리어 작업을 시작하였다.

일주일 동안의 아파트 수리를 마친 후에 침대를 포함한 가구가 들어왔다. 그녀는 친구와 같이 살던 헌 집에서 새롭게 단장한 새 아파트로 이사를 했다.

캐럴라인은 그 다음 주 월요일부터 하원의원 사무실에서 일하기 위해 첫 출근을 했다. 그녀는 모든 것이 꿈만 같았다. 불과 10여 일 사이에 너무도 달라진 자신의 모습과 환경에 스스로 놀라울 지경이었다.

맥켄리 하원의원의 개인 비서인 미스 펠드는 마른 나무토막을 연상시키는 노처녀로서, 비서 일을 오랫동안 해 온 것 같았다. 미스 펠드는 표정없는 얼굴로 캐럴라인에게 그녀의 임무에 대해 설명했다.

"당신은 안내와 접수가 주임무입니다. 사무실에 오는 사람은 누구나 면접 약속이 되어야 합니다. 매일 아침 당신 책상 위에는 면담 예약자 일람표가 놓여질 것입니다. 당신은 그것을 이곳의 시간대별로 잘 기재하여야 합니다. 외부에서 걸려오는 전화는 내가 응답하겠으나 너무 바쁠 때는 전화를 당신에게 넘겨줄 것이니 통화자의 이름과 용무를 명확히 파악한 후에 그 전화를 나에게 돌려주어야 합니다. 매일 상당량의 서신도 컴퓨터로 찍어야 하겠습니다. 서신은 주로 의원님의 출신 지역구인 텍사스주 주민의 개인 서신입니다."

그녀의 속사포 같은 설명에 캐럴라인은 완전히 정신이 나간 사람 모양으로 멍하게 앉아 있었다.

"한 가지 더 말할 게 있어요, 미스 잭슨."

"네?"

"사무실에 나올 때는 의복을 좀더 검소하게 입고 나오세요."

캐럴라인은 기분이 몹시 상하였다. 미스 펠드는 앞가슴이 전혀 보이지 않는 것은 물론, 목까지 가리울 정도의 오렌지색 퀴안나 드레스를 입고 있었는데, 자기 생각으로는 그것이 사무실용으로 적합한 의복으로 생각하고 있는 모양이었다.

"너무 몸에 꽉 달라붙는 의복은 사무실 근무자에게는 적절하지 못하다고 생각해요."

미스 펠드는 말을 마치자 싹 돌아서서 그녀의 사무실로 들어가 버렸다.

"말라 비틀어져 죽을 년!"

캐럴라인은 혼자 입속으로 저주를 퍼부었다.

그녀는 책상에서 벌떡 일어나 분을 삭이지 못하고 씩씩거렸다. 그녀는 의자를 뒤로 밀어붙이고 대기실로 가서 몇 가지 읽을 만한 잡지책을 가져오려 했다.

그런데 바로 그때부터 전화가 걸려오기 시작했다. 아직 통화가 끝나지도 않았는데 두 대의 전화 벨이 거의 동시에 울렸다.

"아이구 맙소사!"

그녀는 그만 울상이 되었다.

그 날의 첫 근무는 그녀 자신이 생각해 봐도 재난─바로 그것이었다. 그녀가 받은 몇 통의 전화 내용이 서로 뒤바뀌는 바람에 소동이 일어나고, 컴퓨터는 글자가 겹쳐 나오다가 작동이 중단되며, 팩시밀리는 페이퍼가 엉키는 잼이 되어 점멸등이 깜빡거리고, 계속 전화는 밀려오나 대답할 말을 찾지 못하고 쩔쩔 맸다. 그야말로 혼란의 연속이었다.

미스 펠드는 그때마다 맥켄리 의원에게 즉시 보고하며 불평을 늘어놓았다. 이러한 수난은 며칠간 더 계속되었다.

4일째 되는 날, 맥켄리 의원이 그녀를 불렀다.

"이제 사무실에 나오지 않아도 돼요."

하고 통고하였다.

그녀는 뛸듯이 기뻤다. 사무실 일도 지겨운 것이었지만 무엇보다도 아침 9시까지 출근하기 위해 일찍 일어나는 것이 그녀에겐 힘들고 괴로웠었다.

그녀는 미스 펠드를 좀 곯려주고 싶은 생각이 들어 일부러 그녀의 사무실로 찾아갔다.

"펠드 양, 내 몫까지 열심히 일하세요."

캐럴라인은 콧노래를 부르며 사무실을 나왔다.

그녀는 아주 홀가분해진 마음으로 그날 오후 일찌감치 퇴근해 버렸다.

그후 캐럴라인은 아파트 주변을 어슬렁거리기도 하고 침대 위에 뒹굴며 책을 읽거나 특별히 살 물건도 없이 수퍼마켓을 기웃거리기도 했다. 화분을 몇 개 사서 꽃에 물을 주기도 하다가 멍하니 창밖을 내다보기도 했다.

그녀가 이 아파트로 이사온 후 꼭 한 달 동안에 맥켄리 의원은 다섯 번 왔다. 그러다 보니 그녀는 한가하게 빈둥거리며 소일하는 날이 많게 되어 자연 따분한 나날을 보내기가 일쑤였다.

캐럴라인은 맥켄리 의원과의 생활이 지루하고 불만족스럽기까지 했다. 그것은 그가 여러 면에서 잘 못해 주어서가 아니라, 거의 일주일에 한 번밖에 오지 않으니 나머지 날들을 보내는 것이 고통스러워서였다.

그러한 날이 계속된 지 두 달째 되는 날 아침에 맥켄리 의원은 그녀에게 전화로 오늘 밤 모 재계 인사를 초대할 것이라고 연락해 왔다.

이 재계 인사의 이름은 더글러스 제닝으로, 그는 큰 건설회사를 소유한 사장으로서 맥켄리가 그로부터 많은 신세를 지고 있다고 했다.

맥켄리는 정부에서 발주하는 건설 공사를 그에게 주도록 영향력을 행사하고, 제닝은 그에 대한 대가로 사례금을 주는─말하자면 그들은 공존공생 관계에 있었다.

두 사람은 저녁 여덟시가 조금 넘어서 아파트로 왔다. 그녀는 엷게 비치는 아라비아 공주가 입는 옷으로 단장하고 그녀의 육체미를 한껏 과시했다.

제닝은 40대의 남자로서 작은 키에 다부진 몸집을 가지고 있었다. 그는 캐럴라인을 보자 실제로 입에 침을 흘릴 정도로 그녀에게 완전히 홀린 듯했다. 술을 마시면서 약간의 업무적인 대화를 나눈 후 세 사람은 침실로 들어갔다.

"와, 침실 한번 굉장히 잘 꾸며놓았군요."
하고 제닝이 감탄했다.

그는 연분홍과 흰색의 침실을 두루 보았다.

"오, 침대도 아주 굉장한데…"

"저기 천장을 보십시오. 거울도 있어요."

맥켄리 의원이 손으로 천장을 가리키며 말했다.

"네에, 아주 좋습니다. 내 나체를 거울에 비춰 보는 것도 재미 있겠군요."

맥켄리의 신호에 따라 캐럴라인은 제닝이 옷을 벗는 일을 도와 주었다. 그런데 제닝은 내의는 물론 팬츠까지 홀랑 벗고는 뚜벅 뚜벅 걸어서 침대 위에 벌렁 드러눕는 것이었다.

"에그머니!"

캐럴라인의 입에서 비명이 터져 나왔다.

"캐럴라인, 여기 제닝 사장님을 즐겁게 해 드려요."

맥켄리의 음성은 부드러우나 강요에 가까운 것이었다. 캐럴라 인은 얼굴을 붉히며 잔뜩 찌푸리고 있었다.

"어서요!"

맥켄리가 다시 재촉했다.

"…."

그러나 그녀는 꼼짝도 않고 그대로 서 있었다.

"캐럴라인, 나 좀 봐요."

맥켄리는 화가 난 얼굴로 눈짓을 해 보이고는 옆방으로 갔다. 캐럴라인이 따라 들어오자 그는 문을 안으로 잠그며,

"캐럴라인, 나와의 약속을 잊었어?"

그는 씨근거리며 말했다.

"우리 약속에 이런 건 없었어요. 이건 너무하잖아요?"

그녀도 화가 났다.

"뭐가 너무하다는 거야?"

"섹스는 두 사람만의 은밀한 것이예요. 나더러 그 남자를 어떻게 하란 말예요?"

"그와 섹스를 해! 섹스 대접을 하란 말야."

"그건 싫어요."

"왜 싫다는 거지?"

"그건 섹스가 아니고 강간이예요. 강압에 의한…"

"미국엔 혼음(混淫) 그룹도 많아. 혼음의 즐거움이 크다는 증거지."

"그야 자연스러운 합의에 의한 것일 때는 그럴 수도 있겠죠."

"당신은 내 지시에 따라야 할 의무가 있어."

"부당한 지시엔 따르지 않을 권리도 내겐 있어요."

캐럴라인은 지지 않고 대들었다.

"그럼 특별 보너스를 주지."

맥켄리가 달래기 시작했다.

"싫어요."

"하, 이건…"

맥켄리는 난감했다.

"손님을 초대해 놓고 이러면 어떻게 해?"

맥켄리는 어쩔 줄을 몰라 했다.

"오, 맥켄리. 당신은 날 너무 비참하게 만들고 있어요."

그녀의 얼굴에 눈물이 글썽했다.

"미안해, 캐럴라인. 그러나 그는 내게 아주 중요한 사람이야. 제발 도와줘. 보너스는 더블에 더블을 줄께."

"나중에 날 더러운 여자라고 버리진 않겠죠?"

"그게 무슨 말이야?"

"남자들은 흔히 그런 수법을 잘 쓰잖아요?"

"그렇게까지 날 비겁한 남자로 봤나?"

맥켄리의 얼굴은 자못 심각해 보였다.

캐럴라인은 그러한 그가 갑자기 측은하게 느껴졌다. 그도 또한 '더 높은 곳'에 오르기 위해 자기에게 이처럼 애원을 하고 있지 않는가.

"좋아요."

그녀는 결심한 듯 방을 나와 침대 앞으로 갔다.

제닝의 남성은 크고 굵었으나 포경수술을 하지 않은 것이었다. 그녀는 속으로 웃으며 그의 다리 사이에 앉았다. 단단한 체구에 걸맞게 그의 남성은 금방 부풀어 올랐다.

그녀는 입을 벌려 그것을 맛사지해 주려고 했다. 제닝 사장은 참지 못하겠다는 듯 두 손으로 그녀의 머리를 움켜잡고는 앞으로 와락 끌어당겼다. 그러자 그의 남성이 그녀의 목구멍 속을 사정없이 찔렀다.

"으음!"

제닝은 즐거운 신음소리를 냈다.

"아악!"

그와 동시에 캐럴라인은 고통스런 비명을 질렀다. 목구멍 안에 심한 통증이 느껴지며 귓속이 멍멍해졌다.

제닝 사장은 그녀의 비명 소리에는 아랑곳하지 않고 억센 손으로 그녀의 유방을 난폭하게 마구 주무르며,

"아주 훌륭한 젖가슴이야."

하고 감탄을 연발했다.

순간 그녀는 제닝 사장의 남성을 뿌리째 확 뽑아버리고 싶은 충동을 느꼈다.

맥켄리는 침대 모서리에 앉아 약간 짓궂은 눈으로 그들의 광경을 바라보다가 손가락으로 슬그머니 그녀의 숲속을 더듬기 시작했다.

"오, 맥켄리!"

그러자 딱딱하게 굳어 있던 그녀의 음핵이 흐물흐물해지면서 촉촉하게 젖기 시작했다. 그것은 캐럴라인으로서는 불가사의한 일이었다. 지금 자신의 마음이 이렇게 굳어 있는데도 그것은 자신의 의사와는 관계없이 또 제멋대로 반응하는 것이었다.

"캐럴라인은 과연 정열의 화신이야."

그것을 눈치챈 맥켄리가 장난스럽게 말했다.

"제닝, 이 여자의 숲속이 아주 멋지게 젖어 있어… 캐럴라인, 맛 좀 보여드려요."

그녀는 제닝의 애를 태웠다. 그녀는 제닝의 남성 끄트머리를 손에 쥔 채 꼼짝도 하지 않았다.

"이런, 이런…"

제닝은 계속 온몸을 비틀고 있었다.

그러나 캐럴라인은 맥켄리의 간곡한 부탁을 생각하고 그녀의 임무수행에 들어갔다. 그녀는 제닝의 그것을 자신의 숲속 한가운데에 집어넣었다. 그는 신음소리를 냈다.

"음, 음…"

한번, 두번, 세번…

"오, 오…"

참을성이 모자라는 듯 제닝은 계속 신음소리를 냈다.

드디어 캐럴라인의 본격적인 요분질이 시작되었다. 처음에는 봄비가 내리듯 부드럽게, 다음에는 여름철 소나기가 내리듯 시원하게, 그리고는 점점 갈수록 태풍이 몰아치듯 격렬해져 갔다.

"제닝, 기분이 어때?"

맥켄리가 히죽 웃으며 물었다.

"응? 음, 기분이 최고야."

제닝이 얼빠진 사람처럼 대답했다.

맥켄리는 그녀를 더욱 흥분시키기 위해 젖꼭지를 꼬집어 주었다. 그녀도 클라이맥스를 향해 달려가는 듯 가쁜 숨을 몰아쉬고 있었다.

"난 거의 다 된 것 같아. 더 못 참겠어."

제닝이 눈을 감은 채로 호소하였다.

"계속해 봐, 친구야."

옆에서 맥켄리가 마치 응원단장인 양 떠들어대며 열심히 코치를 했다.

바로 그때 제닝은 그의 히프를 위로 번쩍 들어올리면서 지금까지 참아온 것을 한꺼번에 쏟아내어 그녀의 숲을 흠뻑 적셔놓았다. 이윽고 그녀는 그의 배 위에서 내려와 침대 한쪽에 누웠다. 그녀는 거의 기진맥진해 있었다.

"캐럴라인, 수고했어요."

맥켄리는 진심으로 캐럴라인에게 감사를 표했다.

방안에는 갑자기 정적이 찾아왔다. 캐럴라인은 조용히 가쁜 숨을 죽이고 있었고, 제닝은 완전히 파김치가 되어 침대에 얼굴을 박고 있었다.

"사람은 왜 사는지 모르겠어요."

이윽고 캐럴라인이 짧게 한숨을 쉬며 말했다.

"무슨 소리야? 인생이란 뭐 이렇게 즐기며 사는 거 아냐?"

맥켄리가 분위기를 바꾸려고 했다.

"즐기는 사람을 위해 희생하는 사람의 마음은 어떨까요?"

그녀의 말에 가시가 있는 것을 느낀듯 제닝이 고개를 들고,

"이봐요, 난 골치 아픈 건 딱 질색이오."

하고 끼어들었다.

"그래요? 하긴 골치 아파 하는 건 인간뿐이라고 들었어요."

캐럴라인이 생각하기에도 좀 심한 말을 했다고 느껴졌다. 맥켄리의 안색이 달라졌다.

"오호, 난 괜찮아요. 난 오늘밤 즐기러 이곳에 왔지 따지려고 온 건 아니니까…"

제닝은 누워서 쉬고 있는 캐럴라인에게로 다가가 짓궂은 어린아이처럼 그의 심벌을 그녀의 얼굴에 비벼대기도 하고 귓구멍에 대고 빙빙 돌리기도 했다.

그는 또 젊은 날의 추억이라도 되살리듯 두 눈을 지그시 감고 포경이 안 된 그의 심벌을 잡고 용두질을 하기도 했다.

그러는 동안에 그의 남성이 완전히 발기해 다시 딴딴한 몽둥이가 되자 아직도 가쁜 숨을 쉬고 있는 그녀의 입 속으로 쑥 밀어넣었다.

그는 성난 맹수처럼 씩씩거리며 두 손으로 그녀의 얼굴을 단단히 받쳐 들고 반쯤 꿇은 자세로 그녀의 입속에 펌프질을 시작하였다. 그녀는 또 한번 그의 남성을 물어뜯어 버리고 싶은 충동을 느꼈다.

맥켄리는 베개를 베고 누운 채 천장의 거울로 그들이 벌이는 특별한 사랑의 향연을 보고 있었다.

그는 혼자 슬며시 웃으며 모든 일이 순조롭게 잘 되어 간다고 생각하고 크게 만족하였다. 그는 이번 건설 계약의 사례금으로 최소한 10만 달러 정도는 쉽게 들어올 수 있을 것으로 기대하고 있었다.

"제기랄, 또 실패로군. 좀더 기분을 내려고 했는데…"

그때 제닝이 아쉬운 듯 투덜댔다.

제닝은 공사판에서 말뚝을 박는 식으로 펌프질을 하였으며, 그의 진한 분출액이 펑펑 쏟아져 나와 그녀의 목구멍을 가득 메웠다. 그제서야 제닝은 침대 위에 벌렁 나가떨어져 숨을 헐떡거리고 있었다.

"캐럴라인은 보통이 아니야. 내가 못 당하겠어."

그는 그녀에게 만족한 미소를 지어 보였다.

두 사람이 옷을 입고 아파트를 떠날 때 제닝이 그녀의 손에 팁을 쥐어 주며 말했다.

"수고했어요."

그들이 떠나자 캐럴라인은 문을 닫고 들어왔다. 그녀는 제닝에게 심한 혐오감을 느꼈다. 그러나 그녀가 손을 펴보자 거기에는 놀랍게도 백 달러짜리 지폐가 다섯 장이나 있었다.

"돈! 이게 날 이렇게 비참한 꼴로 만드는구나!"

그녀는 깊은 한숨을 쉬다 말고 갑자기 안색이 홱 달라지면서 씹어뱉듯이 소리쳤다.

"미친 놈들! 언젠가는 내가 복수할 날이 있을 거야."

5
고독을 달래려고

그 후 다시 무료한 나날이 계속되었다. 그것은 마치 지옥과도 같은 생활이었다. 벌써 나흘이 지나갔는데도 맥켄리로부터는 전화 한 통이 없었다. 평균 계산으로 따진다면, 일주일에 한 번 꼴로 오니까 그가 나타나려면 앞으로 최소한 이틀은 더 기다려야만 했다.

"홍, 그렇다면 나에게도 생각이 있어!"

아무도 없는 방에서 캐럴라인은 혼자 소리를 질렀다.

그녀는 중대한 결심을 했다. 단순히 그녀의 성적인 욕구 충족뿐만 아니라 맥켄리 몰래 애인을 하나 가짐으로써 그에 대한 복수심을 달래려는 의도도 있었다.

시계를 보니 밤 열한시가 조금 지나 있었다. 그녀는 샤워 캡을 쓰고 간단히 샤워를 한 다음 며칠 전에 산 붉은색 드레스를 입고 재스퍼스라고 하는 유명한 독신자 바로 택시를 타고갔다.

바는 평일인 데다가 자정이 지났는데도 워싱턴의 젊은이들로 꽉 차서 발 들여놓을 틈도 없을 정도였다.

그녀는 동굴같이 컴컴한 방을 지나 메인 바로 들어갔다. 웬 남자가 그녀에게 이야기를 걸려고 자리에서 일어나 그녀에게 의자를 양보해 주었다.

그러나 그는 그녀가 찾고 있는 타입의 남자가 아니었다. 그녀는 억센 근육질의 남성을 찾고 있었다.

세 명의 남자가 그녀에게 다가와 수작을 걸었으나 그녀는 그들을 한 마디로 거절해 버렸다. 그녀는 자신을 완전히 녹초로 만들어 줄 수 있는 그런 남자를 원하고 있었다.

그녀가 둘째 잔의 술을 마실 때 어떤 사람이 자기를 뚫어지게 노려보고 있음을 느꼈다. 그녀는 머리를 돌려 그를 바라보았다.

뮤직 박스의 대형 스피커에 혼자 기대 서 있는 그는 청바지와 쟈켓을 입고 있었는데, 이탈리아계 출신으로 보이는 젊은 청년이었다.

그는 머리카락이 굵은 곱슬머리에 움푹 들어간 눈을 가지고 있었다. 그리고 약간 거무스럼한 피부는 그의 남성미를 더욱 돋보이게 해 주었다. 그녀는 한눈에 호감이 갔다.

그녀는 그에게 미소를 보냈다. 그도 알아채고 빙긋 웃으며 그녀에게로 걸어와서 낮은 목소리로 물었다.

"한 잔 하시지 않겠습니까?"

"네, 난 진과 탭입니다."

라고 그녀는 자신이 마시고 있는 술 이름을 말해 주었다.

"아, 그러세요. 나도 어릴 때 술을 배우면서부터 좋아하던 술이 바로 그 술입니다."

"취향이 같아서 다행이군요."

"당신의 이름은 무엇입니까?"

"캐럴라인 잭슨입니다."

"나는 토니 칼리노입니다."

"당신은 이탈리아계 출신으로 보이는데요."

"네, 맞습니다. 우리 이탈리아계 사람을 웝스라고 하는데 혹시 그 뜻을 아십니까?"

"아뇨, 무슨 뜻이죠?"

"그것은 '피가 끓는 족속'이라는 뜻입니다."

토니는 그렇게 말하면서 대담하게도 그의 불룩해진 하복부를 그녀의 무릎에 대고 밀었다.

캐럴라인은 그녀의 무릎을 위아래로 움직이며 그의 반응을 살폈다. 그러자 그의 하복부가 터질듯 부풀어 올랐다. 그녀는 한쪽 눈을 찡긋하며 그에게 윙크를 했다.

"당신은 이 근처에 사십니까?"

그가 탐색하듯 물었다.

"네, 이곳에서 멀지 않아요. 나의 아파트로 가서 한잔 더 하지 않겠어요?"

그녀가 정면으로 그를 쳐다보며 말했다.

"망설일 이유가 없죠. 자, 그럼 먼저 일어나시죠."

캐럴라인이 의자에서 일어나자 그는 그녀의 곁으로 다가와 그녀의 손을 잡고는 자신의 하복부에 갖다대었다.

"어떻습니까? 아직 다 일어서지도 않았습니다만…"

그는 그녀의 귀에다 대고 조그맣게 속삭였다.

그들은 택시를 잡아타고 그녀의 아파트로 갔다. 아파트로 가는 동안 이상하게도 그는 한 마디의 말도 하지 않았다. 그녀가 아파트의 문을 열자,

"이런 아파트에 살고 있는 걸 보니 좋은 직업을 가지고 있는 것 같군요."

하고 토니는 사방을 두리번거리면서 말했다.

"나의 가족은 좀 부자예요."

그녀는 태연하게 거짓말을 했다.

그녀는 맥주를 글라스에 따라서 토니에게 주고 자신은 칵테일을 만들어 마셨다.

"이리 따라 오세요."

그녀는 토니를 침실로 안내했다.

토니는 원형으로 된 대형 침대와 천장에 거울이 달려 있는 것을 보고 깜짝 놀랐다.

"당신은 혹시 고급 콜걸은 아니죠? 나는 큰 돈이 없거든요."

"내가 말했죠, 우리 가족은 부자라고요."

캐럴라인은 엄숙히 선언하듯 말했다.

그가 다소 안심하자 그녀는 그의 하복부를 손으로 만져보고,

"내가 보기엔 꽤 많은 여자들이 당신에게 돈깨나 갖다 바쳤을 것 같군요."

하고 말했다.

"아마 그랬을 겁니다."

라고 솔직하게 대답하면서 토니는 쟈켓과 셔츠를 벗으면서 덧붙였다.

"그러나 늙은 여자와는 상대하지 않았어요. 난 내가 좋아하는 여자만을 골라서 상대했으니깐요."

"실례지만 직업이 뭐죠?"

캐럴라인이 꽤나 집요하게 파고 물었다.

"나는 공사판에서 일하는 노동자입니다. 제닝건설회사에 다니고 있어요."

캐럴라인의 입에서 절로 웃음이 나왔다. 며칠 전 맥켄리 의원과 함께 그 회사 사장을 만나 사랑까지 나눈 적이 있었기 때문이었다.

"뭐가 우습죠? 내가 공사판에서 일하기 때문인가요?"

"아니, 절대 그게 아녜요."

그녀는 사과하면서 덧붙였다.

"솔직히 말하면 저… 난 공사판에서 일하는 강한 남자와 한번 사랑을 나누고 싶었는데, 오늘 그 소원이 이루어졌거든요."

"부인은 꽤 섹스를 밝히시나 보죠?"

"그러나 약한 남자와는 상대하지 않아요. 난 강한 남자를 좋아해요."

캐럴라인은 조금 전에 한 토니의 말을 흉내내듯 말했다.

"근육질의 남자라고 해서 다 섹스에 강한 건 아니예요. 그 중에는 손가락만한 남성에 형편없는 조루증 환자도 많으니깐요."

"충고 고마워요. 그러나 내게도 남자 보는 눈은 있어요."

캐럴라인이 입을 크게 벌리고 웃었다.

그녀는 침대 옆에 앉아서 그가 옷을 벗고 있는 모습을 지켜보았다. 토니는 돌아서서 바지를 벗느라고 한참을 낑낑댔다.

그는 속바지도 입지 않았는 데다가 너무 꼭 끼는 바지를 입었기 때문에 아예 위로부터 돌돌 말아서 벗어야만 했다.

그녀는 그의 몸매에 만족했다. 그는 한 마디로 말해서 근육으로 뭉쳐진 대단한 육체미를 가진 사나이였다.

그가 구두와 양말을 벗은 다음 그녀를 향해 돌아서는 순간 그녀는 속으로 깜짝 놀랐다.

그것은 한 마디로 거대한 소시지 같았다. 그녀는 그만 군침을 꿀꺽 삼켰다. 어쩌면 저렇게도 큰 것이 좁다란 바지 속에 감추어져 있을 수 있는지 의아해 했다. 토니는 자신의 것을 만지작거리면서 말했다.

"당신이 만지면 아마도 이게 두 배로 늘어날 거예요. 자, 어서 벗으시죠."

그녀는 드레스를 벗고 팬티도 벗어 던졌다.

"당신의 유방이 아주 크군요."

"고마워요."

그녀가 침대에 누워 있는 동안 그는 혼자 맥주를 두어 모금 마셨다. 그리고는 조금도 망설이지 않고 유유히 그녀의 배 위로 올라가서 그녀를 꼭 껴안으며 그의 남성으로 그녀의 허벅지를 비벼댔다.

"이걸 당신의 양 젖무덤 사이에 끼워 넣고 싶은데요."

"좋아요. 날 빨리 달궈 줘요."

그는 무릎을 꿇고 그녀 위에 엎드려 그의 남성을 그녀의 양 젖무덤 사이에 넣고 앞뒤로 천천히 움직이기 시작했다. 그것은 마치 거대한 대포가 불쑥 불쑥 다가오는 것 같았다.

"당신의 그것은 너무도 무지막지하게 생겼군요."

"와, 기분 좋습니다. 당신의 풍만한 유방이 내것을 감싸고 있으니까요."

그녀는 토니를 양손으로 껴안고 그의 히프를 찰싹찰싹 리듬을 맞추어 가볍게 때렸다.

"토니, 그건 그만 했으면 됐어요. 이젠 빨리 날 식혀 줘야죠."

그녀는 재촉을 했다.

"히잉…"

그는 알지 못할 콧소리로 피식 웃으며 그녀를 지그시 내려다보았다.

"어서요, 토니."

그녀가 다시 재촉하자 토니는 그의 것을 그녀의 숲속 입구에 갖다대고 한참 숨을 고르더니 사전 경고도 없이 난폭하게 콱 밀어붙였다.

"억!"

그 큰 것이 갑자기 밀고 들어오자 그녀는 비명에 가까운 소리를 지르며 두 다리가 위로 번쩍 올라갔다가 떨어졌다. 토니는 그녀 위에 엎드린 채 잠시 멎어 있었다. 그도 그녀의 깊이를 감촉하고 있는 것 같았다.

"괜찮아요, 부인?"

"네, 괜찮아요."

"원래 내것이 좀 커서 그래요."

"난 큰 게 좋아요."

토니는 안심이 되는 듯 빙긋 웃었다.

그는 그의 양손을 그녀의 히프 아래로 밀어넣어 그녀의 엉덩이 두 짝을 움켜쥐고 천천히 움직이기 시작했다.

"당신은 혹시 제비가 아닌가요?"

"글쎄요… 그러나 난 여자에게서 돈을 울궈내진 않아요."

그의 대답은 의외로 담담했다.

"그렇담 여자를 많이 울렸겠군요?"

그녀는 그의 섹스 기술이 비상함을 은근히 비꼬듯 말했다.

"그들은 섹스를 할 때만 울었어요."

그는 그녀가 이 분야에서는 자기보다 한 수 위인 것을 잘 알았다. 그래서 그는 더욱 템포를 늦추며 그녀를 감질나게 했다. 그런데 갑자기 그녀가 울기 시작하며 그의 등을 손톱으로 마구 꼬집어 뜯었다.

"오, 오… 못 참겠어!"

그녀는 그의 어깨를 사납게 뒤흔들었다.

그는 그녀가 클라이맥스에 이르렀음을 직감하고 그녀와 보조를 맞추기 위해 피스톤을 급가속시켰다. 가파르게 오르막을 오르다가 내리막길로 들어선 듯 기차는 맹렬한 속도로 질주하기 시작했다. 그는 이를 악물고 정신없이 가속 페달을 밟아댔다.

"아, 아!…"

"오, 오!…"

두 남녀는 거의 동시에 비명을 질렀다.

그녀의 숲이 홍수를 이룬 가운데 그의 강력한 분출은 두 남녀의 하복부를 완전히 적시고 침대 위에까지 커다란 지도를 그려놓았다.

"섹스의 뒤끝은 항상 뭔가 허무한 것 같아요."

토니가 갑자기 한숨을 쉬며 혼자 중얼거렸다.

"결혼을 해요. 그러면 나아질 거예요."

"그럴듯한 말이군요. 그런데 당신은?"

"결혼도 쉬운 일은 아니더군요."

얼마 후 토니가 그의 남성을 그녀의 숲속으로부터 빼내었다. 그 순간 그녀의 숲속에서 뻥 하는 소리가 났다. 둘은 마주 쳐다보며 웃음을 참지 못했다.

"좋았어요?"

토니가 물었다.

"응."

그녀가 대답했다.

"나 오늘밤 여기서 자도 돼요?"

"그럼, 좋고말고."

"그렇다면 잠깐 잠을 자고 다시 멋지게 해 보자구요."

"그런데 토니…"

"왜 그래요?"

"사실은 나 에이즈 환자예요."

"그래요?"

토니는 뜻밖에도 덤덤하게 말했다.

"왜 놀라지 않아요?"

그녀가 오히려 답답했다.

"하는 수 없으니까요."

"죽는대두요?"

"그래요."

"죽는 게 무섭지 않아요?"

"그게 두려우면 어떻게 아무 여자와 섹스를 해요?"

"그럼 당신은 목숨을 걸고 섹스를 하나요?"

"그래요."

"그렇게 섹스가 좋아요?"

"나에겐 그것 말고는 다른 즐거움이 없으니까요."

"그렇다면 나하고 마음껏 즐기세요. 에이즈 얘긴 거짓말이었어요."

"그럴 줄 알았어요. 하지만 나에겐 큰 차이가 없어요."

그들은 피곤해서 이내 잠들어 버렸다.

새벽 여섯시쯤 되었을까, 유리창으로 아침 햇살이 비쳐 올 무렵이었다. 토니가 잠에서 깨어나 보니 캐럴라인이 그의 양 다리 사이에서 그의 남성을 빨아서 몸둥이같이 크고 딴딴하게 만들어 놓고 있었다.

"돌아누워 봐요."

토니는 잠에서 깨어나면서 말했다.

그녀는 몸을 일으켜 그녀의 것을 그의 입쪽으로, 그리고 그의 것은 그녀의 입쪽으로 돌아누워 '식스 나인'(69)의 형태를 만들었다.

❊

73

그녀는 입을 벌려 그의 남성을 애무했고, 그는 그의 혀를 그녀의 숲속에 넣어 사랑을 표했다. 하나는 대형 케이크의 슈크림을 게걸스럽게 먹는 모습이고, 다른 하나는 커다란 접시에 담긴 수프를 핥아먹는 형국이었다.

그들은 거의 30여 분 동안이나 서로 열심히 애무했다. 그러고 나서 그들은 다시 잠을 잤다.

아침이 되자 캐럴라인은 가정부 마리에게 아침 식사를 준비하도록 했다. 그가 식사를 마치고 나가려 할 때 그녀는 그에게 아파트의 전화번호를 알려주었다.

그들의 사랑은 토니가 건설공사 관계로 피츠버그 시로 전속가게 될 때까지 약 6개월 동안 별탈없이 계속되었다.

6
유희의 극치

맥켄리 의원은 비록 캐럴라인이 그와의 사랑을 따분하게 느끼고 있으며, 그녀에게 다소 바람기가 있다는 것도 어렴풋이 알고 있었지만 그녀를 너그럽게 보아주고 있었다. 그것은 특히 그녀가 성적으로 그를 만족시켜 주고 있기 때문이기도 했다.

그는 때때로 한두 명의 남자들을 아파트에 데리고 올 때도 있었다. 캐럴라인은 여러 사람들의 관심의 대상이 되는 것을 좋아하였다.

어느 날 맥켄리는 두 명의 신사를 집으로 데리고 왔다. 그날 맥켄리는 그녀에게 전화로 두 젊은 하원의원을 저녁식사에 초대하기로 했다고 알려주었었다.

그녀는 그의 지시에 따라 유명한 샌 소우시 레스토랑으로 가서 그들을 만났다. 그녀는 두 손님이 의외로 젊고 매력있게 보여 내심으로 기뻤다.

"캐럴라인, 이분은 벤 바톨 씨고, 이분은 데니스 플레처 씨입니다."

하고 맥켄리는 점잖게 그들을 그녀에게 소개해 주었다.

바톨은 브라운 색깔의 머리카락에 키가 180센티미터는 더 되어 보이는 남자였다. 그는 비행사 타입의 안경을 썼는데, 하원 의원이라고 하기에는 너무 젊어 보였다.

또 다른 사람인 데니스 플레처는 금발이었는데, 금발의 색상은 그녀와 비슷해 보였다(같은 금발이라도 색상은 사람마다 다소 차이가 있음). 그의 피부는 햇빛에 몹시 그을은 것 같았고, 얼굴에 주근깨가 좀 있었다.

식사를 하는 동안 그들 세 사람은 정치 문제에 대해 논의하고 있었다. 그녀는 그들의 논의에는 관여치 않고 가만히 지켜만 보고 있었다.

식사가 끝나자 네 사람은 함께 아파트에 가서 술들을 마셨다. 모두들 얼마간 취기가 올랐을 때였다. 그들 중 가장 젊은 사람인 바톨이 말했다.

"마리화나 한 대 어때?"

"그것 좋지."

"자넨 역시 분위기 파악이 빨라."

그들은 모두 찬성하였다.

바톨은 그의 안주머니에서 마리화나를 꺼내 피우기 좋게 담배 모양으로 돌돌 말았다. 그들은 마리화나를 서로 돌려가면서 피웠다. 다 피우면 새 것으로 갈아주면서 캐럴라인은 자기도 같이 피웠다. 바톨이 가지고 온 마리화나는 품질이 좋아서 세 개째 피우자 네 사람 모두 상당히 취한 상태에 이르렀다.

맥켄리의 신호에 따라 캐럴라인이 그들을 침실로 이끌었을 때 그들은 모두 나사가 풀린 듯 킬킬거리고 있었다.

"자, 이젠 모두들 침대에 오르세요."

맥켄리로부터 오늘밤 초대 손님들에 대한 서비스 방법을 사전에 지시받은 캐럴라인은 마치 보모가 유치원생들을 다루듯 그들이 옷벗는 것을 도와주며 말했다.

맥켄리는 그녀가 샌 소우시 레스토랑으로 가기 전에 미리 알려주었다.

"오늘 손님들은 섹스에는 별로 관심이 없는 맹추들이야. 그들은 모두 자신이 섹스를 하는 것보다 여자의 나체를 보는 것을 더 좋아하는 별종들이거든."

"어머, 그런 사람들이 여자를 더 못살게 군다던데?"

"아니야, 이번에야말로 당신의 육체미를 한껏 보여줄 수 있는 좋은 기회야. 어때, 괜찮겠지?"

"그 정도의 서비스쯤이야 못할 것도 없죠."

그녀는 자신이 마치 무대 위에라도 서는 듯 오히려 기뻐했다.

그들은 거추장스런 물건을 버리듯 옷을 훌훌 벗어 던지고 세 남자가 한꺼번에 침대로 올라갔다. 맥켄리는 따로 떨어져 침대 한 켠에 누워 그들의 하는 양을 지켜보고 있었다.

캐럴라인은 우선 방안의 불을 모두 끄고 자신이 서 있는 벽쪽의 불을 핑크빛으로 바꾸었다. 그러고 보니 창고 극장의 조명 효과 정도의 분위기는 되었다. 그녀는 그만큼 열성적이었다.

"야, 멋지다!"

누군가가 탄성을 발했다.

캐럴라인은 옛날 스튜디오의 전속 모델로 있을 때 많이 연습했던 포즈를 응용하면서 하나씩 옷을 벗기 시작했다. 제일 먼저 드레스가 저만큼 훌쩍 던져지고 블라우스가 내동댕이쳐졌다.

이때 맥켄리가 이벤트의 연출자처럼 신이 나서 말했다.

"신사 숙녀 ― 아 참 여긴 여자 손님이 없지… 신사 여러분, 미스 잭슨의 유방은 워싱턴의, 아니 미 합중국의 자랑입니다. 원하시는 분은 가까이 가셔서 직접 확인해 보시기 바랍니다."

바톨이 먼저 침대에서 일어나 그녀에게로 다가갔다. 그런데 어이없게도 그의 남성은 아래로 축 처져 있었다. 그는 그녀 앞에 두 무릎을 꿇고 앉아 그녀의 풍만한 유방을 넋잃은 듯 우러러보고 있었다. 캐럴라인은 터져나오려는 웃음을 겨우 참았다.

"그럼 어디 나도…"

플레처는 바톨과는 달리 그의 남성이 불끈 일어선 채로 그녀에게로 다가갔다.

"당신의 유방은 정말 황홀해요."

캐럴라인이 마지막 팬티를 벗자 방안에는 셸리머 향수 냄새가 확 퍼져 나가면서 분위기는 더욱 고조되어 갔다. 그녀는 아마도 자신의 하복부 숲에다 향수를 잔뜩 뿌린 모양이었다.

남자들은 마리화나의 취기와 함께 그게 사랑의 묘약이기라도 한 듯 그 냄새에 취하여 모두들 눈동자들이 풀려 몽롱해 있었다.

캐럴라인은 그녀가 본 영화 '파리의 노트르담'의 집시 여인 에

스메랄다가 추던 춤을 흉내내면서 온 방을 누비었다.

"자, 그럼 이제 자기 취향대로 한번 멋지게 즐겨 봅시다."

맥켄리가 두 사람의 하원의원에게 불을 지폈다.

그러자 기다렸다는 듯이 플레처가 먼저 그녀의 두 젖무덤 사이에 얼굴을 파묻었다. 뒤이어 바톨은 그녀의 입술에 키스를 퍼붓기 시작했다. 상류 사회 남자들이 즐기는 것도 별것이 아니었다. 어찌 보면 측은하기까지 했다.

"나는 아무래도 여기가 좋아."

맥켄리는 그녀의 숲에다 자신의 남성을 비벼댔다.

침실 안은 알몸의 세 남자들이 끙끙거리는 신음소리로 가득 찼다. 각자 다른 곳에서의 그들의 애무는 침대 위로 옮겨와 밤새는 줄을 몰랐다.

플레처는 수염이 꺼칠한 얼굴을 그녀의 젖무덤 사이에 파묻은 채 억센 두 손으로 그녀의 유방을 마구 주물러댔다. 그녀는 이처럼 여자를 아낄 줄 모르고 난폭하게 구는 남자는 처음 보았다.

바톨은 그에 비하면 좀 나은 편이었으나, 그는 갓난아이가 젖을 빨듯 계속 유방을 쫄쫄 빨고 있었는데, 처음에는 좀 재미있기까지 했으나 나중에는 진력이 나서 견딜 수가 없었다.

그러나 캐럴라인은 침대에 누운 채 그들의 애무를 묵묵히 받아들이고 있었다. 그녀의 몸은 세 사람의 움직임에 따라 이리 구르고 저리 밀리고 하였다.

세 사람은 밤새껏 즐기다가 늦은 아침에야 아파트를 떠났다. 그날도 언제나와 같이 캐럴라인은 맥켄리가 데리고 온 하원의원들로부터 많은 팁을 받았다.

맥켄리는 아파트를 떠날 때 그녀의 입술에 키스를 하면서,

"아주 멋진 밤이었어. 다음 주엔 또 다른 법안이 통과되게 될 거야. 이번엔 당신에게도 특별 보너스를 주겠어."

하고 나직한 소리로 말해 주었다.

그런 일이 있은 지 3일 후의 일이었다. 플레처가 캐럴라인의 아파트로 전화를 했다.

"미스 잭슨, 지난 번에 우리가 처음 만났던 레스토랑으로 좀 나와주었으면 해요."

그의 말에는 뭔가 거역할 수 없는 위엄이 있었다.

"네, 알았어요."

캐럴라인은 얼떨 결에 대답을 하고는 약속 시간에 그곳으로 나갔다.

"오, 이렇게 나와 주실 줄 알았어요."

플레처는 마치 껴안을 듯이 반기며 그녀를 맞았다.

"오늘은 최고급으로 미스 잭슨을 대접하고 싶어요."

그는 계속 과장된 제스처를 써 보이며 유쾌하게 말했다. 식사가 끝나자 캐럴라인은 다소 엄숙한 어조로 말했다.

"오늘 만나자고 하신 용건이 뭐죠?"

"성질이 급하시군. 그러지 말고 우리 호텔로 가서 천천히 얘기해요."

"그건 좀 곤란한데요."

그녀가 거절했다.

"아니, 우리 사인 이미 구면이 아닙니까."

하고 플레처는 며칠 전의 일을 상기시키듯 말했다.

"난 맥켄리 사람이예요."

그녀는 단호하게 딱 잡아떼었다.

"그게 무슨 말씀이예요, 맥켄리의 사람이라니?"

"난 그래요."

"그렇다면 당신은 맥켄리의 노예라도 된다는 말인가요? 무슨 그런 터무니없는 말을…"

"난 오로지 맥켄리를 위해 당신에게 봉사한 것뿐이예요. 그런 식의 논리로 날 설득하려 하지 마세요."

"그렇다면 나의 초대에 응한 이유는 뭐요?"

플레처는 분을 삭이지 못하는 듯했다.

"초대에 응하지 않으면 실례가 될까봐 나온 것뿐이예요."

캐럴라인은 냉소하면서 말했다.

"나 원 이런…"

플레처가 낭패한 듯이 말했다.

"여자란 그렇게 쉬운 게 아녜요."

그녀가 웃으면서 말했다.

"그럼 어떻게 하면 되는 거요?"

"최소한 지금보다 좋은 조건을 내놓아야죠. 그런데 그보다도 난 당신이 마음에 들지 않아요. 여자를 유혹하려면 최소한의 진실과 용기와 희생이 있어야 돼요. 그게 없으면 여자는 움직이지 않아요. 당신에겐 그런 게 전혀 없어요."

"이건 일이 참 곤란하게 됐군."

그는 입맛을 다셨다.

"어렵게 생각하실 건 조금도 없어요. 이 다음에 저희 아파트로 오실 땐 팁이나 많이 주세요."

"오늘 일을 맥켄리에게 말할 건가요?"

플레처가 난감한 얼굴로 물었다.

"생각이 늦군요. 그러니까 팁 얘기를 한 거예요."

"감사합니다, 캐롤라인."

그는 머리를 굽신했다.

"호호, 오늘 저녁값은 내가 내겠어요."

캐럴라인이 웃으며 말하자 플레처도 그만 헤벌쭉 따라 웃을 수밖에 없었다.

그녀의 집안에 다시 적막이 찾아왔다. 그날 따라 캐럴라인은 아침 일찍 눈이 떠졌다. 그녀는 커텐을 걷고 창문을 열어젖혔다. 눈부신 햇살이 홍수처럼 그녀의 방안으로 쏟아져 들어왔다.

그녀는 멍하니 거리를 내려다보고 있었다. 거리에는 활기가 넘치고 있었다. 사람들은 부산하게 걸어다니고 자동차들도 경적을 울리며 질주하고 있었다.

그때 갑자기 캐럴라인의 눈에서 눈물이 주르르 흘러내렸다. 참으로 알 수 없는 눈물이었다. 한 번 나오기 시작한 눈물은 걷잡을 수 없이 그녀의 볼을 타고 내렸다. 하염없는 눈물 — 아니 그보다는 어느 가극의 제목처럼 그것은 '남몰래 흘리는 눈물'인지도 몰랐다.

그녀는 문득 어느 시인의 싯구가 떠올라 와 혼자 가만히 읊조려 보았다.

미라보 다리 아래 센 강은 흐르고
우리들의 사랑도 흘러넘친다.

그녀의 두 볼 위로 다시 눈물이 흘러내렸다. 지금 그녀에게 있어 무료한 것보다 더 괴로운 것은 없었다. 그러나 그보다 더 괴로운 것은 허전함이었다. 텅 빈 가슴에 젖어드는 견딜 수 없는 허전함은 죽음보다도 더 짙은 검은 빛이었다.

섹스는 그녀에게 마약과도 같았다. 그것은 그녀의 마음 속 깊숙한 곳에 있는 허전함을 씻어주는 아편과도 같은 것이었다. 그녀에게 그것마저 없다면 도저히 살 수가 없을 것 같았다. 그녀는 그것이 슬펐다.

"오, 하나님!"

실로 오랜 만에 그녀는 하나님을 불렀다. 먼 어린 시절, 예쁜 원피스에 멋진 모자를 쓰고 어머니의 손을 잡고 깡총거리며 교회에 나가던 일들이 생각났다. 그녀는 노래도 곧잘 불러 성가대원으로 뽑히기도 했었다. 그후 참으로 많은 세월이 흘렀고 그녀 자신도 또한 많이 변해 있었다.

캐럴라인은 갑자기 울컥하는 메스꺼움을 느꼈다. 그와 동시에 머리 속이 띵해지며, 나무 꼬챙이에 꿰어져 모닥불 위에서 빙글빙글 돌아가는 바비큐의 모습이 떠올랐다.

'바비큐!'

그녀는 속으로 가만히 되뇌어 보았다.

상류 사회의 화려한 생활? 그것이야말로 속 빈 강정이었다. 좋은 옷도 고급 음식도 진력이 났다. 삼류 극장의 요란스럽게 꾸며진 가설 무대와도 같은 원형 침대 — 그 침대 위에서 그녀가 지금까지 해 온 것이라고는 고작 섹스 서비스 뿐이었다. 천장에 걸린 거울은 또 뭐란 말인가.

'연방 하원의원 비서?'

홍, 명색이야 그럴듯하지만 따져보면 전속 창녀에 불과하다. 게걸스런 식도락가들의 비위를 맞추기 위한 한 마리의 바비큐밖에 더 되는가.

'이건 정말 너무 비참하구나!'

그렇다고 옛날의 그 구질구질한 생활로 다시 돌아가기도 싫었다. 그러기에는 왠지 억울하고 분한 생각이 들었다.

캐럴라인은 도무지 어떻게 해야 좋을지 알 수가 없었다. 그녀는 거칠게 머리를 흔들며 침대 위에 쓰러졌다.

7
여자의 마음

지난 3년간 캐럴라인은 맥켄리 의원과 그밖에 여러 상·하 의원 그리고 재계 인사들과 관계를 가지면서 자기 나름대로 의회에서 법안들을 통과시키는 데 있어 어떠한 영향을 미치게 했다고 자부하고 있었다.

사실 그녀는 그 부분에 대해서는 애국적이었다고까지 생각하고 있었다. 그녀는 언제나 맥켄리 의원이 입안한 법안이 무사히 통과되기를 하나님께 빌었다.

왜냐하면 공공 복지시설 건설에 관심이 많은 그가 제출한 법안은 모두 자기와 같은 밑바닥 인생의 설움과 고통을 덜어 줄 것으로 확신하고 있었기 때문이었다.

캐럴라인이 맥켄리 의원을 알고 난 뒤부터 신문이나 TV 또는 여러 인사들로부터 귀동냥으로 들은 바에 의하면, 맥켄리는 참으로 대단한 인물이었다.

의회에서 그가 제출한 법안 치고 통과되지 않는 것이 없었고 그를 지지하는 의원 수도 점점 늘어나고 있다고 한다. 그의 점진적인 영향력 확장은 나중에 대통령 후보까지 바라보게 될 것이라는 풍문마저 나돌고 있었다.

'오, 프레지던트! …그럼 난 퍼스트 레이디?'

캐럴라인은 생각만 해도 가슴이 뛰었다.

언젠가 맥켄리와 같이 왔던 동료 의원이,

"맥켄리 의원은 야망이 큰 사람이예요. 그는 정치자금을 모으는 데 탁월한 재주가 있어 아마도 큰 인물이 될 거예요."

하고 야유인지 칭찬인지 모를 말을 했다.

"돈만 있으면 큰 인물이 되나요?"

하고 캐럴라인이 다소 빈정대듯 말했다.

"사실은 그게 없으면 어렵죠."

하고 그가 말했다.

"그런 돈은 어떻게 모으나요?"

그녀는 순진하게 물었다.

"그건 그만이 아는 노하우죠."

"돈많은 미망인에게 부탁하기도 하나요?"

그녀가 질투하듯 물었다.

"미망인들은 으레 돈에 대해서는 중무장을 하고 있어서 큰 돈이 나오지 않아요. 그런 건 푼돈이죠."

"그럼 큰 돈은 어떻게 모으나요?"

"지방의 관급 공사 같은 소소한 것에서부터 무기 거래같이 몇십 억 달러 짜리까지 큰 것도 있는데, 거기서 0.5%의 커미션만 해도 엄청난 것이죠."

"정말 놀랍군요. 0.5%의 커미션이라면 도대체 얼마예요? 나에겐 쉽게 계산도 안 되는군요."

"맞아요, 우리 같은 사람에겐 계산할 필요조차 없어요."

"그럼 의원님들은 다 부자겠네요?"

캐럴라인이 부러운 듯 말했다.

"하지만 그런 건 아무나 못해요. 맥켄리같이 야망에 불타는 수완있는 사람이나 할 수 있는 일이예요."

"오, 나의 맥켄리가 그렇게 대단한 사람인가요?"

"물론 그런 일에는 위험이 따릅니다. 감옥에 가는 정도가 아니고, 어떤 경우엔 쥐도 새도 모르게 목숨까지도…"

"목숨까지도?"

"그래요, 그만한 용기가 없다면 아예 야망을 버려야죠. 야망이란…"

"어머, 무서워."

그때 맥켄리 의원이 목욕실에서 나왔다.

"아니, 뭐가 무섭다고 그 호들갑이예요?"

"나이아가라 폭포 얘기를 해 주었더니 그러는군."

동료 의원이 돌려대었다.

"맥켄리, 나 그곳에 한번 데려가 줘요."

캐럴라인이 아양을 떨었다.

"뭐 그야 어렵지 않지."

"고마워요, 맥켄리."

동료 의원과 그녀의 눈이 마주치면서 둘은 크게 웃었다.

잠시 회상에 잠겼던 그녀의 입술 사이로 조그맣게 한숨이 새어 나왔다. 그녀는 침대에 누운 채로 맥켄리 의원을 물끄러미 쳐다보고 있었다. 지난 3년이란 세월이 마치 꿈결만 같게 느껴졌다. 그것은 부산함과 무료함이 뒤섞이고 슬픔과 기쁨이 교차하는 기묘한 나날이었다.

'맥켄리는 과연 어떤 사람일까. 그는 나를 단순히 성적인 유희물로만 생각하는 것일까?'

캐럴라인은 공상에서 깨어났다. 오후의 설핏해진 햇살이 창문에 가득 비치고 있었다. 맥켄리도 어느새 잠에서 깨어나 그녀를 물끄러미 바라보고 있었다.

그녀는 그가 무슨 생각을 하고 있는지 궁금했다. 아마도 다시 한 번 격렬한 섹스를 즐기려고 아랫도리에 힘을 모으고 있지 않나 싶었다.

그렇다면 빨리 시작하든지 해야 할 것이 아닌가. 온 종일 그에게 붙잡혀 있을 수야 없지 않는가. 오늘도 나가서 빈센트 버티니를 만나지 않는다면 그가 화를 낼지도 모른다. 사실 그녀는 빈센트를 만나보고 싶었다.

그녀는 길게 기지개를 한 다음 몸을 돌려 시계를 보았다. 벌써 오후 여섯시가 가까웠다. 그녀가 빈센트를 만나본 지도 어언 일주일이 지났다. 빈센트가 일하는 바의 한 바텐더가 몸이 아파 결근하는 바람에 빈센트가 그의 몫까지 연장 근무를 하고 있었다.

그녀는 눈을 감고 지금 그녀 옆에 빈센트가 누워 있다면 얼마나 좋을까 하고 상상해 보았다. 그러나 그것은 쓸데없는 일이었다. 사실은 그렇지 않기 때문이다. 빈센트의 피부는 맥켄리의 피부보다 젊고 부드러웠다.

"의원님, 아까 약속이 있다고 말하지 않았어요?"
하고 그녀는 마음 속으로 맥켄리가 어서 나가 주었으면 하고 물어보았다.

그러자 맥켄리는 갑자기 그녀를 거칠게 끌어안으며 그녀의 몸 위로 올라타는 것이었다. 그는 입으로 그녀의 젖가슴을 몹시 아프게 비비대었다.

"아, 아악…"

그녀는 그의 갑작스런 기습에 비명을 지르며 몸을 움츠렸다. 그럴수록 그는 더욱 미친듯이 그녀의 머리카락을 움켜잡고 그의 체중으로 힘껏 내려누르며 마구 깨물기도 하고 빨기도 했다.

그녀는 깜짝 놀랐다. 왜 이처럼 미친듯이 날뛸까? 지금까지 맥켄리가 이렇게 한 적이 없었다. 이건 완전히 상식 이하의 행동이 아닌가.

"맥켄리, 왜 이래요? 제발 이러지 마세요. 목을 그렇게 세게 빨면 그 자국이 지워지지 않고 오래 가요. 난 싫어요."

맥켄리는 거친 행동을 중지하고 놀란 얼굴로 그녀를 바라보았다. 그녀가 그의 행동에 이렇게 항거하기는 이번이 처음이었다.

캐럴라인이 그에게 무엇이라고 불평을 말하면, 그는 으레 이것은 상호 합의한 사항이라고 말하면서 자기는 돈을 지불하고 있으니 그녀는 순종해야 한다고 말해왔다.

그러나 오늘의 경우는 달랐다. 그녀에게 무엇인가 심각한 변화가 감지되었다. 물론 그것이 그에 대한 일시적인 불만의 표시일 수도 있었다. 그러나 결코 그렇게 단순한 것이 아니었다. 그는 이제 그들의 관계는 종말을 고하여야 한다고 생각했다.

그는 그녀의 몸 위에서 내려와 노여운 빛이 역력한 그녀의 얼굴을 묵묵히 바라보고 있었다. 그는 지금까지 그녀를 자기 수중에 넣고 그의 성적 도구로 이용해 온 것이 사실이었다.

그러나 이제는 그에게 다른 여자가 생겼다. 그래서 헤어질 꼬투리를 잡으려고, 그것도 난폭하게 해서 제풀에 떨어지게 만들려는 그의 행동이 신사답지 못한 치사한 짓인 것도 사실이었다.

캐럴라인은 아름다운 여자임에는 틀림없었다. 그녀가 만일 그로부터 떠난다면 그는 그녀를 못 잊어할 것이 분명했다.

그러나 이제 그에게는 다른 여자가 있지 않은가. 지금 헤어지더라도 그는 훗날 다시 그녀와 만날 수는 있을 것이다. 물론 그때는 오늘과 같은 조건에서는 아닐 테지만…

어떻든 그는 지금 그녀와의 관계를 청산해야 할 입장에 있었다. 그것도 서두르지 않으면 그에게 치명적인 사태가 벌어질지도 모르기 때문이다.

맥켄리는 어떻게 페니가 캐럴라인에 대해서 알아냈는지 놀라지 않을 수 없었다. 사실 캐럴라인과의 관계에 대하여 주의 깊게 비밀을 지켜온 것은 아니었다. 그렇다고는 하지만 페니가 그것을 알아냈다는 것은 참으로 뜻밖의 일이었다.

그와 페니와의 결혼은 두 사람 모두에게 유익한 것이 될 것이었다. 페니의 아버지는 그의 출신 지역인 텍사스 주에서 큰 회사를 운영하는 명망있는 사업가이며, 그가 하원의원에 출마했을 때는 많은 재정적 지원을 해 주기도 했다.

페니는 비교적 쾌활한 성격의 매력적인 젊은 여자로서, 맥켄리는 그녀를 그다지 사랑하지는 않지만 좋아하고 있었다.

그는 성적으로 캐럴라인 이외의 다른 여자를 좋아하게 될지는 의문이었다. 더구나 페니에게서 캐럴라인과 같은 관능적 만족을 기대할 수는 없을 것 같았다.

그러나 그녀는 온건한 가정에서 곱게 자란 탓인지 마음이 착하고 순수한 여자였다. 아직 결혼 문제가 정식으로 거론되지는 않고 있으니, 당분간은 그가 페니에게 충실한 면을 보여주어야 할 것 같았다.

다행스럽게도 그녀에게는 질투심 같은 것은 거의 없는 것처럼 보였다. 그러니까 3년 전 핸드릭스 부인의 저택에서 열린 칵테일 파티에서 캐럴라인을 처음 만났을 때 그녀와 정사를 벌이느라 그토록 오랜 시간 동안 증발해 버렸는데도 그때 동행했던 페니는 별로 신경을 쓰지 않을 정도였다.

그러나 그는 일단 몸가짐을 조심하는 것이 좋을 것 같았다. 사실 페니는 그의 성적 취향으로 보아 그렇게 어울릴 것 같지는 않았다. 그래서 캐럴라인과 헤어지는 것이 못내 아쉽기도 했다.

이와 같은 정신적 갈등을 풀기 위해 그가 더욱 섹스에 집착하는지도 모를 일이었다. 오늘 그는 캐럴라인과 마지막 사랑을 나누었다. 다시는 만나지 않으리라는 생각 때문에 그는 그녀에게 더욱 격렬하고 뜨거운 사랑을 퍼부었다.

그녀도 오늘 따라 그의 기분이 뭔가 우울하고 착잡한 것 같아 그를 즐겁게 해 주기 위해 그녀의 최선을 다하였다. 그리하여 그들은 일찍이 맛보지 못했을 만큼 서로 멋진 사랑을 나누었던 것이다.

그는 침대에서 일어나 천천히 옷을 입기 시작했다. 캐럴라인은 그렇게 멋진 사랑을 나누고는 왜 조금 전에 그가 갑자기 그런 난폭한 짓을 했는지 의아한 생각이 들었다.

'왜 그렇게 했을까?'

그녀는 아무래도 의심이 풀리지 않았다. 그가 옷을 거의 다 입었는데도 그녀는 기분이 언짢아서 피우지 않던 담배에 불을 붙이고 침대에 누웠다.

그가 심각한 얼굴로 눈쌀을 찌푸렸다. 그녀는 담배 연기 때문에 그러는 줄 알고 이내 담배를 꺼버렸다. 그는 손을 그의 양복 주머니에 넣더니 수표를 꺼내어 그녀에게 주었다.

"아니, 이건 뭐죠?"

캐럴라인은 수표를 보면서 물었다. 액면 금액은 5천 달러였다. 작은 돈이 아니었다.

"이건 선불로 주시는 건가요? 갑자기 이렇게 하시니 영문을 모르겠군요."

"오늘까지의 수고비요. 이것으로 지불관계는 끝나는 것이오."

"지불관계가 끝나다니요?"

그녀는 깜짝 놀라 침대에서 일어나 말했다. 하원의원은 입술을 지그시 물면서 눈을 아래로 깔았다.

"캐럴라인, 모든 것이 오늘로 끝났소. 나는 곧 결혼해요."

"결혼요?"

"그래요."

"당신이 늘 함께 사진이나 찍던 페니란 그 여자 말인가요?"

그는 머리를 끄덕였다.

"당신이 진짜 그 아래턱이 없는 바보 얼간이 여자와 결혼한다구요?"

"그 여자는 아주 좋은 여자요."

"그 여자가 당신을 잠자리에서 만족시켜 주던가요?"

그녀는 얼굴이 상기되어 물었다.

"어떻게 잠자리만 가지고 결혼을 해요?"

"좋아요. 난 지금 그런 한가한 소리나 할 처지가 아녜요."

그녀는 몸을 홱 돌려 주위를 돌아보고는,

"이 모든 가구들, 아파트, 그리고 내 봉급은 앞으로 어떻게 되는 거죠?"

하고 다급하게 물었다. 맥켄리는 고통스러운 얼굴로,

"당신은 한 달 더 이곳에 머물 수가 있어요. 그러나 봉급은 끝난 것이오."

하고 그는 말했다.

"끝나다니요, 그게 무슨 뜻이죠? 도대체 날보고 뭘 하란 말이죠? 식당의 여종업원이라도 되란 말이에요?"

"당신이 그렇게까지 되리라고는 생각하지 않아요."

그는 다소 멋쩍게 웃으며 말했다.

"당신이 나를 통해서 많은 사람들과 만났으니, 당신이 나와의 고용관계에서 풀려났다는 소식이 알려진다면 당신에게 연락들이 많이 올 거라고 생각되는데…"

그녀는 두 손으로 머리카락을 움켜쥐고 방안을 이리저리 왔다

갔다하면서 말했다.

"당신의 품위와 인격은 고작 그 정도밖에 안 되는 여자와 지금까지 사랑을 나누었나요? 그리고는 이제 와서 남자들끼리 돌리고 노는 공깃돌이 되라고요? 조금 전까지 같이 지내다가 갑자기 너무도 무자비한 사형선고를 내리시네요."

"캐럴라인, 전혀 그런 뜻이 아니오. 언젠가는 우리의 관계도 끝을 맺어야 해요. 어떻게 된 것인지 페니가 우리의 관계를 알아버렸어요."

"그래 그 쬐그만 얼간이 때문에 내가 사라져야 한단 말예요? 그런 말인가요?"

"캐럴라인, 나는 페니와 결혼해요. 우리의 관계를 가지고 그녀와 결혼할 수는 없지 않아요? 만약 그녀가 우리의 관계를 모른다면 그전과 같이 계속할 수도 있지만 이미 알고 있단 말이오."

맥켄리는 입에 침이 말랐다.

"그러니까 그 꼬마 아가씨가 용서하지 못한다는 말이군요. 그녀의 아버지는 아는가요?"

"내가 알기로는 그녀의 아버지는 아직 모르는 것 같아요."

"당신이 나에게 은근히 신경질적으로 대하며 난폭하게 행동할 때 알아챘어요. 내가 당신에게 무조건 복종하며 비위를 맞추어 잘 해주니 결국 이렇게 무정하게 잘라 버리는 거군요."

"캐럴라인, 당신에게도 나쁘지는 않았소. 나는 당신이 결단코 이용당했다고는 생각하지 않소."

그는 다소 씁쓸하게 말했다.

"아무튼 나는 이용당한 기분이예요."

그녀는 받은 수표를 던져 버렸다. 그녀는 수표를 박박 찢어서 그의 얼굴에 던질까도 생각했으나, 손해를 보면서 그렇게까지 어수룩한 짓은 하지 않았다. 그 대신 그녀는 셸머 향수병을 집어 들었다.

"여기서 나가요. 치사한 사람 같으니라구!"

그녀는 울면서 향수병을 그에게 던졌다.

맥켄리는 머리를 숙여 피하였다. 향수병은 침실벽에 맞아 온 침실을 향수 냄새로 가득 차게 해 냄새가 코를 찔렀다.

"캐럴라인, 캐럴라인… 이렇게 해서 좋을 건 아무것도 없지 않아요?"

"어서 꺼져요!"

"그럼 가겠소. 그러나 잘 알아두어요. 한 달 내로 아파트는 비워주어야 해요."

"내가 먼저 나가겠어요. 걱정 말아요."

그녀는 소리쳤다.

"당신의 맹꽁이 신부에게 나의 안부나 전해줘요."

하원의원은 문쪽으로 도망가다시피 나갔다. 그는 문을 열기 전에 마지막으로 다시 한 번 그녀를 돌아보았다. 그러나 그녀의 아름다운 얼굴은 화가 나서 일그러져 있었다.

"캐럴라인, 나…"

"어서 나가요!"

맥켄리는 몹시 서운한 듯이 문을 닫고 나갔다.

"망할 놈!"

그녀는 화가 나서 내뱉듯이 말했다.

다음 순간, 그녀의 얼굴에 이상한 미소가 떠올랐다. 그녀는 얼른 침대 옆으로 가 꿇어 앉아서 녹음기의 스위치를 껐다. 그리고는 테이프를 꺼내 가지고 양복장으로 걸어갔다.

그녀는 걸어놓은 그녀의 가운들을 옆으로 밀어내고 그 뒤에 있는 큰 서류 캐비넷을 열었다. 그녀는 따로 숨겨놓은 열쇠로 맥켄리의 파일을 보관하고 있는 둘째 서랍을 열어, 지금 가지고 온 테이프에 오늘 날짜를 적은 다음, 전에 녹음한 테이프를 옆에 가지런히 놓았다.

"흥, 이 예쁜 캐럴라인을 너의 마음대로 그리 쉽게 발길로 차버릴 수는 없을 걸!"

그녀의 얼굴에 또 한번 이상한 미소가 스쳐갔다.

그녀는 서랍을 잠그고 열쇠도 따로 둔 후 목욕실로 가서 목욕물을 받았다. 셸리머 목욕유를 듬뿍 넣은 다음 목욕물에 깊숙히 몸을 담갔다. 그리고 목욕용 스폰지로 몸을 천천히 문지르기 시작했다.

캐럴라인은 맥켄리 의원과의 동거 아닌 동거를 시작한 후 그와 그의 동료들과의 모든 관계를 테이프에 전부 녹음하여 두었었다.

그녀는 이 테이프로 무엇을 어떻게 할 것인지는 아직 구체적으로 계획이 서 있지는 않았다. 그러나 앞으로 이를 어떻게 해야 할지 생각할 여유는 충분히 있다고 생각했다.

"최소한 나는 맥켄리가 거액의 돈을 받아먹은 대가로 법안들을 통과시켜 준 것쯤은 알고 있다."

그녀는 큰 소리로 중얼거리며 주먹을 부르쥐었다.

그녀는 5천 달러의 수표도 밤 사이에 그가 마음을 바꾸어 지불

정지를 시킬까봐 내일 아침 일찍 은행으로 가서 현금으로 인출해
버리기로 마음먹었다.

목욕통의 물을 뺀 다음, 그녀는 새 물로 다시 몸을 씻었다. 수
도꼭지에서 흘러나오는 새 물을 몸에 맞으니 더없이 기분이 상쾌
하고 좋은 것을 새삼스럽게 느꼈다.

그녀는 맥켄리와의 관계를 깨끗이 잊어버리고 그녀의 최근 사
귀는 남자친구인 빈센트 버티니와의 데이트만을 생각하고 있었
다. 그녀는 물줄기를 몸에 맞으며,

"빈센트, 빈센트…"

하며 정감어린 목소리로 중얼거렸다.

그녀는 눈을 감고 그의 얼굴을 생각했다. 그런데 갑자기 데크
아디오의 얼굴이 떠오르는 것에 깜짝 놀랐다. 빈센트는 옛날 그
녀가 열 세 살 때 그녀의 첫남자인 데크 아디오의 얼굴과 너무도
비슷하게 닮았던 것이다.

8
첫사랑에의 추억

캐럴라인 잭슨은 조지아 주의 몰터리라는 작은 마을에서 태어났다. 그녀의 어머니 비비언 잭슨은 몸가짐이 단정치 못한 식당의 웨이트레스였고, 캐럴라인은 그녀의 외동딸이었다.

캐럴라인의 유아기는 그리 행복하지 못했다. 그녀의 어머니는 딸의 아버지가 누구인지도 몰랐다.

그저 놀기만 좋아하는 바람둥이였던 어머니 비비언은 임신한 아기를 유산시키려 했으나 그만 시기를 놓쳐서 어쩔 수 없이 출산하게 된 것이었다. 그 아이가 캐럴라인이었다.

그녀의 어머니는 군청 소재지의 보건소에서 그녀를 낳았다. 어머니는 딸을 양녀로 남에게 주려고도 했으나 애기가 자기처럼 푸른 눈에 금발인 데다가 너무도 예뻐서 차마 남에게 줄 마음이 내

키지 않았다.

그녀의 어머니는 딸을 데리고 셰인 강 옆에 쓰러져 가는 판자집 같은 곳에서 살았다. 그 집은 원래 남북전쟁이 일어나기 전에 세워진 웅장한 저택이었다. 그 저택의 지하실은 한때 도망가던 흑인 노예를 가두어 두었던 곳이기도 했다.

그런데 남북전쟁이 거의 끝나갈 무렵에 그 저택은 모두 불에 타버리고 별채의 작은 방만 남았는데, 비비언은 그것이 자기의 집이라고 우기고 있었다.

그 집에는 상수도도 없고 목욕실도 없었다. 화장실은 집 밖에 조그마하게 만들었고, 뒷뜰에는 물 펌프 시설을 마련하였다.

비비언은 식당의 웨이트레스로서 돈을 벌어 집안 살림살이를 꾸려 나갔는데, 집을 수리하거나 또는 이사를 하려는 생각은 아예 하지도 못했다.

그녀는 물론 집세를 내지 않고 살았다. 땅은 정부에 귀속되어 있었으나 아무도 그녀에게 세금이나 집세를 내라고 하는 사람은 없었다.

비비언은 참으로 꿈같은 환상을 가지고 있었다. 그녀는 걸핏하면 방문 앞에 앉아 마당에 있는 두 개의 거대한 기둥을 뚫어져라 쳐다보고 있었다. 그것은 남북전쟁 때 불에 타다가 남은 웅장한 저택의 한갓 잔해에 불과했다.

그런데도 그녀는 그 두 개의 거대한 기둥을 통해 그녀가 마치 굉장한 저택에 살고 있는 것으로 착각하고 있었다. 그녀는 자신이 무슨 대단한 귀족인 양 고상하게도 남부 지방 특유의 사투리까지 쓰고 있었다.

그러면서도 그녀가 교제하는 남자 상대는 부유한 집안의 명망가이건 트럭 운전사이건 지나가는 나그네건 가리지 않았다. 누구하고나 아무런 부끄럼없이 마구 놀아났다.

그래서 남들이 보기에는 그녀가 어느 부유한 남부 가문의 고귀한 딸로 태어났으나 예기치 못한 어떤 큰 재난으로 몰락해서 지금은 식당에서 일하고 있는 것처럼 보이기도 했다.

하지만 주위 사람들은 그녀를 가난한 백인 하류층의 괴짜 여인 정도로 보고 있었다. 비비언은 다른 사람들이 자신에 대해서 그러한 평판을 하고 있다는 것을 모르고 있는 것 같았다. 하긴 그녀는 그것을 안다고 해도 그저 무관심하게 넘겼을 것이다.

그녀의 생활 형편이 어려운만큼 그녀는 식당에서 열심히 일을 하였다. 남달리 몸매가 아름답고 상냥한 비비언이었기 때문에 그녀의 주변에는 항상 남자들이 끊이지 않고 몰려들었다.

그녀가 남자에게 바라는 것은 의외로 까다로운 것이 아니었다. 그저 좀 잘 생겼거나, 그녀를 숙녀처럼 대우해 주거나, 비싼 술을 사주거나, 화려한 색상의 스카프나 귀걸이 정도의 선물을 기대하는 것이 고작이었다.

그 무렵 캐럴라인은 자기 나름대로 가사 일을 도왔다. 학교에 가지 않을 때는 어머니를 대신해서 집안 살림을 하였다.

비록 그러한 가정 환경이었지만 그녀는 백인 학교에서 공부를 했다. 그녀는 다른 학생처럼 그리 공부를 잘하는 편은 아니었다. 그러나 그 점에 대해서는 별로 괘념하지 않았다.

그녀는 학교 수업 시간 중 선생님의 질문에 대답을 하지 못해도 기가 죽거나 부끄러워하지 않았다. 그녀는 그저 명랑하고, 학교 생활이 즐겁기만 했다.

캐럴라인은 성에 대해서는 남들보다 일찍 눈을 떴었다. 그녀는 어머니가 보이 프렌드와 침대에서 뒹굴고 있을 때도 시치미를 떼고 어머니의 침실을 마음대로 드나들었다. 그러면서 슬쩍슬쩍 이런저런 일들을 훔쳐보았다.

어떤 때는 어른들이 사랑의 절정에서 어쩔 줄 몰라하는 장면을 가만히 서서 지켜보고 있을 때도 있었다. 캐럴라인은 짐짓 아무것도 모르는 척했으나, 속으로는 모든 것을 짐작하고 있었다.

비비언은 보이 프렌드 중 마음에 드는 사람이 있으면 그녀의 집으로 오게 해서 동거를 하다가 싫증이 나면 사정없이 내보내기도 했다.

캐럴라인은 그녀의 어머니가 상대하고 있는 '아빠'란 남자의 이름이 하도 많아서 그것을 다 외우기조차 어려울 정도였다. 그녀의 어머니는 딸에게 굳이 '아빠'라고 부르도록 강권하다시피 했는데, 그것은 참으로 자식에게 못할 짓을 한 것이었다.

캐럴라인은 십대 소녀로 접어들자 그녀의 어머니보다 더 예쁘고 아름다운 여자로 성숙하여 갔다.

그녀는 어머니보다 키도 크고 머리 색깔도 고운 금발에다가 눈은 맑고 푸르렀다. 피부는 점 하나 없는 우유빛으로, 마르거나 뚱뚱하지 않고 알맞게 살쪄 있었다.

열 세 살이 되자 그녀의 몸은 거의 완전히 성숙되었다. 나올 곳은 나오고 들어갈 곳은 들어가, 육체적으로 완숙에 가까운 멋진 체격을 갖게 되었다.

그래서 상급반 남자 학생이나 마을 남자, 심지어 어머니의 보이 프렌드까지 그녀에게 눈독을 들이기 시작했다. 그녀는 어머니를 많이 닮아서 남자들과 노닥거리며 장난치기를 좋아했다.

그 무렵 그녀는 이미 남자들을 멋드러지게 조종할 줄도 알고 있었다. 그녀의 어머니가 알고 있는지 모르겠으나, 아무튼 그녀가 딸 하나는 예쁘게 잘 길렀음에는 틀림이 없었다.

그 당시 비비언이 함께 동거하고 있던 남자는 체격이 우람한 근육질의 이탈리아계 출신인 데크 아디오라는 남자였다. 그는 조지아주 도로국 소속 노동자로서 다소 그을은 듯한 얼굴에 아주 호남형으로 생긴 남자였다.

아디오는 비비언과 함께 거의 5개월을 동거해 왔다. 그런데 비비언은 차츰 싫증이 나기 시작하였다.

그녀는 한 남자에게 6개월 이상 집착해 본 적이 없었다. 어떤 때는 단 하룻밤의 정사로 딱 끊어버릴 때도 있었다.

그래서 그녀는 이제 아디오와의 관계를 청산하고 새로운 남자로 바꾸었으면 하고 생각하고 있는데, 근래에 와서 캐럴라인과 아디오가 서로 점점 가까워져 가고 있음을 발견하고 그녀의 생각을 더욱 굳혔다.

어느 날 비비언은 그녀의 딸을 불러 앉히고,

"너도 이제 남자와 여자가 성적으로 교합함으로써 느끼는 기쁨을 알 때가 되었구나."

하고 성에 대해서 말하기 시작했다.

캐럴라인은 성의 오묘함을 설명해 주는 어머니의 말을 진지하게 들었다. 비비언은 아주 제삼자적인 입장에서 딸에게 성교육을 시키고 있는 것이었다.

캐럴라인은 한편 놀랍기도 하고 한편 신기하기도 한 가운데 황홀함을 느끼었다. 다만 그녀에게 걱정되는 것은 처녀성을 잃을 때의 아픔이었다.

"그건 조금도 염려하지 않아도 돼. 넌 그저 이를 꽉 물고 눈을 감은 채 열까지만 마음 속으로 세어 보아라. 네가 여덟을 세기 전에 고통은 벌써 끝나고, 그 다음부터는 순풍에 돛단 배처럼 잘 되어 나갈 것이다."

옛날을 회상하는 듯 어머니는 잠시 말을 멈추었다가 다시 계속했다.

"그 황홀함이야말로 세상의 어느 것에도 비할 바가 못된단다. 그런 것이 다 인생이란다. 여자는 남자에게 주게 되어 있고 남자는 여자에게 주게 만들어진 것이 이 세상이란다."

비비언은 그녀의 성교육이 끝나자 딸의 어깨를 어루만지며 미소를 지어 보이다가 깜빡 생각난 듯 덧붙이는 것이었다.

"그런데 한 가지 중요한 걸 빠뜨렸어. 남자에게는 절대 공짜가 없어야 한다. 그건 어리석은 짓이야. 너두 바짝 정신차리지 않으면 어리석은 바보가 되고 말아. 최소한 어떤 약속이라도 꼭 받아내도록 해야 한다. 알았지?"

"네, 잘 알았어요, 엄마."

"난 오늘밤 친구 틸리와 영화관에 가기로 약속했어. 아마 밤늦게까지 못 오게 될지도 몰라."

비비언은 그녀의 사랑스런 딸에게 키스를 해 주고 식당으로 일하러 갔다.

그날 캐럴라인은 어머니로부터 들은 말들을 하나하나 떠올려

보았다. 그럴 때마다 저도 모르게 가슴이 두근거리고 입안의 침까지 바싹바싹 말랐다. 온몸이 후끈 달아올랐다가 갑자기 나른해지기도 했다.

이것은 참으로 일찍이 느껴 보지 못한 경험이었다. 안개처럼 희미하고 꿈처럼 몽롱한 그녀의 가슴에 어머니가 기름을 붓고 불을 지른 것과도 같았다. 앞으로 펼쳐질 새로운 세계에 대하여 그녀는 기대와 호기심으로 가득 찼다.

'아, 그게 뭘까? 도대체 어떤 것일까?'

그녀는 밖으로 나가 찬물을 목욕통에 넣고 그 속으로 뛰어들어가 몸과 마음을 진정시켰다. 그런 다음 옷을 갈아입고 집 앞으로 의자를 가지고 나가서 햇빛에 젖은 머리카락을 말렸다.

그녀는 어머니가 쓰는 향기나는 분을 몸에 바르고 화려한 색깔의 드레스를 입었다.

그녀가 열심히 머리손질을 하고 있을 때, 어느 틈에 왔는지 아디오가 직장에서 돌아와 그녀를 뚫어지게 바라보고 있었다.

그녀는 저도 모르게 얼굴이 화끈 달아오르며 가슴이 두근거리기 시작했다. 이것은 전에는 없던 일이었다. 그녀는 아디오와 눈이 마주치는 순간, 온몸이 뜨거워지는 것 같은 느낌이 들었다. 그것은 그녀에게는 처녀로서의 종말이며 한 여자로서의 시작을 의미하는 것이 될지도 모를 일이었다.

그녀는 부엌으로 가서 머리손질을 끝내고 아디오의 목욕물을 불 위에 올려놓은 다음 그에게로 갔다.

"언제 왔어요?"

"지금 막…"

그는 그의 큰 손으로 그녀의 머리카락을 만지면서,

"너 오늘 파티에 가려고 드레스까지 입고 준비하고 있었구나."
하고 말했다.

"저 말예요? 제가 갈 만한 파티가 어디 있어야죠. 또 만약 간다고 하더라도 이런 형편없는 드레스를 입고는 못 가요. 아마 남자들이 절 거들떠보지도 않을 걸요."

아디오는 웃었다. 그는 캐럴라인이 어머니 비비언을 꼭 빼닮았다고 생각했다. 그리고 그녀의 말이 무슨 뜻인지도 그는 알아차릴 수 있었다.

"그렇다면 내가 예쁜 드레스를 하나 사줄까?"
캐럴라인은 깡총깡총 뛰면서 좋아했다.

"정말 그렇게 해 주실 거예요? 정말이죠?"

"그럼, 그렇게 하고말고."

그는 오늘 따라 캐럴라인이 자기를 '아빠'라고 부르지 않는 것이 이상했다. 그는 뭔가 심상찮은 분위기를 직감했다.

"이번 토요일에는 너와 함께 시내에 나가 멋진 드레스를 꼭 사줄께."

"틀림없죠? 저하고 약속했어요!"

캐럴라인은 말하면서 어머니가 당부한 '약속'을 받아냈음을 기뻐하였다.

"그런데 엄마는 집에 왔니?"
하고 아디오가 사방을 두리번거리며 물었다.

"엄마는 오늘밤 늦게까지 집에 오지 않는다고 했어요. 친구 틸리와 만난다고 했어요."

"음, 그래."

그는 뭔가 모르게 긴장하는 듯이 보였다.

"하지만 염려 마세요. 내가 저녁식사를 준비해 놓았어요. 식사는 냉장고 안에 있고, 목욕물도 데워 놓았어요."

그녀는 즐거운 듯이 계속 재잘거렸다.

"아주 고맙군. 그런데 엄마는 아주 늦는다고 했지?"

아디오는 재삼 확인하면서 캐럴라인을 쳐다보았다.

"네, 그래요."

"알았어."

그는 침실에 들어가 작업복을 벗었다. 그러는 동안 캐럴라인은 더운 물을 목욕통에 부었다. 목욕통 옆에는 커텐이 있었는데, 집 안에 캐럴라인이 있을 때는 커텐으로 가리고 목욕을 했었다.

아디오는 비비언의 침실에서 나왔다. 그는 큰 타올로 그의 몸 가운데를 두르고 있었다. 캐럴라인이 처음으로 본 그의 몸은 참으로 멋진 것이었다. 그녀의 입에서 탄성이 절로 나왔다.

그는 조지아주 도로국에서 여러 해 동안 일해 왔기 때문에 그의 온몸은 울퉁불퉁한 근육질이었다.

더욱이 그는 일할 때 주로 웃통을 벗고 하기 때문에 상체는 햇빛에 그을러 있는 반면, 하체는 우유 글라스처럼 하얗고 부드럽게 보였다. 그것이 그녀에게는 더욱 멋져 보였다.

"목욕을 하는 동안 전 식탁에 저녁식사를 차릴께요."

아디오는 목욕통 옆에 서서 캐럴라인을 바라보았다. 그녀가 냉장고에서 준비한 음식들을 꺼내느라고 허리를 굽혔을 때, 그녀의 드레스가 치켜올라가며 그녀의 둥그스름한 엉덩이살이 보였다.

그는 직감적으로 그녀가 팬티를 입지 않고 있다는 것을 알아차렸다. 그는 그의 남성이 불끈 일어나는 것을 느꼈다. 그는 일부러 목욕통의 커텐을 조금만 내리며 말했다.

"이 커텐을 조금만 내려도 괜찮지?"

그는 은근히 그녀를 떠보았다.

"왜 커텐으로 가리려고 하는지 모르겠군요. 그러면 시원한 바람이 들어오지 못하잖아요."

그녀의 대답은 참으로 의외였다.

"음, 그렇겠군."

아디오는 빙긋 웃으면서 커텐을 거두어 저만큼 던져 버렸다.

캐럴라인은 턱을 괴고 앉아 그를 빤히 지켜보고 있었다. 그는 그의 한가운데를 두른 타올을 풀어 옆에 있는 의자에 걸쳐놓고 목욕통으로 들어갔다.

그때까지 꼼짝도 않고 지켜보고 있던 그녀는 그의 양다리 사이에 있는 큰 몽둥이 같은 것을 발견하였다. 그것은 아직 포경수술을 하지 않은 것이었다. 그녀의 입이 크게 벌어지고 눈이 동그래졌다.

"에그머니…"

그것은 놀람과 기쁨이 한데 섞인 기묘한 탄성이었다.

아디오는 캐럴라인이 자기를 그렇게 쳐다볼수록 그의 남성이 더욱 커져 갔다. 그는 목욕통 속으로 들어가서 따뜻한 물속으로 천천히 몸을 잠겼다.

"캐럴라인, 오늘 따라 네가 더 예뻐진 것 같애."

"나도 오늘 목욕을 했거든요."

그녀는 그의 목욕통 옆을 떠나지 않고 계속 그를 지켜보다가,

"내가 등을 밀어줄까요?"

하고 물었다.

"그래, 그렇게 해 주겠니."

캐럴라인은 때수건을 찾아 가지고 수건에 비누칠을 한 다음 그의 등을 밀기 시작했다. 그녀는 등을 밀어주면서 콧노래까지 부르며 즐거워했다.

아디오는 아무 말이 없었다. 깊은 명상에라도 잠긴 듯 지그시 눈을 감고 있었다. 다만 캐럴라인이 등을 밀 때마다 어떤 생명력이라도 있는 것처럼 그의 남성이 물속에서 거칠게 퍼덕거렸다.

캐럴라인이 등을 밀면서 흘끗 아래를 내려다보니 비눗물 속에서도 그 몽둥이의 윤곽이 뚜렷하게 보였다. 캐럴라인은 손을 넣어 만져보고 싶은 충동이 솟구쳤지만 눌러 참았다.

"몸을 헹굴 물을 가져오겠어요."

캐럴라인은 상냥한 여자 노예처럼 말했다.

그녀는 밖으로 나가서 두 개의 양철 바께스에 물을 가득 담아 가지고 왔다. 아디오는 목욕통 안에서 일어선 채로 물을 머리에다 퍼부었다.

캐럴라인은 그의 남성의 크기에 새삼 놀라지 않을 수 없었다. 처음 보았을 때의 느낌처럼 그것은 분명히 하나의 커다란 몽둥이였다. 그 큰 것이 그의 하복부에서 쭉 뻗어나와 끝이 아래로 약간 처져 있었다. 참으로 우습게 생긴 몽둥이였다.

그가 목욕통 밖으로 나오자 캐럴라인은 쪼르르 달려가 걸쳐 놓았던 타올로 그의 몸을 닦기 시작했다. 캐럴라인은 등을 닦고 가

습과 배도 열심히 닦아주었다.

캐럴라인이 그의 하복부를 닦으려 할 때 그는 그녀로부터 타올을 빼앗아 던져버린 다음, 그의 억센 팔로 그녀의 몸을 감싸안았다. 그는 커다란 손으로 그녀의 히프를 부드럽게 어루만지며 그의 남성으로 그녀의 배를 지그시 눌렀다. 실로 너무도 갑작스런 기습이었다.

"캐럴라인, 우리가 이래도 괜찮을까?"

그가 다소 겁먹은 어조로 말했다.

"난 괜찮아요. 나를 사랑해 주려는데 뭐…"

캐럴라인의 대답은 의외로 천연덕스러운 것이었다.

"네 어머니에겐 말하지 말아야지."

"물론이죠."

그녀는 고개를 크게 끄덕이며 대답했다.

"저녁식사는 나중에 하자."

아디오는 캐럴라인의 손을 잡고 어두운 그녀의 어머니 침실로 데리고 갔다. 그는 그녀의 드레스를 머리 위로 올려서 벗겨버린 다음 그녀를 번쩍 들어서 침대에 눕혔다.

"넌 참으로 예쁘구나, 캐럴라인."

"고마워요, 아디오. 그런데 새 드레스를 사준다는 약속은 지켜야 해요."

"물론이지."

그의 손은 벌써 캐럴라인의 발끝에서부터 점점 위로 더듬으며 올라가 그녀의 젖가슴을 만지고 있었다.

"새 드레스는 두 벌을 사줄께."

"고마워요."

캐럴라인은 말할 기력조차 없는 듯 조그맣게 가쁜 숨을 쉬고 있었다. 그는 손가락으로 그녀의 팽팽한 딸기색의 젖꼭지를 만지작거리면서 말했다.

"사실 난 오래 전부터 이렇게 하고 싶었어."

"나도 오늘 엄마의 성교육을 듣고 기분이 이상해졌어요."

그녀의 숨결이 점점 더 가빠지고 있었다.

그의 시선이 캐럴라인의 젖가슴에서 배, 그리고 노랗게 잔디처럼 금발이 덮인 그녀의 숲으로 옮겨갈수록 그의 남성은 점점 더 커져 갔다.

사실 미국 형법으로는 캐럴라인이 아직 미성년자이므로 자의든 타의든 그녀에게 성적 침해를 해서는 안 되는 것이다. 이는 미성년자 강간죄에 해당되어 무거운 벌을 받게 된다.

그러나 이러한 미성년자 보호법도 그의 끓어오르는 욕망을 막지는 못했으며, 단단한 몽둥이 같은 그의 남성을 수그러뜨리지는 못했다.

캐럴라인은 그의 따뜻한 손이 그녀의 숲을 건드리자 온몸이 오그라붙는 듯했다. 얼굴은 확확 달아오르고 가슴은 쿵쿵 소리를 내며 마구 뛰었다. 그러면서도 그의 묵직한 체중이 그녀의 몸 위에 천천히 실릴 때는 짜릿한 흥분이 느껴졌다.

캐럴라인의 머리카락은 조금 흐트러져 있었으며 얼굴은 빨갛게 상기되어 있었다. 그는 그녀의 머리카락을 쓰다듬으며 뚫어져라 하고 그녀를 쳐다보고 있었다.

"캐럴라인, 내가 처음의 남자야?"

그녀는 머리를 끄덕이면서 손가락으로 그의 껄껄한 턱수염을 만지작거렸다.

"참, 내가 면도를 해야 할 것 같군. 부드러운 너의 피부에 상처를 입혀서는 안 되지."

"그럼 빨리 면도를 하세요. 내가 기다릴게요."

그녀는 나직이 말했다.

아디오는 침실에서 급히 나가 부엌으로 달려갔다. 그는 주전자의 물을 대야에 붓고 비누거품을 얼굴에 발랐다.

그는 너무 허둥대면서 면도를 하는 바람에 몇 군데에 상처를 냈다. 그는 얼굴을 씻고 값싼 로션을 바른 다음 서둘러 침실로 돌아왔다.

"에그머니, 면도를 하다가 상처를 냈군요."

하고 캐럴라인은 말하면서 상처에서 나온 피를 혀로 핥아주었다.

"괜찮아."

아디오는 두 팔로 캐럴라인을 껴안으면서 그녀에게 키스를 했다. 그는 혀로 그녀의 입을 열고 안으로 밀어넣었다.

그들의 키스는 성적인 열기를 한층 더 북돋워 주었다. 그들은 벌거벗은 채로 서로 몸을 부벼대고 있었다. 그들의 굶주린 욕정은 점점 고조되어 갔다.

그때 갑자기 캐럴라인의 손이 그의 등 아래로 내려가더니 그의 몸을 그녀의 몸 위로 이끌어 올렸다. 그는 깜짝 놀랐다.

"다음에는 어떻게 하는 거죠?"

캐럴라인의 질문에 아디오의 얼굴이 붉어졌다.

그가 더 뭐라고 생각할 겨를도 없이 이번에는 그녀의 딴딴한 젖꼭지가 그의 가슴을 향해서 압박을 가하여 왔다. 그녀는 능숙하게 해 보이려고 애를 쓰는 것 같았다.

그러나 그는 서둘지 않았다. 고양이가 쥐를 다루듯 서서히 그녀를 달구어 나갔다. 젖가슴에 이어 이번에는 그녀의 장미빛 같이 붉고 단단한 젖꼭지를 빨기 시작했다.

"거기예요, 바로 거기예요."

캐럴라인은 알지 못할 소리를 혼자 뜨겁게 중얼거렸다.

그가 혀끝을 돌려가며 캐럴라인의 젖꼭지를 빨고 있을 때 그녀의 손이 미끄러지듯 스르르 아래로 내려가더니 삽시간에 그의 남성을 무슨 장난감이라도 만지듯이 꽉 잡아줬었다.

캐럴라인은 그의 남성을 잡고 조금씩 흔들어대며 불끈불끈 손아귀에 압력을 가하였다. 그것은 너무도 멋진 애무였다. 그녀는 아주 숙달된 여자처럼 그를 흥분시키고 있는 것이었다.

"캐럴라인은 이 일에 아주 능숙한 것 같아."

아디오가 놀라워하며 물었다.

"조금은 엄마에게서 배웠고 대부분은 나의 창의력이예요."

그녀가 생긋 웃으며 대답했다.

그는 계속 캐럴라인의 젖꼭지를 빨면서 한 손을 내려 그녀의 숲을 어루만졌다. 뽀송뽀송한 금발로 덮인 그녀의 숲은 벌써 흥분해서인지 촉촉하게 젖어 있었다.

"왠지 가슴이 자꾸 떨려요."

"응, 조금만 있으면 괜찮아져."

아디오의 얼굴이 다시 붉어졌다.

그녀는 히프를 위로 밀어올리면서 그의 남성을 꽉 움켜잡았다.

그는 그녀의 숲속으로 손가락을 조금씩 넣었다 뺐다 하면서 점점 깊이 들어갔다. 이에 보조를 맞추듯 그녀의 히프도 자동적으로 들어올렸다 내렸다 하고 있었다.

아디오는 죄의식을 느꼈다. 금방이라도 하늘에서 벼락이라도 내려칠 것만 같았다. 그러나 그가 죄의식을 느끼면 그럴수록 그의 흥분은 더해 갔다.

아디오가 익숙한 솜씨로 그녀의 예리한 성감대를 자극해 나가자 캐럴라인은 못 견디겠다는 듯 고통스런 얼굴로 온몸을 비비꼬았다. 그녀의 흥분은 이제 최고조에 달한 듯했다.

"오, 아디오."

캐럴라인은 마침내 비명을 지르며 허우적거렸다.

그녀는 두 다리를 한껏 넓게 벌리면서 움켜쥐고 있던 그의 남성을 그녀의 숲속으로 가져갔다. 그는 자신의 남성을 캐럴라인에게서 빼앗아 그녀의 숲속 입구에 맞추었다.

"캐럴라인, 사랑해!"

드디어 그의 남성은 그녀의 좁은 통로를 뚫고 천천히 밀고 들어갔다. 그는 그녀의 귀에다 대고 가만히 속삭였다.

"캐럴라인, 두 다리로 내 허리를 감싸."

"이젠 다 끝난 거예요? 아프지도 않네."

"아냐, 이제부터 시작이야."

그의 굵고 큰 남성이 밀고 들어오자 그녀는 심한 통증을 느끼며 나직히 소리쳤다.

캐럴라인은 그를 올려다보았다. 그녀의 눈동자는 열정으로 이글거리고 있었다. 그의 남성은 점점 열기를 더해가며 그녀의 몸안으로 깊숙이 들어갔다.

캐럴라인은 눈을 지그시 감고 그의 등과 허리를 양팔과 두 다리로 꼭 껴안은 채 그의 움직임에 몸을 맡기고 있었다. 그녀는 그의 남성이 점점 깊이 들어옴에 따라 짜릿한 흥분과 공포감이 동시에 몰려옴을 느꼈다.

"아주 꽉 죄이는 느낌이야."

아디오가 만족스러운 듯이 말했다.

"어머, 무서워."

마침내 그의 남성이 캐럴라인의 처녀막을 압박할 때 잠시 격렬한 통증이 왔다. 어머니의 말처럼 눈앞에 수많은 별들이 어지럽게 반짝였다. 그녀는 어머니가 일러준 대로 눈을 꽉 감고 열까지 세기 시작했다.

그러나 그녀는 어머니의 말을 믿고 그렇게 공포에 떨지는 않았다. 그녀는 여섯을 세기 전에 모든 것이 다 지나갔음을 느꼈다.

몇 초 후 통증은 사라졌으며 그녀는 이제 더 이상 처녀가 아니었다. 그 순간 어린 그녀의 마음에는 뭔가 서운하고 허전한 생각이 들었다. 그러나 남들처럼 눈물은 나오지 않았다.

"괜찮아?"

아디오가 물었다.

"네, 괜찮아요. 아픈 건 한 순간이었어요."

그녀가 가볍게 한숨을 쉬며 말했다.

아디오는 그녀의 얼굴을 구석구석 키스했다. 그리고는 잠시 중단되었던 일을 계속하였다. 부드럽고 따스한 그녀의 숲속에 있는 그의 남성이 다시 발동하기 시작했다.

그녀는 거대한 그의 남성이 자신의 몸안으로 들어왔다 나갔다 하는 것이 참으로 신기하였다. 그와 함께 일찍이 맛보지 못했던 짜릿한 쾌감이 그녀의 몸속을 전류처럼 흐르고 있었다.

　"아디오, 이런 기쁨을 가르쳐 주어 정말 고마워요."

　그녀는 그의 이름을 부르며 말했다.

　"고맙긴… 정말 미안해, 캐럴라인."

　아디오는 그녀를 꼭 껴안았다.

　그녀는 마음 속으로 나는 지금 남자와 육체적인 사랑을 하고 있구나 하고 생각하니 이루 말할 수 없는 기쁨이 용솟음쳤다. 그 기쁨은 감당할 수 없을 만큼 큰 것이었다.

　그녀는 아디오의 반복운동에 따라 히프를 들어올렸다 내렸다 하면서, 자신의 경험이 부족함에도 불구하고 보조를 잘 맞추어 나갔다.

　아디오는 그녀만큼 그와 리듬을 잘 맞추어 주는 여자는 지금까지 만나 보지 못하였다. 그도 신이 나서 그녀를 즐겁게 해 주기 위해 열심히 그녀의 몸을 애무해 주었다.

　"아디오, 오 아디오."

　캐럴라인은 이 멋진 경험을 하면서 즐거워서 그런지 때때로 그의 이름을 불렀다. 그녀는 맹렬한 속도로 위아래로 움직이는 그의 히프를 신기한 듯이 계속 고개를 들고 쳐다보았다.

　"오, 아디오!"

　캐럴라인은 지금 그녀에게 일어나고 있는 일을 믿을 수가 없을 정도였다. 그녀는 앞으로 이와 같이 놀라운 일은 그녀의 일생에서 다시는 경험할 수 없을 것 같은 생각마저 들었다.

그녀는 오늘의 이 느낌을 사랑하였다. 지금은 통증도 거의 가시고 짜릿한 쾌감만이 있을 뿐이었다. 오늘이야말로 캐럴라인에게는 새로운 세계의 서막이었다.

"오늘의 이 느낌, 영원히 잊지 못할 거예요."

그녀의 눈에서 처음으로 눈물이 흘러내렸다.

"울긴…"

아디오가 캐럴라인을 위로하면서 말했다.

"아녜요, 괜찮아요."

그녀는 뭐가 뭔지 알 수 없는 가운데 고개를 가로저었다.

그들의 정감은 고조될 대로 고조되고 흥분은 더욱 불같이 타올랐다.

"오, 아디오. 난 몰라요…"

그녀는 몽유병자처럼 중얼거렸다.

그는 그녀가 오르가슴에 가까워지고 있음을 느꼈다. 그는 닫는 말에 더욱 채찍질을 가했다. 말은 마지막 안간힘을 다해 질풍같이 내달렸다.

"오, 살려주세요!"

마침내 캐럴라인은 비명을 질렀다.

"캐럴라인, 괜찮아. 진정해."

아디오는 아무것도 모르는 한 어린 소녀를 악마의 구렁텅이로 밀어넣는 것 같은 느낌이었다. 그는 잠시 당황해서 어쩔 줄 모르고 쩔쩔 맸다.

"아, 아!"

그러나 아디오의 입에서도 이윽고 비명이 터져나왔다. 그것은 어쩔 수 없는 일이었다.

드디어 모든 것이 끝났다. 그는 그녀의 몸을 돌려 옆으로 마주 보고 누웠다. 기운이 탈진한 듯 그는 숨을 헐떡이고 있었다. 그들은 아직 두 팔로 서로를 껴안고 있었다.

캐럴라인은 조금 전 그녀의 몸 위에 실렸던 그의 체중을 회상하며 믿음직하고 아늑함을 느꼈다.

"캐럴라인, 괜찮아?"

"네."

그녀는 꼼짝도 않고 그를 꼭 껴안고 있었다. 이것이 첫 경험의 남자이기에 누구와도 비교할 수는 없지만, 그가 이 세상에서 그녀에게는 가장 훌륭한 애인이라고 생각되었다.

한참 시간이 흘렀다. 그녀는 침대에서 일어났다.

"난 또 해야 할 일이 있어요."

라고 말하고 부엌으로 가서 그녀의 어머니가 가르쳐준 대로 그녀의 숲을 씻었다. 그리고는 깨끗이 말린 다음 침실로 돌아왔다. 아디오도 자신의 상징을 타올로 닦은 듯 깨끗해 보였다.

그는 누운 채 담배를 피우고 있다가,

"괜찮아?"

하고 다정스럽게 물었다.

"네."

캐럴라인은 짤막하게 대답했다. 그는 담배불을 끄고 그의 팔로 그녀를 껴안았다.

"넌 아주 훌륭했어. 그런데 어떻게 하지?"

"무슨 뜻이죠?"

"너의 엄마 말야…"

"엄마가 어째서요?"

"오늘 분명히 늦게 온다고 했지?"

"네, 그래요."

"확실하지?"

"그럼요. 의심이 좀 지나치시군요."

캐럴라인이 뾰르통해졌다.

"아냐, 다음 할 일이 있어서 그래."

그의 얼굴에 약간 음흉한 빛이 감돌았다.

"그게 뭔데요?"

캐럴라인의 눈이 동그래졌다.

"이리 와 보세요, 귀여운 아가씨."

그의 표정도 환하게 밝아졌다.

캐럴라인이 그의 곁으로 다가가자 그는 그녀의 손을 이끌며 말했다.

"내가 몇 가지 가르쳐 줄까?"

"뭘 가르쳐요?"

알듯 모를 듯한 그의 말이 캐럴라인은 궁금했다.

"넌 아마 꿈도 꾸지 못한 것들이야."

"그게 뭔지 빨리 가르쳐 줘요."

아디오의 눈빛으로 보아 크게 나쁜 것은 아닌 것 같아 캐럴라인은 오히려 재촉을 했다.

"그러고말고."

그는 말처럼 히잉 하는 콧소리를 냈다.

그는 그녀를 침대 위로 이끌어 눕힌 다음 그의 젖은 입으로 그녀의 젖꼭지를 찾아 물고는 천천히 빨기 시작했다. 그녀는 조용히 누운 채 꼼짝도 않고 있었다.

아디오는 그녀를 반듯이 눕게 한 다음, 혀끝으로 그녀의 발끝부터 핥기 시작해서 무릎을 지나고 허벅지를 거쳐 그녀의 숲속을 향해 천천히 더듬어 나갔다. 캐럴라인은 계속 죽은 듯이 가만히 누워 있었다.

마침내 공격 목표인 뽀송뽀송한 금발이 있는 곳에 이르렀다.

"난 오늘 네 것을 입으로 먹겠다."

잔뜩 흥분해서 하는 그의 말에 캐럴라인은 웃음이 나왔다.

"뭔지 모르겠지만 맛있게 드세요."

그녀는 어머니가 식당 손님에게 하는 말을 흉내내었다.

"맛있게 먹고말고… 이건 아마도 너나 나에게 영원한 추억이 될 거야."

그는 말하면서 그녀의 다리를 한껏 벌리게 한 다음 손가락으로 그녀의 통로 입구를 좌우로 쫙 벌렸다. 그리고는 그 속으로 혀끝을 밀어넣어 빙글빙글 돌리기 시작했다.

"이건, 이건…"

그것은 또 다른 하나의 경험이었다.

캐럴라인은 전기 충격과도 같은 단속적인 찌릿함에 몸을 떨었다. 그녀는 끓어오르는 흥분을 참지 못하고 머리를 이리저리 흔들며 침대바닥을 손가락으로 마구 긁기 시작했다.

그는 그곳을 애무하다 말고 그곳의 가장 예민한 부분을 입술로 꽉 물었다. 그것은 그렇게 긴 시간이 아니었다. 그러나 그 순간 캐럴라인은 흥분이 절정에 달했다.

그녀는 마치 자신의 하복부에서 폭발물이 터지는 것처럼 그녀의 온몸이 걷잡을 수 없이 뒤흔들렸다. 그녀는 감당할 수 없는 클라이맥스의 즐거움에 비명을 질렀다.

"오, 맙소사!"

아디오는 그녀의 좁은 통로에서 홍수처럼 흘러나오는 쥬스를 수건으로 닦았다.

"넌 정말 달콤한 여자야."

"너무도 황홀해요. 아까 우리가 한 것보다 훨씬 더 좋아요."

"그런데 난 아직 끝나지 않았어."

그는 투정하듯 말했다.

"뭐가요?"

"그런 게 있어."

"그렇게 말하면 더 궁금하잖아요?"

"가르쳐 줄까?"

"그래요."

"캐럴라인, 입을 벌려 봐."

아디오가 그녀에게 말했다.

"그리고 이걸 너의 목구멍 닿는 데까지 넣도록 해 봐. 숨을 죽이지 말고 해. 숨은 항상 코로 쉬는 거야. 되도록 다 넣어야 돼. 그리고 위아래로 입을 움직이는 거야."

그녀는 그가 시키는 대로 따라 했다. 그녀는 목구멍 깊숙히 그것을 밀어넣다 말고 갑자기 깔깔 웃으면서 그것을 홱 뽑아 버렸다.

"할 수 없으면 너무 무리할 필요는 없어."

그의 입에서도 웃음이 나왔다.

"다시 한 번 해볼께요."

캐럴라인은 먼저 시험적으로 입을 크게 벌린 다음, 숨을 한껏 들이쉬면서 그것을 최대한 입속 깊이 넣을 수 있는 예비운동을 해 보았다. 그렇게 한 후 그의 것을 다시 넣기 시작하였다.

"처음에는 아주 천천히 해야 해… 그래, 맞았어. 그렇게 하는 거야."

아디오는 운동선수의 코치처럼 계속 씨부렁거렸다.

마침내 그의 남성이 그녀의 입안과 목구멍을 꽉 메웠다. 그녀는 그것이 즐거웠다. 따뜻하고 부드러우며 뭔가 찝질하고 비릿한 맛과 냄새가 이상 야릇한 신비감을 느끼게 했다.

아디오는 두 손으로 그녀의 귀밑머리 부분을 움켜잡고 그녀의 리듬을 조종하여 나갔다. 처음에는 천천히 위아래로 움직이다가 차츰 그 템포를 빠르게 하면서 좌우 사방 팔방으로 발전시켜 나갔다.

캐럴라인은 그녀의 금발 머리를 신들인 사람처럼 마구 흔들어 대며 열심히 보조를 맞추었다. 그녀는 아디오가 클라이맥스에 가까워지고 있다는 것을 직감적으로 알 수 있었다. 그녀는 코로 가쁜 숨을 쉬면서 나름대로 최선을 다하고 있었다.

"아, 못 참겠어!"

그녀는 머리를 더 빠르게 움직이며, 그러면서 앞으로 어떻게 될지 궁금해 하였다.

'무슨 일이 일어날까?'

드디어 아디오는 분출하기 시작했다.

"캐럴라인, 그걸 삼켜!"

"?"

캐럴라인은 어쩔 줄을 몰랐다.

"삼켜야 돼. 그래야만 우리의 사랑이 완전한 것이 되는 거야."

"네, 네."

그녀는 얼떨 결에 대답하고는 그의 분출물을 삼키기 시작했다.

처음에는 메슥거려서 삼킬 수가 없었다. 그러나 그를 실망시키지 않으려고 그녀는 마음을 가다듬었다. 약간 짠맛이 나는 뜨거운 액체를 삼키면서,

"아디오, 이걸 삼키면 좋아요?"

"오늘같이 황홀한 기분은 처음이야."

"뭐가 그리 좋아요?"

캐럴라인이 궁금한 듯 물었다.

"음, 넌 숫처녀였잖아. 그건 정말 내겐 멋진 선물이었어."

"어째서요?"

그녀는 더욱 궁금하여 물었다.

"남자들은 모두 다 그걸 원하지. 특히 자기가 사랑하는 여자에게서는…"

"내가 듣기로는 남자들은 그런 데에는 별로 신경을 안 쓴다고 하던데요."

"그건 다 거짓말이야. 어떻게 보면 패배주의적인 헛소리야. 이미 비처녀인 줄 알았으니까, 아니면 비처녀일지도 모른다는 생각에 미리 방패막이를 하는 말에 불과해."

"그럼 난 어쩌죠?"

"무슨 소리야?"

"난 어차피 당신과 결혼할 수 없잖아요?"

이제 캐럴라인의 말은 어린애가 아니었다. 아디오는 당황하여 얼마 동안 쩔쩔 매다가,

"그럼 이렇게 해."

하고 대단한 발견이라도 한 것처럼 말했다.

"어떻게요?"

"병원에 가면 AP 수술이란 게 있어. 원래는 임산부의 출산 때 국부파열을 위해 하는 건데, 요샌 결혼을 앞둔 비처녀들이 많이 이용한다더군. 잘 부탁하면 아주 감쪽같이 처녀로 만들어 준대."

"아프잖아요? 돈도 많이 들 테고…"

"그건 좀 그렇대."

"하지만 난 그렇게까진 하기 싫어요. 그리고 세상엔 그런 일에 관대한 남자도 있을 거예요."

캐럴라인이 다소 착잡해진 얼굴로 말했다.

"그리고 남자란 참으로 무책임한 거로군요. 그 무책임이 여자를 비극으로 빠뜨린다는 얘기를 책에서 많이 읽어봤어요."

아디오는 쓴 입맛만 다시고 있었다.

그들은 마침내 둘 다 침대 위에 나동그라져 잠이 들었다. 그들은 그녀의 어머니 비비언이 집에 돌아왔는데도 모르고 깊은 잠에 빠져 있었다.

비비언은 일부러 쾅 하고 문을 크게 닫으며 안으로 들어갔다. 아디오가 그 소리를 듣고 먼저 잠에서 깨어 벌떡 일어났다.

"캐럴라인, 너의 엄마야."

그는 당황해서 어쩔 줄을 몰랐다.

"걱정할 것 없어요."

캐럴라인이 의외로 침착한 목소리로 말했다.

"어떡하지?"

아디오는 안절부절못했다.

"어떡하긴요… 아마도 엄마는 모른 척하실 거예요."

"어째서?"

"지금 엄마가 알은 척해 봐야 뭐 달라지는 게 있겠어요?"

참으로 놀라운 판단력이었다. 아디오는 그만 입이 딱 벌어져 할 말을 잃었다.

"난 어떻게 하면 좋지?"

"오늘밤 안으로 도망을 치세요."

"그럼 우리들의 관계는?"

"그건 뭐 별 문제가 아니잖아요?"

순간 그녀는 허둥대는 그가 왠지 모르게 싫었다.

그때 비비언은 부엌에서 조용히 식사를 하고 있었다. 캐럴라인은 얼른 옷을 입고 부엌으로 갔다.

"엄마, 언제 왔어?"

캐럴라인은 시치미를 떼고 아무 일도 없었던 듯이 환하게 웃으며 어머니를 반겼다.

"응, 조금 전에…"

"영화는 재미있었어요?"

"응."

어머니는 무표정하게 대답하며 식사를 계속했다.

캐럴라인은 마음 속으로 손뼉을 쳤다. 자기가 예상했던 대로 어머니는 모든 일을 그저 모른 척할 게 분명했다.

"엄마, 피곤하실 테니 식사하시고 그냥 주무세요. 내일 아침에 내가 치울게요."

캐럴라인은 약간 등을 구부린 채 식사를 계속하고 있는 어머니가 몹시 측은해 보였다.

그녀는 조그맣게 한숨을 쉬며 그녀의 침실로 갔다. 그녀는 방의 불을 켜고 침대 모서리에 동그마니 앉아 아디오에 대하여 생각해 보기 시작했다.

물론 사람에 대한 평가야 보는 각도에 따라 다르겠지만, 어떻든 그는 단순 육체 노동자에 불과하다. 그녀의 인생에 있어서 도로 공사판의 노무자만 바라보고 살 수야 없지 않겠는가. 그녀가 만나야 할 남자는 자신에게 더 멋진 인생을 안겨다 줄 사람이야만 된다고 그녀는 믿었다.

그녀는 그러나 아디오가 도망을 치는 처지인데도 그날 약속한 것을 지켜주었다는 사실, 즉 토요일 날 그녀를 데리고 시내로 가서 새 드레스를 한 벌도 아닌 두 벌이나 사준 것만은 잊을 수가 없었다.

그녀의 첫사랑에 대한 기억은 실로 착잡한 것이었다. 그런데도 그녀는 그것을 일생 동안 잊지 못했다.

'나의 첫 남자가 왜 하필이면 엄마의 보이 프렌드였을까?… 잘못된 남자 선택이 내 운명인지도 몰라.'

9
새로운 도약

아디오와의 첫밤 이후 캐럴라인은 같은 마을의 젊은이들과 어울렸다. 그러나 그녀에게는 이들이 모두 시들하게 느껴졌다. 그녀에게는 벌써 어떤 심리적 변화가 일어나고 있었다.

캐럴라인이 열 여섯 살이 되던 해였다. 그녀는 이웃 마을의 한 부유한 집의 아들과 데이트를 하기 시작했다.

그는 파렐 클라이본이라는 이름을 가진 20대 초반의 젊은 청년이었다. 그의 아버지는 직물공장을 소유하고 있으며 그는 회사의 후계자로 지목되고 있었다.

그는 대학을 중퇴한 후 수영이나 테니스 등을 하며 인근 칸트리 클럽에서 별로 하는 일 없이 소일하고 있었다.

캐럴라인은 때때로 마을의 젊은이들과 같이 놀러 다니기를 좋아하였다. 당시 젊은이들에게 인기가 있는 것은 극장이었다.

그들은 시내에 있는 극장보다는 야외로 멀리 드라이브를 나가서 자동차 안에서 영화를 볼 수 있는 비교적 자유로운 분위기의 야외극장을 선호하였다.

캐럴라인은 찰리 보우만이란 젊은 남자와 같이 야외극장에 가기로 하였다. 그런데 그는 극장에 도착하자마자 계속 술을 마시더니 급기야는 잔뜩 취해 가지고 그녀를 추근거리기 시작했다.

그녀는 여러 사람이 보는 앞에서 추근거림을 당하는 것이 창피하기도 하고 값싼 여자처럼 보이게 되는 것이 아주 불쾌했다.

그녀는 자존심이 몹시 상하여 매점에 마실 것을 사러 간다는 핑계를 대고 그곳을 빠져나와 택시를 타고 집으로 돌아와 버렸다. 그녀는 야비하고 천박한 남자와의 데이트는 이제 염증을 느끼게 되었다.

때는 한창 더운 칠월이었다. 미국 남부지방의 무더위는 오래 계속되고 있었다. 해가 지고 어두워졌는데도 조금도 시원하지 않았다.

낮에는 햇빛이 내려쬐어 집과 땅은 열기로 후끈거리고 하늘에는 얇은 구름이 깔려 습도가 올라가 더위는 좀처럼 식혀지지 않고 있었다.

젊은이들은 더위를 피해서 시원한 바람이 부는 야외의 노천극장으로 줄을 지어 나가고 있었다.

캐럴라인도 더위를 참다 못해 오래간만에 마을 청년들과 함께 야외극장으로 가기로 했다.

좁은 차안에서 더위를 참느라 끙끙대고 있는데 그녀의 데이트 상대인 지미가 자꾸만 그녀의 히프에 자신의 히프를 밀착시키며 킬킬대었다. 그녀는 그를 째려보며 경고를 주었는데도 막무가내 였다.

"차를 세워줘요!"

그녀는 단호하게 말하고 차에서 내려버렸다.

앞으로 그녀는 이런 시시한 남자들과는 절대로 같이 어울리지 않기로 마음 속으로 다시 한 번 다짐하였다. 건달과 어울려 보았 자 난처한 봉변이나 당할 것이 뻔했다.

그녀는 근처의 매점으로 들어갔다. 그곳에서는 에어컨이 시원 한 바람을 세차게 뿜어내고 있었다. 그녀는 에어컨 앞에서 더운 몸을 식히고 있었다.

"휴우 –"

그녀는 한결 기분이 상쾌해졌다.

"얼간이 같은 자식! 내가 되돌아가나 봐라."

그녀는 생각할수록 분했다. 그런 따위의 얼간이 녀석이 자신의 히프를 건드리다니 불쾌하기 짝이 없었다.

그녀가 한창 씩씩거리고 있는데 누군가 자기 쪽을 유심히 쳐다 보고 있다는 느낌이 들었다. 그녀가 슬그머니 고개를 돌려보자 매점 카운터에 기대 서서 자기에게 미소를 보내고 있는 젊은이가 있었다.

그는 비교적 작은 키에 검붉은 머리카락을 가지고 있었다. 다 소 햇빛에 그을린 듯한 그의 얼굴은 잘 생긴 미남형이었다. 그는 테니스 바지에 푸른 스포츠 셔츠를 입었고 흰 운동화를 신고 있 었다.

한눈으로 봐도 그는 그녀가 지금까지 어울려 온 마을 청년들과는 비교가 되지 않을 정도로 품위가 있고 학식도 높아 보였다. 그녀는 매점 카운터로 가서 물건을 사기 위해 그 남자 뒤에 섰다.

"난 파렐 클라이본이라고 합니다. 영화는 재미있었어요?"

그가 자연스럽게 말을 걸어왔다.

"극장으로 가다가 도중에 내렸어요."

"그건 왜요?"

파렐이 물었다.

"같이 가던 사람이 맘에 들지 않아서요."

"난 데이트 상대조차 없어요. 당신의 이름은?"

"캐럴라인, 캐럴라인 잭슨이예요."

"아주 멋진 이름이군요. 나도 테니스장에서 극장으로 가다가 마실 걸 좀 사려고 이렇게 도중에 내린 겁니다."

"그랬었군요."

"오늘 이 영화를 상연한다는 걸 알았어요. 그전에 이 영화를 보려고 했으나 기회를 놓치고 말았어요. 그래서 오늘은 꼭 보려는 참입니다."

파렐이 다소 긴 설명을 해 주었다.

"당신은 지금 혼자예요?"

캐럴라인이 물었다.

"그렇습니다."

파렐이 대답했다.

"난 여기서 콜라나 한 잔 마신 다음 그만 집으로 돌아갈까 하고 있어요."

"그렇게 하지 마시고, 나와 함께 영화를 보러 가면 어떻겠어요? 나는 정중히 모실 것을 약속드립니다. 그리고 영화가 끝나면 집에까지 데려다 드리지요."

"좋아요."

그녀는 짧게 대답했다.

파렐은 그녀의 콜라값을 지불해 주고 주차장에 세워 둔 그의 자동차로 갔다. 그의 차는 프리트 우드형의 고급 승용차였다.

"차가 참 좋군요."

"이 차는 나의 가족으로부터 받은 생일 선물입니다."

그녀는 이 청년의 정중한 태도에 호감이 갔다. 그는 부유한 가문의 아들임에 틀림없을 것 같았다.

그녀는 남자의 눈빛만 보아도 그가 사랑을 나누기를 원하는가를 알 수 있었다. 파렐이 지금 그것을 원하고 있었다. 그러나 그녀의 어머니가 충고한 것처럼 우선 당분간은 그를 거절하는 척하기로 했다.

"어디 살고 있죠, 캐럴라인?"

"난 셰인강 근처에서 어머니와 함께 살아요. 집은 비록 작지만 우리는 퍽 좋은 아담한 집이라고 생각하고 있어요."

그녀는 제법 그럴듯하게 거짓말을 했다.

"나도 본 적이 있어요. 옛 클라우포드 농장의 건물 잔해라고 생각되는데, 그곳에 사람이 살고 있는 줄은 몰랐어요."

"왠걸요, 우리가 살고 있는데…"

그녀는 아무런 주저함이나 부끄러움도 없이 대답했다.

에어컨 장치가 있는 자동차는 극장을 향해 쾌적하게 질주하고 있었다. 그녀는 자동차 문쪽으로 바짝 다가앉아 있었는데 그의 손이 슬그머니 그녀의 무릎 위에 놓여졌다. 그녀는 그것을 살짝 들어서 그의 허벅지 위에 올려놓았다.

"난 예의를 모르는 남자 때문에 영화까지 포기했는데 또 그런 경우에 빠져들기는 싫어요."

그녀는 차분한 어조로 말했다.

"사과합니다."

"당신이 나를 집에까지 자동차로 태워다 준다고 해서 그 고마움에 대한 표시로 당신이 내 몸에 함부로 손을 대는데도 가만히 있어야 한다고는 생각지 않아요. 여자는 몸을 단정히 가져야 하니깐요. 그리고 사실 난 당신을 오늘 처음 만났을 뿐 잘 알지도 못하잖아요?"

그녀는 엄숙하게 말했다.

파렐은 매우 기분이 좋았다. 그녀는 매력적인 데다가 정숙한 여자로 보였다. 그리고 지금까지 그에게 '노!' 하고 거절한 여자는 한 사람도 없었기 때문이었다. 그는 그녀에게 끌리게 되어 그녀를 다시 만나기로 마음먹었다.

영화가 끝난 다음 그는 그녀를 식당으로 데리고 가서 식사를 함께 하였다. 그는 그녀의 아름다운 용모와 능숙한 말솜씨에 흥미를 느꼈다.

그녀의 말에는 조리가 있고 표현은 간단명료했으며, 특히 그 발음과 단어도 그녀의 어머니처럼 옛날 남부 귀족이 쓰던 것과 같은 것이었다.

그는 그녀를 집으로 데려다 주면서 물었다.

"또 만날 수 있을까요?"

"좋아요, 파렐."

그녀는 내심 바라고 있던 터라 흔쾌히 대답했다.

"그럼 내일 저녁은 어때요?"

그녀는 다소 느긋함을 보이기 위해 그들의 만남을 약간 연기하기로 했다. 그녀는 내일은 데이트 약속이 있다고 속이고,

"토요일은 어떻겠어요? 그전에는 좀 어렵겠어요."

하고 말했다.

"토요일에는 칸트리 클럽에서 댄스 파티 약속이 있는데 정 그렇다면 하는 수 없죠. 댄스 파티엔 얼굴만 보이고 곧 나올께요. 집으로 전화해도 돼죠?"

"우리 집엔 전화가 없어요."

"그럼 내가 저녁 여덟시에 당신을 데리러 오겠어요. 같이 식사도 하고 다른 댄스장에서 댄스도 해요."

"좋아요."

캐럴라인은 그가 뺨에 키스하는 것을 허락해 주었다. 그와 헤어지자 그녀는 집으로 뛰어 들어가서 그녀의 어머니에게 오늘 일어난 일들을 자세히 설명해 주었다. 비비언은 흥분해서 큰 소리로 말했다.

"거 봐라, 사람의 일이란 아무도 모르는 거야. 네가 집을 나갈 땐 거렁뱅이 같은 지미 녀석과 나갔지만 들어올 때는 왕자님과 같이 들어오지 않았니?"

어머니는 연신 헤픈 웃음을 터뜨리며 좋아했다.

"그의 집은 하나님이 가진 것보다 더 많은 돈을 가졌다고 하더

라. 네가 잘만 해 나간다면 얼마든지 공주님이 될 수도 있어. 건데 그는 널 어디로 데리고 간다고 했지?"

"저녁식사 후 댄스장에 데리고 간다고 했어요."

"그렇다면 넌 좀더 좋은 새 옷을 입어야겠구나. 내일 오후에 내게 오면 널 데리고 백화점으로 가서 너무 속살이 드러나지 않는 옷을 사기로 하자. 그런 점잖은 집안의 청년은 점잖은 옷을 좋아하니까."

그날 밤 캐럴라인은 침실에서 좀체 잠을 이루지 못하고 그에 대해 생각해 보았다.

아무래도 그는 그녀의 마음에 그다지 끌리지는 않았다. 그는 아직 소년티를 벗지 못하고 있을 뿐만 아니라 남성으로서의 매력도 별로 있어 보이지 않았다.

그녀는 두 눈을 꼭 감은 채 그녀의 첫 남자인 아디오를 생각했다. 아디오에 대한 그녀의 환상은 지워지지 않고 그녀에 뇌리에서 맴돌고 있었다. 그의 거대한 남성이 자신의 몸속으로 들어왔다 나갔다 한 것을 생각하면 지금도 온몸이 화끈거렸다.

그녀는 나이트 가운을 훌쩍 벗어버리고 손가락으로 그녀의 숲속을 문지르기 시작했다. 그녀는 달아오르는 육체적 흥분을 어떻게 해서든지 해소해야만 했다.

그녀는 긴 손가락으로 촉촉한 그녀의 숲속을 누르고 헤집고 하다가 그것도 부족하여 깊숙이 넣어 보기도 하고 빙글빙글 돌려보기도 했다.

그러나 그것은 아디오가 해 주는 것과 같지는 않았다. 그래서 아디오의 그 큰 것을 대신해 줄 만한 것을 사용해야겠다고 생각했다.

그녀는 문득 오늘 저녁에 먹었던 옥수수가 생각났다. 딱 한 개 남아 있는 것이 기억되었다. 그녀는 부엌으로 살금살금 걸어가서 냉장고 문을 열고 그것을 꺼냈다. 그것은 아디오의 것만큼이나 큰 것이었다.

그녀는 그것을 침실로 가지고 와서 옥수수의 끝부분으로 그녀의 숲속 언저리를 슬슬 자극하기 시작했다. 그녀의 손놀림에 따라 예민하게 움직이는 옥수수의 맛은 아디오의 것과는 또 다른 황홀감을 안겨주었다.

"음, 음…"

그녀의 신음소리가 커짐에 따라 옥수수는 점점 더 깊이 그녀의 몸속으로 밀고 들어갔다. 마침내 옥수수 한 개가 다 들어가 그녀의 숲속을 꽉 채웠다.

그녀는 옥수수의 다른 쪽 끝을 잡고 넣었다 뺐다를 반복하면서 눈을 감고 아디오를 생각했다. 그녀는 그의 이름을 숨가쁘게 부르면서 이제는 소식마저 끊어진 아디오의 얼굴을 그려보고 있었다. 옥수수는 정신없이 그녀의 숲속을 들락거렸고 그녀의 몸은 꽈배기처럼 뒤틀렸다.

"오, 아디오!"

그녀는 너무도 옥수수를 격렬하게 넣었다 뺐다 했기 때문에 옥수수알이 문들어져 옥수수알의 크림과 그녀 자신의 크림이 한데 뒤범벅이 되어 흘러나왔다.

"어휴…"

캐럴라인은 그제서야 성적 해소가 된 듯 만족한 얼굴로 침대 위에서 내려왔다. 그리고 옥수수를 창밖으로 멀리 집어던져 버리고는 깊은 잠 속으로 빠져들었다.

다음날 캐럴라인은 오후 두시에 어머니를 만나 몽고메리 워드 백화점으로 갔다.

"넌 햇빛을 많이 쐬어 다소 그을은 편이니까 흰색 계통의 옷을 입는 게 좋겠어."
하고 어머니가 말했다.

"게다가 흰색은 순결을 뜻하는 것이니까 아마도 파렐 청년이 좋아할 거야."

그들은 한참 상의 끝에 그녀에게 어울리는 흰색 풀스커트 드레스를 샀다.

드디어 토요일이 왔다. 캐럴라인은 새 드레스를 입고 화장을 하고 머리를 매만지는 등 준비에 특별히 신경을 썼다. 그녀의 어머니는 딸이 동화에 나오는 아름다운 공주와도 같다고 칭찬해 주며 좋아했다.

그러자 캐럴라인은,

"그가 만일 또 내 몸에 손을 대거나 하면 그땐 어쩌죠?"
하고 궁금한 듯 물었다.

"정중하게 안 된다고 말해. 네가 그리 쉽게 남자에게 넘어가는 여자가 아니라는 걸 보여주어야 해."

"엄마, 그러다가 그이가 화가 나서 가버리면 어떡해?"
캐럴라인이 걱정스러운 듯 물었다.

"그게 중요한 거야. 가버리지 않을 정도로 살살 다루어야지.

그리고 여자가 남자에게 옷을 벗을 때는 상대방이 잔뜩 달아오를 때라야 해. 상대방을 꼼짝 못하게 꽁꽁 묶어놓을 정도가 되었을 때라야 한다는 말이지."

비비언은 딸에게 열심히 가르쳤다.

"알 만해요, 엄마."

캐럴라인이 무슨 득도라도 한 듯 크게 고개를 끄덕였다.

"네가 만일 그 젊은이와 결혼만 하게 된다면 넌 그날로 신분이 확 달라지는 거야."

비비언이 흥분해서 말했다.

"그런데 엄마가 너무 서둘러 앞서가는 것 아녜요? 난 아직 그에 대해서 별로 아는 게 없어요."

"넌 참 여유있는 소릴 하는구나. 지금 이 마당에 알고 자시고가 어딨니? 우선 꽉 물고 보는 거야. 호박이 넝쿨째 굴러들어왔는데…"

"엄마, 그린데 그게 아녜요. 그 남자는 좀…"

"얘가 또 같은 소릴 하는구나. 여자의 운명은 남자 손에 달린거야. 거지를 만나면 거지 마누라가 되고 왕자를 만나면 왕비가 되는 거야."

비비언은 답답해 죽겠다는 듯이 가슴을 쳤다. 그녀는 잠시 숨을 돌린 후 계속했다.

"애야, 남자는 남자야. 남잔 여자 없이는 살 수 없게 돼 있어. 그러니까 여자가 사는 거구. 세상의 이치가 다 그런 거야."

"엄마, 그건 아니야. 그건 아주 옛날에나 통하던 얘기야. 지금은 달라. 여자도 얼마든지…"

"잘난 체하지 마! 그건 잘난 여자나 하는 소리야. 못난 우리 따위가 할 소리가 아니란 걸 알아야 해."

비비언은 흥분으로 씨근거리고 있었다.

"알았어요, 엄마."

캐럴라인은 휴전을 할 수밖에 없다고 생각했다.

"네가 이 에미를 이해해 주니 고맙구나. 그런데 한 마디만 더 하겠다. 여자가 몸을 허락할 때는 일분이 늦어서도 안 되고 일분이 빨라서도 안 되는 것이란다. 그 일분이 중요해. 내 말 알아듣 겠지?"

"네. 알았어요, 엄마."

캐럴라인이 웃으면서 대답했다.

"그런데 집안 꼴이 이게 말이 아니군. 그러니 넌 밖에 나가서 그를 기다려. 그 남자를 집으로 데리고 오면 안 돼. 네가 밖에 나가서 기다리고 있으면 그가 자기를 기다려 준 것으로 알고 아주 좋아할 거야."

"네, 엄마. 그렇게 할게요."

캐럴라인은 어머니에게 키스하고 밖으로 나가 새침때기처럼 일부러 그가 오는 반대 방향을 보고 있었다. 그러면서 그녀는 그 남자가 오늘의 데이트 약속을 잊지 않고 꼭 찾아주었으면 하고 바라고 있었다.

여덟시 십분쯤 되었을 때 그는 그의 자동차를 타고 왔다. 멀리서부터 자동차 클랙슨을 누르면서 행복한 듯이 얼굴에 미소를 잔뜩 띠고 있었다.

"오늘은 더욱 아름답군요."

그는 일부러 눈을 둥그렇게 떠 보이며 말했다.

"하츠필드 근처에 있는 스테이크 전문점에 예약을 해 두었어요. 그곳 스테이크는 아주 유명하죠. 이곳에서 약 20마일 거리예요. 괜찮겠어요?"

그는 활짝 웃고 있었다.

"좋아요."

그녀는 아주 정숙한 태도로 대답했다.

그는 그녀와 같이 자동차를 타고 가면서 그의 가족의 재산이라든가 그의 테니스 시합 전적 등에 관한 이야기만 늘어놓았다. 그녀는 아무래도 그가 좀 따분한 사람일 것이라고 생각되었다.

식당에 도착하자 지배인이 직접 그를 반가이 맞았다.

"어서 오십시오."

그들은 장식이 화려한 특별실로 안내되었다. 웨이터가 최대한 허리를 굽힌 자세로 주문을 받으러 왔다. 그는 버본(독한 위스키)를 시켰고, 그녀는 어머니의 충고에 따라 톰 콜린스(진에 설탕과 레몬즙·탄산수를 섞어 타서 얼음에 채웠다 마시는 음료)를 주문했다.

식사를 하는 동안 그는 계속 테니스에 관해서만 이야기했다. 그가 세상에서 알고 또 하는 일이란 테니스뿐인 것 같았다. 캐럴라인은,

"파렐, 난 테니스를 치지 못해요. 그래서 당신이 하는 말을 잘 이해할 수 없어요."

하며 불평했다.

"미안해요. 그렇다면 테니스 얘기는 그만 하죠. 그런데 언제

한번 칸트리 클럽 테니스장에 데리고 가서 치는 법을 가르쳐 주
겠어요."

하고 파렐은 당황해 하면서 말했다. 그러면서 그는 화제를 그녀
와 그녀의 가족에 대한 것으로 돌렸다.

"아버님께서는 뭘 하시는 분이죠?"

"아버진 돌아가셨어요."

그녀는 약간 슬픈 어조로 말했다.

"오, 안됐군요. 미안합니다. 슬프게 해 드려서…"

파렐은 진심으로 사과했다.

"아버지께선 걸프전에서 장교로 전사하셨는데, 불행하게도 유
언을 남기지 않고 돌아가셔서 아직도 아버지의 재산 문제가 정리
되지 않고 있어요. 그래서 남부럽지 않게 살던 어머니와 나는 지
금 가난하게 살고 있어요. 내 얘기가 좀 길었죠?"

"아닙니다. 그런데 생활은 어떻게 하고 있어요?"

부유한 집의 아들답지 않게 파렐은 생활비 문제에까지 관심을
가지며 진심으로 동정하고 있었다.

"어머니가 식당 일을 하면서 그런대로 우리 두 식구는 조용하
고 행복하게 살고 있어요. 아버지의 재산 문제만 잘 해결된다면
상당한 유산을 상속받게 될 테니까 우리는 그 일이 잘 해결되기
를 기대하고 있어요."

그녀의 이야기는 어머니가 식당 일을 한다는 것만 빼놓고는 모
두가 새빨간 거짓말이었다.

그것은 그녀가 본 영화에서 이리저리 인용해서 아주 그럴싸하
게 꿰어맞춘 것이었다. 그녀는 아직 그녀의 아버지가 누군지도

모르고 있었다.

식사가 끝난 후 그들은 댄스홀에 가서 밤 열두시까지 춤을 추었다. 그는 그녀를 껴안고 넓은 무도장을 신나게 휘젓고 다녔다. 그의 춤은 세련된 것 같지는 않았지만 시원시원해서 좋았다.

그런데 자정이 가까워지고 감미로운 블루스곡이 흐르면서부터 그는 또다시 달라지기 시작했다.

지나치게 그녀를 꽉 껴안는 것까지는 그래도 괜찮았으나, 흥분해서 한껏 발기한 그의 남성을 그녀의 허벅지 사이에 끼워넣는 것이었다. 그녀는 그럴 때마다 그와의 간격을 유지하기 위해 몸을 밀어냈다.

"너무 이러지 마세요."

그녀는 웃으면서 말했다.

"캐럴라인, 우리 모텔로 갈까?"

그는 은근한 어조로 말했다.

"난 그런 여자가 아녜요."

그녀는 짐짓 단호하게 거절하였다.

"정말 그러기야?"

그는 화가 나서 말했다.

"끝까지 그런다면 우린 별로 만날 필요가 없겠군."

"그건 나도 같은 생각이예요."

캐럴라인도 지지 않았다.

"그럼 뭐 집에 갈 일만 남았군."

그는 씨근거리며 말했다.

"날 집에까지 데려다 주지 않아도 좋아요."

그녀는 쌀쌀하게 말했다.

"…"

그는 그녀의 말에 충격을 받은 듯 잠잠해졌다.

그러나 그의 차는 아직도 화가 풀리지 않은 듯 맹렬한 속도로 거칠게 그녀의 집을 향해 달렸다. 그녀는 입을 꼭 다물고 앞만 응시했다.

"뭐 그런 자식이 다 있어!"

집에 도착한 캐럴라인은 분통을 터뜨렸다.

"얘, 왜 그러니? 무슨 일이 있었니?"

어머니가 걱정스러운 얼굴로 물었다.

"그 녀석은 나를 모욕했어. 에잇 분해!"

"애야, 화만 내지 말고 영문이나 좀 알자꾸나."

"그 자식이 앞으론 날 안 만나겠다잖아!"

캐럴라인은 분을 삭이지 못하고 드레스를 홱 벗어 던지며 소리쳤다.

"나쁜 자식!"

얼마 후 딸의 이야기를 다 듣고 난 비비언이 웃으면서 말했다.

"내가 뭐라 그랬니, 남자는 남자라고 했지? 걔는 틀림없이 널 다시 찾아올 거야."

비비언은 키득키득 웃기만 했다.

"난 속상해 죽겠는데 엄만 왜 실없이 웃기만 하는 거야?"

비비언이 더 크게 웃으며 말했다.

"너희들의 사랑놀음이 재미있어서 그런다. 왜?"

"우린 이제 끝났는데 사랑놀음이라뇨?"

"아니야, 걔는 틀림없이 널 다시 찾아온다니까…"

"엄마가 그걸 어떻게 알아요?"

"네가 공부는 나보다 많이 했는지 몰라도 남자에 대해서는 내가 아직은 너보다 몇 수 위란다."

"엄마두…"

그날 밤 두 모녀는 유쾌하게 웃으며 잠자리에 들었다.

어머니의 예상대로 파렐은 바로 그 이튿날 캐럴라인을 찾아왔다. 그러나 그녀는 냉담한 태도를 취했다. 그가 자동차의 클랙슨을 누르며 그녀를 불렀으나 그녀는 들은 척도 하지 않았다. 마침내 그가 차에서 내려 그녀의 집에까지 왔다.

"어젯밤엔 미안했어요. 사과합니다."

"사과하실 것 없어요. 돌아가세요."

그녀는 냉정하게 잘라 말했다.

그 뒤로도 파렐은 몇 번이나 찾아왔으나 그녀는 그때마다 단호하게 돌려보냈다. 그녀는 이미 그가 자기를 강렬하게 원하고 있다는 것을 꿰뚫어 알고 있었다. 그녀는 속으로 웃음이 터져나오는 것을 억지로 참고 있었다.

그럴수록 파렐은 미칠 것만 같았다. 벌써 몇 주일이 헛되게 지나갔다. 그녀의 아름다운 얼굴과 날씬한 몸매가 계속 눈앞에 어른거렸다. 그보다도 그는 심한 좌절감에 빠져 있었다. 그는 마침내 그녀에게 정식으로 청혼하기로 결심했다.

"캐럴라인, 우리 부모님을 만나 주시겠습니까? 이건 진심으로 하는 말입니다."

캐럴라인은 그의 말을 듣자 잠시 어리둥절했다. 이건 정말 사랑놀음이나 장난이 아니었다. 그녀로서도 쉽게 대답할 수가 없었다. 그녀는 입술을 깨물고 한참 생각하다가 짤막하게 대답했다.

"생각해 보겠어요."

"잘 부탁합니다."

파렐은 이미 제 정신이 아니었다. 그녀는 웃음을 참느라고 애를 써야만 했다.

그날 따라 늦게 퇴근한 어머니에게 파렐이 말한 것을 모두 얘기해 주자, 어머니는 눈을 감고 한참 생각하더니 이윽고 결심한 듯이 말했다.

"넌 알 만한 건 다 아는 숙녀니까 잘 해낼 수 있을 거야."

어머니도 몹시 긴장하는 눈치였다.

이튿날 캐럴라인은 다시 멋진 새 드레스를 사 입었으며, 파렐은 그녀를 언덕 위에 위치한 조지언 양식의 그의 집으로 데리고 갔다. 웅장하면서도 세련된 그의 집은 캐럴라인을 완전히 압도하기에 충분했다.

그는 그의 가족들에게 캐럴라인에 관하여 간단히 설명했다.

"응, 알았어."

그의 가족들의 첫 반응은 아주 냉담했다. 그저 자신들의 재산이나 노리고 접근하는 흔히 있는 여자 정도로 여기는 것 같았다. 게다가 그녀의 아래 위를 훑어보는 눈이 경멸과 조소로 가득 차 있다는 것도 캐럴라인은 알 수 있었다.

"부모님께서는 이 아가씨에 대해 충분히 아실 때까지는 제발 편견을 갖지 마시고 지켜봐 주세요. 좀더 대화를 나누어 보시면 마음이 바뀌어지실 것입니다."

라고 하면서 그는 열심히 그의 부모를 설득했다.

그날 저녁의 만남은 총체적으로 실패작이었다. 파렐의 부모는 캐럴라인을 싫어하는 빛이 역력했다. 그녀를 대할 때는 정중하면서도 냉정하게 손님으로 대해 주었을 뿐이었다.

그 이튿날 아침 파렐의 부모는 아들에게 그 여자를 다시는 만나지 말라고 하면서,

"더 이상 그 여자를 만나면 그냥 두지 않을 거야."

하고 으름장을 놓았다. 특히 아버지는,

"내가 사업을 하면서 여러 사람을 상대하다 보니 사람 보는 눈은 좀 있어. 그런데 그 여자는 맞지 않아. 한 마디로 천박한 집안의 천박한 여자야. 결코 안 돼!"

"아닙니다, 아버님. 그렇지 않아요."

파렐이 애원하다시피 말했다.

"네가 벌써 그 여자에게 홀리고 말았구나, 쯧쯧…"

"그 여잔 절대 그런 여자가 아녜요, 아버님."

"앞으로 두고 보면 알 게다. 그 여자의 검은빛 나는 눈 가장자리에 이미 써놨어. 그 여자는 끼가 있는 여자야. 그런 여자와 결혼하면 넌 말라죽고 말아."

"당신은 애 앞에서 무슨 그런 말씀을 다 하세요."

그때 옆에서 갑자기 어머니가 발끈했다.

"흐흠, 이건 남자 대 남자로서 하는 말이예요. 내 눈은 정확해서 결코 속이지 못해요."

"눈이 정확한 게 아니라 경험이 정확한 거겠죠."

"아니, 당신은 애 앞에서 그건 또 무슨 말이오? 아무튼 그 여잔 안 된다, 절대 안 돼!"

파렐은 괴로웠다. 부모님이 반대하면 할수록 그의 정염은 더욱 불같이 타오르기만 했다. 이제 그는 그녀와의 관계를 끊고는 살 수조차 없을 것 같았다.

파렐은 부모 앞을 뛰어나와서 곧장 캐럴라인에게로 차를 몰고 갔다. 더 이상 말도 하기 싫다는 그녀를 붙들고 그는 사뭇 비장한 어조로 말했다.

"캐럴라인, 우리 부모가 찬성하지 않는 건 사실이오. 그러나 난 어떤 일이 있어도 결코 당신과 헤어지지는 않을 거예요."

파렐의 눈에는 눈물마저 글썽이었다.

그날 밤 캐럴라인은 낮에 있었던 일을 간추려 어머니에게 말해 주고 앞으로의 일을 의논했다. 두 모녀는 머리를 맞대고 한참 생각한 끝에 파렐에게 이제는 몸을 허락할 때가 됐다는 결론을 내렸다.

며칠 후 파렐은 캐럴라인을 만날 수 있었다. 추억을 되살리기라도 하는 듯 그들은 그전의 코스대로 하츠필드 근처의 스테이크 전문점에서 식사를 하고 댄스홀로 갔다. 그와 춤을 출 때 그녀는 그녀의 몸을 의도적으로 그에게 바짝 붙이면서 접근해 가는 한편, 그의 반응을 예리하게 주시했다. 그는 오히려 몸을 사리며 지극히 조심하는 눈치였다.

그녀는 그의 목에 키스를 하며,

"오늘밤은 모텔에 가도 좋아요."

하고 말해 주었다.

그녀는 밤의 기회를 최대한 활용하기로 마음먹었다. 파렐 정도의 애송이라면 문제없을 것 같았다.

"그게 정말이오?"

파렐은 감격하여 소리쳤다.

"네."

그녀는 다소곳이 고개를 끄덕였다.

모텔 방에 들어서자 그녀는 FM 방송에서 감미로운 음악이 나오는 프로를 찾아서 틀었다. 그리고는 긴장된 얼굴로 서 있는 그를 침대에 앉게 하고는 방안의 촉광을 어둡게 조정한 다음 스탠드의 불빛을 핑크색으로 바꾸었다.

"캐럴라인…"

파렐은 아직도 뭐가 뭔지 알 수가 없다는 듯이 멀건히 그녀를 쳐다보고만 있었다.

그녀는 방을 한 바퀴 빙 돌면서 마치 아라비아 공주가 춤을 추면서 옷을 벗듯이 그녀도 가볍게 춤을 추며 옷을 벗기 시작했다.

"오, 캐럴라인."

그는 조그만 소리로 그녀의 이름을 부르기만 할 뿐, 꼼짝도 않고 침대에 그대로 앉아 있었다. 마치 넋이 나간 듯했다.

캐럴라인이 그의 손을 잡았다. 그의 손은 약간 떨리고 있었다. 그녀는 그의 얼굴을 뜨거운 눈으로 들여다보면서 그의 손을 그녀의 유방에 갖다댔다.

"나를 가지세요."

그녀는 말하며 지그시 눈을 감았다.

위험한 폭발물이 터지듯 그는 갑자기 벌떡 일어서더니 내팽개

치듯 옷을 벗기 시작했다.

"내가 벗겨 줄께요."

그녀는 살짝 웃어 보이며 부드럽게 그를 이끌어 갔다.

그녀는 먼저 웃도리부터 천천히 벗겨 나갔다. 차례로 벗겨 나가는 동안 그는 벌써 홍분하여 온몸이 불덩이처럼 뜨거워졌다. 그러나 그녀는 모른 척하고 마침내 그의 옷을 다 벗겼다.

그러자 캐럴라인은 생각난 듯이 말했다.

"목욕실로 가서 유리잔 두 개를 가지고 오세요. 그걸 가지고 와야 우리가 사온 술을 따라 마실 것 아녜요?"

술은 그녀가 사자고 해서 사 가지고 온 것이었다.

"참, 그렇군."

한창 열이 오르던 그는 다소 실망했으나 그녀가 시키는 대로 할 수밖에 없었다.

"내 금방 갔다올께요."

그는 허둥대면서 목욕실로 갔다.

그가 목욕실로 들어갔을 때 캐럴라인은 그녀의 핸드백에서 휴지에 싼 면도날을 재빨리 꺼내어 그녀의 베개 밑에 감추어 넣었다. 그리고는 침대에 누운 채로 그가 오기를 기다렸다. 이것은 그녀의 어머니가 가르쳐 준 계획에 의한 것이었다.

"시중의 상품 중엔 여자의 질 속에서 터지게 돼 있는 것도 있다지만 가장 확실한 건 역시 면도날이야. 나중에 증거로서도 확실하고…"

캐럴라인은 너무도 진지한 어머니의 말에 뭔가 비장한 생각마저 들었다. 그날 밤 두 모녀는 오랫동안 잠을 이루지 못했었다.

이윽고 파렐이 허둥지둥 두 개의 유리잔을 들고 왔다.

"이거면 되겠어요?"

그는 그녀의 비위를 맞추려고 애를 썼다.

"수고했어요."

그녀는 그에게 감사를 표했다.

그는 침대로 돌아와서 모텔로 올 때 사 가지고 온 버본을 유리잔에 따랐다.

그녀는 어머니가 한 말을 기억하고 있었다.

"만약 네가 말한 것처럼 걔가 너에게 푹 빠졌다면 네가 처녀인지 아닌지 알아내려고 그 일을 천천히 하지는 않을 거야. 그때가 중요한 거야. 넌 이 면도날을 가지고 적당한 순간에 내가 하라는 대로 해야만 돼."

파렐의 사랑은 서툴렀다. 그도 웬만큼 경험은 있는 것 같았으나 아디오에 비하면 어린 아이와도 같았다. 단 한 번의 경험밖에 없는 자기보다도 훨씬 못한 것 같았다. 그를 속여먹기란 식은 죽먹기보다 쉬워 보였다.

무엇보다도 파렐은 아직 여자에 대해서 너무 모르는 것 같았다. 하긴 애송이들하고만 상대해 보았으니 그것을 알 리가 없겠지만… 그녀의 얼굴에 회심의 미소가 떠올랐다.

'귀여운 맹추!'

그러나 그녀는 긴장을 풀지 않았다. 어머니의 말대로 이건 전쟁과도 같은 것이었다. 그녀는 그에 의해서 흥분되는 것처럼 하지 않으면 안 되었다. 처녀가 먼저 흥분해서는 안 된다는 어머니의 말을 다시 한 번 상기했다.

"오, 캐럴라인…"

파렐은 서둘기 시작했다. 극도로 흥분한 탓인지 그의 몸은 부들부들 떨리고 있었다. 마침내 그는 자신의 남성을 그녀의 숲속으로 들이밀었다.

"아악!"

캐럴라인은 비명을 지르며 엉덩이를 뒤로 뺐다. 그와 동시에 그의 남성도 숲속에서 쑥 빠지고 말았다.

"미안해요, 파렐. 너무도 아파서…"

그녀는 통증을 참느라고 애를 쓰는 듯 이를 악물었다.

"아니, 난 괜찮아요."

그의 얼굴에 최초로 처녀림을 정복한다는 뿌듯한 만족감이 감돌았다. 그녀는 순간적으로 그것을 감지했다. 그럴수록 그녀는 더욱 고통스러운 얼굴을 했다.

"다시 해 보세요, 파렐."

그녀는 그를 기쁘게 해 주려고 최선을 다하는 듯했다.

"고마워요, 캐럴라인."

그는 다시 시도했다. 캐럴라인은 두 다리를 꼬아 그녀의 통로를 최대한으로 좁혔다. 파렐은 허벅지 사이로 자취를 감춘 그녀의 통로 입구를 찾느라고 낑낑거리고 있었다.

"거기서 좀더 아래예요."

그녀는 친절하게 가르쳐 주었다.

"음, 음…"

겨우 통로를 찾아낸 그가 두 번째로 그의 남성을 그녀의 숲속으로 밀어넣었다.

"아, 아파요, 파렐."

그녀는 또 엉덩이를 뒤로 뺐다. 파렐은 조급한 나머지 어쩔 줄을 몰라했다. 그러나 세번째는 그의 몸을 기꺼이 받아들였다.

"오, 파렐!"

"캐럴라인!"

그들은 드디어 사랑의 율동을 시작했다. 그것은 너무도 격렬해서 숨돌릴 겨를도 없이 계속되었다. 그러나 너무도 긴 서곡에 비하면 그것은 너무도 짧은 것이었다. 그녀는 이제 막 뜨거워지려 하고 있는데 파렐이 비명을 질렀다.

"오, 캐럴라인!"

그는 온몸을 부르르 떨며 분출하기 시작했다.

그녀는 클라이맥스에 이르지도 못한 채 싱겁게 끝나버렸으나 그를 따뜻하게 껴안아 주었다. 그는 그녀의 입술에 가볍게 키스하고는 그의 남성을 뽑아내고 그녀의 몸 아래로 내려갔다. 그는 그녀의 옆에 누워서 눈을 감은 채 가쁜 숨을 쉬고 있었다.

그녀는 바로 이때다 싶어 베개 아래 숨겨두었던 면도날을 꺼내어 그녀의 손가락끝을 살짝 베었다. 그리고는 면도날을 침대 뒤에 숨겨두고 흘러나오는 손가락의 피를 재빠르게 그녀의 숲속 언저리와 침대 시트에 발랐다.

그녀는 피가 충분히 묻었음을 확인하고 휴지로 손가락끝을 감싸 지혈을 시키면서 상처난 손을 이불 속에 감추었다.

"파렐, 타올 좀 갖다 주세요."

그녀는 갑자기 다급하게 소리쳤다.

파렐이 벌떡 일어나서 그녀를 쳐다보았다.

"피, 피가 계속 흐르는 것 같아요."

그녀는 겁을 먹은 듯 말했다.

그는 그녀의 아랫도리를 내려다보고 깜짝 놀랐다. 그녀의 숲 언저리는 물론 침대 시트에까지 피가 묻어 있었다.

"이, 이건 당신의…"

그의 얼굴에 놀라움과 만족감이 동시에 교차되었다.

"그래요, 당신은 나의 첫 남자예요."

캐럴라인은 짐짓 행복한 얼굴로 말했다.

"고마워요, 당신의 순결을 나에게 바치다니…"

"오, 파렐!"

캐럴라인은 환하게 웃었다.

파렐은 깜빡 잊은 듯 침대에서 일어나 목욕실로 달려가더니 물을 틀어 타올을 적신 후 부리나케 그것을 가지고 왔다. 그녀는 타올로 피를 닦고 목욕실로 가서 찬물을 틀어 상처난 손끝을 씻고 피를 멎게 하였다.

"내가 반창고를 가지고 올 것을 미처 생각하지 못했군."

그녀는 혼자 중얼거리면서 거울에 비친 그녀의 모습을 보고 히죽 웃었다.

그런 일이 있은 후부터 파렐은 그녀의 처녀성을 차지했다고 생각해서인지 그녀를 극진히 여겼다. 그녀로서는 그것이 나쁘지 않았다.

비비언은 자신의 계획이 적중하였음을 알고 회심의 미소를 지었다. 비비언은 남자 문제에 있어서는 어느 정도 도가 튼 여자임에 틀림없었다.

모텔에서의 밤 이후부터 캐럴라인에 대한 파렐의 사랑은 날로 고조되어 갔다. 그는 그의 가족의 눈을 피해서 기회 있을 때마다 그녀를 찾아왔다. 그들은 스타라이트 모텔에서 사랑을 불태우며 많은 시간을 보냈다.

한편 그의 사랑에 대한 기술도 연습이 많았던 관계인지 날로 발전해 가고 있었다. 그러나 아직은 아디오에 견주어 볼 만한 것은 되지 못했다.

가끔 캐럴라인도 오르가슴을 맛보기도 하지만 그렇게 뜨겁고 달콤한 것은 아니었다. 단지 그녀는 어머니가 일러준 대로 그의 기분을 맞추어 주는 데 최선을 다하면서 곧 불가피하게 닥쳐올 날만 기다리고 있었다.

드디어 때는 왔다. 파렐과 사랑을 나눈 지 석달째 되는 날, 매달 있는 생리 현상이 뚝 끊어진 것이었다. 비비언은 캐럴라인을 병원으로 데리고 가서 산부인과 의사의 진단을 받았다. 진단 결과 그녀는 임신 2개월째임이 확인되었다.

그 이튿날 오후 비비언과 캐럴라인은 옷을 잘 차려입고 그의 아버지가 운영하는 직물공장 사무실로 찾아갔다. 그녀들은 지극히 사무적이고 냉랭한 분위기 속에서 그의 아버지를 만났다.

"무슨 일로 오셨죠? 난 바쁜 사람입니다."

그는 자리에 앉지도 않고 선 채로 말했다.

"클라이본 씨, 의자에 좀 앉으세요. 여기 캐럴라인이 할 말이 있답니다."

비비언도 쌀쌀한 어조로 말했다.

캐럴라인은 어머니가 자세히 가르쳐준 대로 먼저 울기부터 시작했다. 그리고는 그의 아들이 어떻게 그녀의 처녀성을 유린하고 임신하게 하였는지를 차근차근 설명했다.

"나로서는 그걸 믿을 수가 없어요. 뱃속의 애가 어느 남자의 애인지도 알 수 없는 일이고…"

클라이본은 냉소하며 말했다.

"감히 나의 딸에게 그와 같은 모욕적인 말을 하다니요. 대체 무슨 근거로 그런 말을 하는 거예요? 정 그렇다면 당신의 아들에게 직접 물어 보세요. 우리는 변호사와 이 문제를 상의하기 전에 우선 당신의 회답을 알고자 한 것뿐입니다."

하고 말하며 비비언은 사무실을 나가버렸다.

"제가 댁의 아드님과 결혼할 수 없는 이유라도 듣고 싶군요."

캐럴라인은 그대로 자리에 앉은 채 물었다.

"그건 차이가 너무 크기 때문이야."

"어떤 차이죠?"

"한 마디로 넌 가난한 집의 분별없는 딸인 데 비해 파렐은 부유한 가문의 교양있는 아들이기 때문이지."

지극히 모욕적인 말이었다.

"제가 비록 가난하지만 부유한 댁의 아드님과 결혼하면 저도 부유해지는 게 아녜요? 교양은 앞으로 쌓아가면 될 거고요."

캐럴라인의 음성은 의외로 차분했다.

"결혼은 조화야. 공연히 억지쓰지 마."

"우린 서로 사랑하고 있어요."

"사랑만 가지고 밥은 어떻게 먹고 잠은 어디서 자나?"

"그건 결혼만 하면 다 해결될 수 있는 문제예요."

"어림없는 소리! 그리고 이건 사랑도 뭐도 아니야. 계획적인 유혹이고 터무니없는 허욕이야. 그런 결혼이 행복할 수 있겠난 말야."

"편견이 지나치시군요."

"아무튼 난 내 아들을 망치고 싶지 않아. 쓸데없는 소린 이제 그만하고 나가 봐. 난 바쁘니까."

"네, 가겠어요. 그럼 안녕히 계세요."

순간 캐럴라인의 눈에 눈물이 핑 돌았다. 그녀는 하나의 거대한 벽을 느꼈다. 그것은 자기로서는 결코 뛰어넘을 수 없는 숙명 같은 것이었다.

그날 저녁 클라이본 씨는 그의 아들을 불러 그 일에 대해 물어보았다. 파렐은 그가 그녀의 처녀성을 유린하였음을 시인하고, 그러한 일이 있은 후 그녀를 거의 매일 밤 만났다는 것도 숨기지 않고 말했다.

"난 너를 그 따위 천박한 여자와는 절대 결혼시킬 수 없다. 네가 만약 결혼을 고집한다면 너에게는 단 한 푼의 유산도 주지 않겠어!"

하고 아버지는 단호하게 경고했다.

파렐로서는 캐럴라인을 포기한다는 것은 상상도 못할 일이었다. 어떻게 해서든지 그녀와의 사랑을 계속하고 싶었다.

"아버지 그럼 우린 어떻게 해야 돼죠?"

"헤어져야지."

"네?"

"내가 알아서 모든 걸 처리할 테니 넌 내가 시키는 대로만 해. 네가 나에게 약속해야 할 것은 절대로 그 여자를 다시는 만나지 않는 일이다. 알아들었느냐?"

갑자기 아버지의 언성이 높아졌다.

"전 어떻게 했으면 좋을지 모르겠어요, 아버지."

파렐이 괴로운 듯 고개를 흔들며 말했다.

"난 한번 말한 건 꼭 그대로 실천하는 사람이다. 네가 만일 집을 나가거나 나의 말을 듣지 않는다면, 그날로 너와 나와의 관계는 끝장임을 명심해!"

"네, 아버지."

파렐은 얼떨결에 대답했다.

다음날 비비언과 캐럴라인은 클라이본 씨로부터 연락을 전해 받았다. 그 내용은 그의 변호사 사무실에서 그와 함께 만나자는 것이었다.

변호사는 비비언과 캐럴라인에게 문제의 요점만을 말했다.

"클라이본 씨는 그의 아들과 결혼시킬 의사가 없습니다. 클라이본 씨는 캐럴라인의 중절수술과 차후의 이의 불제기를 조건으로 3만 달러를 지불할 의사가 있음을 알려왔습니다."

"그러면 파렐은 어떻게 한다는 거죠?"

캐럴라인은 분한 듯이 외쳤다.

"그는 이제 당신을 다시는 만나지 않을 것입니다."

캐럴라인과 비비언은 변호사 사무실 밖으로 나가 한동안 서로 의논을 했다. 이윽고 사무실로 돌아온 비비언은 억울하다는 어조로 말했다.

“그런 조건이라면 5만 달러는 돼야죠.”

“그건 곤란한데요. 너무 지나치십니다.”

그들은 오후 내내 입씨름을 하며 승강이를 벌였다. 그 결과 그들은 4만 달러로 힘겹게 합의를 보았다.

캐럴라인은 주말에 병원에 입원했다. 그녀는 5층에 에어콘이 있는 독방에 있었으며, 중절수술은 순조롭게 아무런 부작용도 없이 잘 끝났다.

3일 후 캐럴라인은 병원에서 퇴원하여 집으로 돌아왔다. 뭔가 피곤하고 맥이 풀린 듯한 모습이었다. 그러나 그녀는 이제 4만 달러의 부자가 되어 있었다.

그녀의 어머니가 그녀에게 말했다.

“얘, 이 형편없는 마을에서 쏘다녀봤자 무슨 별 볼일이 있겠니. 차라리 그 돈을 가지고 사바나 같은 큰 도시로 나가서 살아보려무나.”

비비언은 설득을 계속했다.

“우선 작은 아파트라도 하나 얻어 살면서 그 도시에서 돈있는 남자를 만나 멋지게 한번 살아봐. 이 시골에서는 쓸 만한 남자는 결단코 만날 수가 없어.”

어머니는 이제 자기의 할일은 끝났다는 듯 쓸쓸하게 웃었다.

10
또 한 번의 좌절

캐럴라인은 어머니의 충고를 듣기로 했다. 열 여섯 살의 아직 어린 나이에 그녀는 트레일웨이 버스를 타고 사바나로 갔다. 비비언은 그녀의 딸을 도와 아파트를 구해 가구랑 살림살이를 정리해 주기 위해 일주일 동안 식당 일을 쉬기로 했다. 그래서 모녀가 함께 휴가를 즐기게 되었다.

두 모녀는 피치 트리트에 그다지 비싸지 않은 아파트를 구하고 대충 살림을 정리한 후 사바나 관광을 즐겼다. 매일 밤 외식도 하고 가끔 영화관이나 나이트 클럽에도 갔다.

비비언은 혹시 사바나에서 괜찮은 남자를 만나면 아예 그곳에 눌러앉아 같이 살게 되기를 기대하면서 부지런히 돌아다녀 보았다. 그러나 실망스럽게도 그렇게 되지 못하였다. 그리하여 이곳에 온 지 일주일 되는 날, 비비언은 아쉬움을 남긴 채 그녀가 살던 곳으로 돌아가야만 했다.

캐럴라인은 가지고 온 돈을 은행에 예금하고 일자리를 찾아 나섰다. 무작정 놀고 먹기에는 그녀가 가진 돈이 그렇게 많지 않았기 때문이었다.

첫 주일은 실망스러웠다. 그녀에게는 모든 것이 불리했다. 배운 것이 많지 않은 데다가 특별한 기술이 있는 것도 아니었다. 그녀는 이러다가는 가지고 있는 돈을 다 써버리게 되는 것이 아닌가 하고 더럭 겁이 나기도 했다.

그런데 하루는 모델을 모집한다는 신문광고를 보게 되었다. 모델이라면 그녀도 한번 해볼 만한 자신이 있었다.

그녀가 광고를 낸 스튜디오로 찾아가 보니 벌써 모집이 끝나고 합격자가 결정된 뒤였다. 캐럴라인이 한숨을 쉬면서 돌아서려는데, 누군가 자기를 부르는 듯해서 고개를 돌려 쳐다보았다.

"혹시 모델이 되려고 찾아오신 건가요?"

하고 웬 남자가 물었다.

"네, 그렇습니다만…"

"나는 올리버 벤슨이라고 합니다. 이곳의 사진사죠."

"네, 전 캐럴라인 잭슨이라 합니다."

그녀는 되도록 얌전하게 대답했다.

"당신의 몸매는 모델로서 아주 적격이군요. 눈매도 좋고…"

"감사합니다."

"원하신다면 여기 모델로 일해 주십시오."

"합격자가 이미 결정됐다고 하던데요…"

"그 점은 염려 마십시오. 취소하면 되니까."

그의 일처리는 신속하고 시원시원했다.

"일부 작품은 부분적인 나체를 필요로 하고 있습니다. 괜찮겠습니까?"

"네, 괜찮아요. 전 신체에 대해서는 자신이 있으니깐요. 다만 그것이 음란물이 아니면 좋겠어요."

라고 그녀는 대답했다.

"물론입니다. 우린 주로 캘린더용 사진을 취급하니까요."

사진사는 웃으면서 말했다.

"그럼 주유소 같은 데서 볼 수 있는 그런 사진을 말하나요?"

"바로 그런 거예요."

그녀는 만족했다. 핀업걸로 그녀의 얼굴이 알려지면 여자로서의 명예와 돈을 한꺼번에 손에 넣을 수 있는 것이었다. 그녀의 머리는 너무도 빨리 미래의 사진을 찍고 있었다.

"자, 그럼 오늘은 이만하고 내일 아침 아홉시까지 이리로 나와 주십시오."

사진사는 손뼉을 한 번 딱 치고 자리에서 일어나며 말했다.

"네, 감사합니다."

캐럴라인은 인사를 하고 스튜디오를 나왔다.

사진사는 그녀가 나가자 담배를 꺼내 불을 붙이고는 한 모금 깊숙이 빨아들였다. 사실 그는 그녀의 특출한 육체적 아름다움뿐만 아니라, 그녀에 대해 음침한 관심이 있었기 때문에 그녀를 고용키로 한 것이었다.

캐럴라인은 다음날 아침 아홉시에 출근했다. 그녀는 직장 여성으로서 새로운 출발을 하게 된 것이 내심 기뻤다. 그러나 그녀는 벤슨이 3류급 사진 고객들을 위한 2류급 사진사인 줄은 생각지 못했다.

캐럴라인이 스튜디오에 가 보니 그는 커피를 끓이고 있었다.

"자, 커피부터 한 잔 해요."

사진사는 활짝 웃으며 말했다.

"오늘 아침엔 무슨 작품을 만드실 거예요, 벤슨 씨?"

그녀가 밝은 얼굴로 물었다.

"오늘 아침에는 붉은색 벨벳 위에 당신이 누워서 연속 장면의 사진을 찍으려고 해요. 옛날 마릴린 먼로의 캘린더 사진 같은 것입니다."

"그럼 내가 완전히 노출되는 건가요?"

그녀가 궁금해서 물었다.

"완전히 그런 건 아닙니다만…"

커피를 마신 다음 그녀가 딸려 있는 욕실로 가서 옷을 벗고 나오니 벤슨은 공중에 카메라 설치를 완료하였고, 마루바닥 한가운데는 큰 붉은색 벨벳이 깔려 있었다.

그녀는 처음 해 보는 일이라 약간 떨리기도 했고 호기심도 생겼다. 그녀는 벗은 채로 커다란 벨벳 위를 사뿐사뿐 걸어서 한가운데로 갔다.

벤슨은 그녀의 벗은 몸매를 보는 순간 그의 하복부가 불끈 불거져 나오며 흥분하기 시작했다. 그가 사진사로서 지금까지 접해 본 모델과는 달리 그녀의 육체는 풍만하면서도 균형이 잡혀 있었고, 아직 때가 묻지 않아서 신선감이 넘쳐 흘렀다.

그녀는 제멋대로 포즈를 취해 보이면서,

"자, 어때요?"

하고 웃으면서 말했다.

"아주 좋아요. 정말 멋져요."

사실 캐럴라인도 처음 그를 만났을 때부터 그가 매력있는 남자로 보였다. 어느 면에서는 그는 아디오를 많이 닮은 것 같기도 하였다.

그는 몸집이 크고 근육살이 울퉁불퉁했으며, 스포츠형으로 이발을 한 그의 머리카락은 검고 뻣뻣해 보였다. 아무래도 사진사보다는 럭비 선수가 그에게 더 어울리는 직업일 것 같았다.

그녀가 이런 생각을 하며 문득 그의 아랫도리를 보니 바지의 앞부분이 불룩 튀어나와 있었다. 그는 쑥스러웠던지 몸을 옆으로 꼬며 고개를 돌리고 있었다.

"벤슨 씨, 어떻게 누워야 돼요?"

"아, 네. 우선 오른쪽으로 몸을 돌려 누우세요. 그리고 왼쪽발은 높이 들어올려 마치 고적대의 지휘자가 거리를 행진하는 듯한 기분으로 해 봐요."

그는 신을 벗고 깔아놓은 벨벳 위로 걸어와서 그녀의 금발 머리카락이 바람에 나부끼듯이 옆으로 자연스럽게 흐트러지게 만들었다.

그가 그녀의 자세를 고치기 위해 무릎을 꿇고 앉을 때 그의 무릎이 그녀의 벗은 히프에 닿고 말았다. 그러자 그의 아랫도리가 다시 불끈 일어서며 통증이 날 정도로 딱딱해졌다. 그러나 지금은 참는 수밖에 없었다.

그는 그녀의 팔을 들어 적당한 위치에 놓게 하고 오른쪽 발을 일직선으로 쭉 뻗게 하였다. 그런 후 그는 사다리 위로 올라가서 카메라 렌즈로 피사체를 보았다.

"거의 완벽해요. 그런데 손가락을 좀 쭉 펴 봐요… 좋았어. 그런데 좀 섹시하게 보이도록 무릎을 조금 높게 올리고… 좀더 높이… 아니, 조금 내려. 좋아요. 몇 초 동안만 숨을 쉬지 말고 참아 줘요. 하나, 둘, 셋! …됐어요."

그는 만족한 듯이 오케이 신호를 보냈다.

한번 사진을 찍기 시작하자 그는 성적 욕구는 완전히 잊어버리고 사진에만 열중했다. 그녀는 그런 그가 마음에 들었다. 그는 붉은색 벨벳 위에 누워 있는 그녀를 여러 모양으로 바꾸어 가며 사진을 찍었다.

점심 시간이 되자 캐럴라인은 그와 오랜 세월 동안을 서로 잘 알고 지낸 사이처럼 벗은 채로 스스럼없는 대화를 나누었다.

그들은 밖에서 점심을 시켜다 먹기로 하고 음식점에 주문을 했다. 그녀와 식사를 하는 동안 그는 그녀에게,

"나체 사진을 찍게 되면 많은 돈을 벌 수 있어요. 물론 얼굴은 노출되지 않아요."
하고 은근히 말했다.

"그럼 어느 정도가 나체 사진이란 말인가요?"

"여자의 그곳을 벌리고 찍거나 접사라고 하여 아주 가까운 거리에서 찍는 것 등이지요. 나도 가끔 그런 걸 찍어요. 수입은 꽤 괜찮죠. 물론 조금 전에 말한 것처럼 얼굴은 전혀 보이지 않아도 돼요."

"대개 어느 정도를 받게 되는데요?"

그녀는 지나가는 말처럼 물어 보았다.

"한 건에 백 달러 정도입니다. 시간은 서로 상의해서 편리한 대로 정하면 되는 거고요. 때로는 다소 거북한 장면을 요구하기도 합니다만… 생각이 어때요?"

그는 솔직하게 물었다.

"우리 둘만이 한다면 모르겠어요. 나는 모델이 되고 당신은 찍고… 그렇게 한다면 한번 해 보겠어요. 그리고 당신에게도 한 턱 톡톡히 내겠어요."

그녀는 은근히 거래까지 제의했다.

오후에는 벤슨이 캐럴라인을 검은색을 배경으로 해서 사진을 찍었다. 처음에는 카메라의 앵글을 그녀의 다리에 맞추기도 하고 가슴에 맞추기도 하다가, 결국에는 그곳을 완전히 노출한 상태에서 찍기도 하였다.

벤슨은 그녀의 그곳을 다양한 모양과 여러 각도에서 찍는 동안 저도 모르게 다시 하복부가 부풀어 오르기 시작했다. 그러는 한편으로 그는 사진찍기에도 여념이 없었다.

"그걸 좀더 벌리세요. 더 넓게… 아니 그게 아니고… 안 되겠어. 내가 직접 교정을 해야겠군."

그는 그녀의 두 허벅지를 과감하게 쫙 벌렸다. 아직도 뽀송뽀송한 금발로 덮인 그녀의 숲속이 한껏 노출되었다. 그는 빨갛게 드러난 그녀의 통로 입구를 잠시 멍하니 들여다보고 있었다.

"정말 멋지군요."

그는 감탄하기를 마지않았다.

"이렇게 신비롭고 아름다울 수가…"

그는 예술가로서 아름다움에 심취한 광인처럼 그녀의 숲속을 넋을 잃고 들여다보다가 말고 갑자기 그곳에 얼굴을 쳐박았다. 그리고는 정신없이 그곳을 빨기 시작했다. 실로 그것은 눈 깜짝할 사이의 일이었다.

"어머, 이게 무슨 짓이예요?"

캐럴라인이 비명 소리를 낸 것은 그가 그러고도 한참 후의 일이었다.

"이거, 빨리 치우지 못해요!"

그녀가 다시 소리를 질렀으나 이미 그녀도 온몸에서 힘이 쭉 빠져나가는 듯한 나른함을 느꼈다.

그는 혀를 그녀의 숲속 깊숙히 밀어넣고 얼마 동안 빙글빙글 돌리더니 뒤이어 넣었다 뺐다를 반복하기 시작했다. 그녀는 점점 자신의 몸이 뜨거워짐을 느끼며, 히프를 조금씩 움직여 그의 동작에 보조를 맞추어 주었다.

"벤슨 씨, 당신의 여자 다루는 솜씨는 좀 특이하군요."

그녀는 다소 장난기를 섞어 말했다.

"당신이 나의 스튜디오에 처음 왔을 때부터 난 당신과 이렇게 하고 싶었어요."

그는 숨을 헐떡거리면서 말한 다음 다시 그의 머리를 그녀의 숲에 파묻었다.

"남자들은 다 그렇게 성질이 급한가요?"

캐럴라인은 웃음이 절로 나왔다.

그는 그녀의 말은 듣는둥 마는둥 하면서 자신의 바지 지퍼를 찾느라 더듬거리고 있었다. 이윽고 바지를 벗자 그는 너무도 서둘러 웃옷을 벗는 바람에 셔츠가 찢어지고 단추가 떨어져 나가기도 했다.

그의 육체는 실로 장관이었다. 딱 벌어진 어깨에 믿음직스런 가슴팍, 칡넝쿨같이 울퉁불퉁한 근육질, 그리고 산맥처럼 길게 뻗어나온 거대한 남성—그것은 마치 옛날 아디오의 그것과 같은 인상을 주었다.

그는 옷을 다 벗자 벌떡 일어서더니 그의 남성을 잡고 그녀에게 자랑스럽게 이리저리 휘둘러 보였다. 그것을 쳐다보는 캐럴라인의 입이 저도 모르게 딱 벌어졌다.

"사진사가 사진은 안 찍고 이것만 키웠나 봐요."

"그래도 사진 찍는 시간이 더 많았어요."

"이런 건 사진 작품이 되지 않아요?"

"그건 예술을 모독하는 말이예요."

그의 얼굴이 다소 굳어졌다.

"그 말은 당신의 남성을 모독하는 말이 아닐까요?"

"흠, 그렇기도 하군."

그는 이내 만족한 얼굴로 빙긋 웃었다.

"호호… 당신도 참 여자의 칭찬에 약하군요. 나중에 공처가가 될 가능성이 많으니 조심하세요."

그녀는 그의 남성을 입안으로 밀어넣었다. 그는 황홀경으로 빠져들듯 지그시 눈을 감고 두 손으로 그녀의 머리를 감쌌다. 그녀는 그의 열기를 점점 높여갔다.

"음, 음…"

벤슨은 이제 절정을 향해 줄달음치는 듯 온몸이 불덩이처럼 뜨거워지고 얼굴은 고통으로 일그러졌다. 그는 더 이상 참지 못하겠다는 듯 고개를 설레설레 저었다.

"아!"

그는 마침내 외마디 비명을 질렀다.

캐럴라인은 그가 절정에 이르렀음을 눈치채고 최대한 보조를 맞추어 주었다. 한 순간 시체처럼 굳어졌던 그의 몸에서 서서히 힘이 빠져나가고 있었다.

"당신은 그동안에 얼마나 많은 모델들을 이렇게 했나요?"

"이건 처음이오."

"그 말도 역시 많이 써먹은 말 같군요."

이윽고 그는 검은색 벨벳 위에 벌렁 드러누웠다.

"캐럴라인, 미안해요."

그는 남자가 먼저 나가 떨어진 것이 몹시 창피하고 부끄러운 것 같았다.

"조금만 기다려 줘요. 다시 시작할 테니까…"

그는 숨이 가빠서 헐떡거리면서도 자신감을 보였다.

"지금 진 빚은 나중에 갚아도 돼요."

그녀가 웃으면서 말했다.

"아닙니다, 난 빚을 지고는 못 사는 성미입니다."

"빚도 빚 나름이죠."

그녀가 깔깔 웃으며 말했다.

"당신은 참으로 환상적인 여자야."

그는 진심으로 감탄하고 있었다. 만약 이 여자와 이런 장면을 영화로 만들거나 비디오로 찍는다면 틀림없이 거액의 돈을 벌 수 있을 것 같았다.

그는 그녀의 허벅지를 베고 누워 혀끝으로 그녀의 그곳을 둘러싸고 있는 금발털을 어린애처럼 장난질하고 있었다. 그곳에서 풍기는 야릇한 여자 특유의 향기와 그녀의 따뜻하고 부드러운 몸의 느낌이 그를 다시 흥분시키기 시작했다.

그는 자신의 남성이 완전히 발기될 때까지 그녀의 숲을 계속 애무했다. 캐럴라인은 대견스러운 듯이 그를 내려다보고 있었다.

"내가 개 모양으로 한번 멋지게 해보겠어."

그는 완전히 피로가 회복된 듯 벌떡 일어나더니 캐럴라인에게 무릎을 꿇게 한 다음, 몸을 앞으로 밀어 두 팔꿈치를 짚고 엎드리게 했다. 그러고 보니 그녀는 마치 개가 서 있는 모양이 되었다.

그러자 그는 수캐가 올라타듯 그녀의 히프 위에 자신의 몸을 겹쳤다. 그리고는 최대한으로 발기한 자신의 남성을 잡고 그녀의 뒤에서 밀어넣었다.

순간 그녀의 몸이 약간 비틀거렸다. 그러자 그는 두 손으로 그녀의 히프를 꽉 잡고 균형을 잡아 주었다.

"아, 좋다. 역시 이게 입보다는 낫군."

그는 즐거워하며 말했다.

"사탕맛이 뭐 똑같아요?"

"하하, 하긴 그렇군. 단맛, 새콤한 맛, 고소한 맛…"

"호호호…"

둘은 죽이 잘 맞았다.

그는 그의 리듬을 천천히 고조시키면서 그녀와의 사랑을 음미

하기 시작했다.

"캐럴라인, 당신을 사랑해."

"남자들이 섹스를 할 때는 대개 그런 말을 하죠."

"아니오, 진심이오."

"사랑의 고백도 하기 전의 섹스는 대개 섹스로 끝나게 마련이예요."

"아무튼 난 지금 기분이 아주 좋아요."

그는 무척이나 즐거운 듯 계속 중얼거렸다.

그는 그녀의 양다리 사이 아래로 손을 넣어 흥근히 젖어 있는 그녀의 숲을 만지작거렸다.

"애기처럼 무슨 장난질이예요?"

그녀가 핀잔을 주었다.

"내가 지금 꿈속에 있는지 섹스를 하고 있는지 실감이 안 나서 확인해 보려는 거요."

그는 갑자기 열받은 사냥개처럼 내달리기 시작했다.

그들은 한 덩어리가 되어 개가 몸을 움츠렸다 폈다 하면서 뛰듯이 몸을 꺼불적거렸다. 다소 힘은 들었으나 누워서 하는 것에 비해 색다른 쾌감이 있었다. 두 몸을 완전히 밀착시킨 가운데 몸속의 부드러운 마찰은 그들을 점점 더 깊은 황홀경으로 이끌어 갔다.

"오, 벤슨!"

캐럴라인의 몸이 잠시 경직되는 듯 꼼짝도 않더니 비명이 터져 나왔다. 절정에 이른 그녀는 눈을 감고 이를 악물었다. 실로 오래간만에 맛보는 오르가슴이었다.

마침내 그녀는 기운이 빠져 그 자리에서 고꾸라지듯 배를 깔고 엎드려 누웠다. 그도 기진맥진하여 그녀 위에 겹쳐 누웠다.

"이제 끝난 건가요?"

그녀는 오늘 따라 뭔가 모르게 허무한 느낌이 들었다.

"캐럴라인, 당신은 정말 최고야."

"난 말예요, 한 여자를 가지기 위해 목숨이라도 바치는 남자─ 그런 남자를 사랑하고 싶어요. 내 목숨을 바쳐서라도…"

"우린 지금 뜨겁게 사랑하고 있지 않소?"

"올 올 어 건(all all are gone : 모든 것은 갔도다) …침실이 란 원래 이런 것이 아니었잖아요. 정말 멋진 시절도 멋진 남자도 다 가버린 것 같아요. 침실에 남은 건 섹스와 계산뿐이예요."

그녀의 말에는 깊은 슬픔이 담겨 있었다.

캐럴라인은 비록 벤슨과 연인관계가 되긴 했지만, 그가 원하는 두 가지 일에 대해서 그녀는 단호하게 거절하였다. 즉 그와는 동 거를 하지 않으며, 음란 비디오에는 절대 나가지 않겠다는 것이 었다.

벤슨은 그후로도 여러 가지 주문 촬영에 그녀를 주로 모델로 썼으며, 파격적인 모델료도 지급해 주었다. 그리고 그는 거의 매 일 밤 고급 음식점으로 그녀를 데리고 가서 맛있는 외식도 시켜 주었다. 그러는 동안 그녀는 수입의 반 이상을 저축하여 예금액 도 꽤 되었다.

그러나 한 6개월이 지나자 그녀는 왠지 모르게 벤슨과 사바나 가 싫증나기 시작했다. 뭔가 모르게 옹색하고 구질구질한 것만 같았다. 그녀는 보다 큰 도시로 가서 돈많은 남자를 만나 좀더 멋지게 살고 싶었다.

그녀는 퇴근하여 집으로 가면 거의 매일 밤 지도를 펴놓고 어디로 갈 것인가 하고 곰곰 생각하였다.

캐럴라인이 하루는 그녀보다 나이가 많은 선배 모델을 만나게 되었다. 선배는 메릴랜드주의 벌티모어에는 모델을 몇십 명씩 고용하여 사업을 대대적으로 하는 전문업체들이 많이 있어 큰 행운을 잡기가 쉬울 것이라고 말했다.

"그래서 나도 그곳으로 갈까 하는데 같이 가지 않겠어? 이 바닥에서는 열심히 뛰어봤자 별볼일이 없어."

하고 캐럴라인의 의중을 떠보았다.

"좋아요, 나도 언니랑 같이 가겠어요."

캐럴라인의 가슴에 새로운 희망이 넘쳤다.

11
불운의 연속

캐럴라인은 벌티모어에서 십년이란 세월을 보냈다. 그곳이라 해서 특별하게 좋은 것도 없었고 그리 나쁜 것도 없었다. 그저 그럭저럭 살아온 셈이라 할 수 있었다.

그녀가 그곳에서 한 가지 배운 것이 있다면 생존이란 현실적인 문제였다. 그리고 이 생존을 위해서 그녀가 택한 방법은 남자의 호의에 의존하는 것이었다.

그녀는 상점의 판매원, 모델, 바 웨이트레스 등 이것저것 닥치는 대로 일을 했다. 그리고 한때는 제리 골딘이란 남자와 결혼 생활도 해 보았다.

골딘은 그녀가 토마호크 클럽이라 불리는 바의 칵테일 웨이트레스로 일할 때 만난 남자였다. 당시 그녀는 저녁 여덟시부터 새벽 네시까지 근무 시간이었다.

어느 날 자정이 넘은 시간에 골딘과 그의 친구들이 바에 들어와서 그녀의 테이블에 와 앉았다. 그들 일행 네 사람은 초저녁부터 다른 곳에서 술을 마시고 온 것이 분명했다. 그들은 술이 몹시취한 듯 시끄럽게 떠들어 대서 그녀의 심기를 거스리게 했다.

그녀는 되도록이면 이들을 피하려고 했다. 그 이유는 그들의옷이 허름한 짧은 셔츠에 싸구려 바지를 입고 있어 팁도 별로 나올 것 같지 않았기 때문이었다.

그때 그들 중의 한 남자가 소리쳤다.

"이봐 아가씨, 저 무대 위에 올라가서 유방이나 한번 멋지게흔들어 봐."

캐럴라인은 그 업소의 지정 유니폼인 인디언 복장 차림을 하고있었다. 즉 웃도리는 짧은 가죽 베트로 젖가슴을 살짝 가린 것이고, 스커트는 배꼽을 드러낸 채 줄이 달린 치마였다. 그리고 머리에는 밴드에 새의 깃털을 달고 있어 완전한 인디언 여자 복장이었다.

"고맙습니다, 손님. 무엇을 마실지 주문해 주세요."
하고 그녀는 못들은 척하고 대답했다.

"당신요."
하고 그 중의 또 한 사람이 대답했다.

"손님, 무엇을 주문하실는지 시간을 드릴 테니 생각해 보세요. 곧 돌아올께요."
하고 그녀는 돌아서서 테이블에서 떠나버렸다.

"제기랄, 저 귀여운 것 좀 봐."

하고 조금 전 유방을 흔들어 보라고 한 남자가 주먹으로 테이블을 쾅 치며 말했다.

"하지만 그녀가 너에게 친절하게 대해 주지 않았니?"

하고 그 중 한 사람이 말했다.

"친절하든 말든 그녀가 예쁜 유방을 가졌단 말야."

하고 말하며 자신의 입술을 소리나게 빨았다.

캐럴라인은 다른 손님에게서 받은 주문을 가져다 주기 위해 서비스 바로 가서 그녀의 술주문을 신청했다. 마침 그때 붉은 머리의 미셸이란 웨이트레스도 그녀의 주문을 신청하러 그곳으로 왔다. 캐럴라인은,

"난 오늘밤 아주 망쳤어. 저 괴물 때문에… 너 저 괴물 보이지? 저것, 아마 1달러라도 팁을 주면 다행이겠다."

하고 불평을 늘어놓았다.

"야, 그래도 그들이 내 테이블로 왔으면 좋겠다."

하고 미셸이 말했다.

"그게 무슨 말이야?"

"너, 저 노란 셔츠 입은 사람 몰라?"

"글쎄…"

캐럴라인은 저쪽 끝에 앉아 있는 한 남자에게 시선을 모아 쳐다보았다. 그는 키가 작고 금발의 곱슬머리에 탄탄한 체격을 갖고 있었다.

"어디서 본 듯도 한데 누구야?"

캐럴라인이 아무래도 모르겠다는 듯이 고개를 흔들었다.

"저 사람이 제리 골딘이야. 너 골딘 주방기구상점 몰라?"

"맞어, 그전에 어디서 본 듯해. 텔레비전 광고에 자주 나오는 사람 아냐?"

하고 캐럴라인이 말했다.

그녀는 늦은 밤 TV 광고에 그가 자주 나오는 것을 기억해 냈다. 제리 골딘은 마치 왕년의 유명한 영화배우 찰튼 헤스튼처럼 천천히 걸어 나오면서 그의 주방기구 광고를 하곤 했었다.

사실 광고는 판촉 전략에 절대적인 역할을 한다고 해도 과언이 아니다. 골딘은 조그만 가게 하나로 시작해서 지금은 일곱 개의 체인점으로 확장해 나가고 있으며, TV 광고 출연으로 어엿한 저명인사가 되어 있었다.

"내가 보기엔 별로다."

하고 캐럴라인이 미셸에게 말했다.

"요즘 쓸만한 남자가 어딨어? 그래도 내가 듣기로는 그가 엄청 돈이 많대."

캐럴라인은 골딘이 앉아 있는 테이블로 돌아가 멋진 유머로 그에게 잘 보이게 하려고 결심했다.

"손님, 무엇을 주문하실지 말씀해 주세요."

하고 그녀로서는 한껏 아양을 떨면서 말했다.

"우리는 주문을 한 가지로 통일하겠어요. 맥주가 넷, 프렌치 프라이가 하나요."

골딘이 웃으면서 그녀의 젖가슴을 슬쩍 넘겨다보았다.

캐럴라인은 골딘 옆으로 가서 몸을 그쪽으로 잔뜩 기울여 그가 그녀의 젖가슴을 볼 수 있도록 하면서 주문을 받았다. 그녀는 잰걸음으로 서비스 바로 가서 받은 주문을 신청했다.

'이만하면 최소한 팁은 섭섭지 않게 주겠지.'
하고 그녀는 생각했다.

골딘은 술을 마시면서 연신 캐럴라인만 쳐다보고 있었다. 그녀는 그가 자기에게 관심을 갖고 있음을 알아차렸다.

새벽 세시쯤 되자 그들은 술을 끝내고 모두 자리에서 일어나려고 했다.

"더 필요한 건 없으세요?"

그녀는 아주 상냥한 어조로 골딘에게 물었다.

"더 필요한 건 없고… 혹시 내가 집에까지 데려다 주어도 되겠어요?"
하고 골딘이 조심스럽게 물었다.

"네, 하지만 난 아직 손님의 이름도 모르는 걸요."
하고 그녀는 그의 이름을 잘 알면서도 거짓말을 했다.

"제리 골딘이오. 당신의 이름은?"

"캐럴라인 잭슨입니다."

"거 아주 예쁜 이름이군요."

"고맙습니다."

"그리고 당신은 아주 여성답군요."

"감사합니다."

뜻밖의 행운을 잡았는지도 모른다는 생각에 캐럴라인은 신바람이 났다.

그녀는 종종걸음으로 탈의실에 가서 업소의 유니폼을 벗어버리고 외출복인 베이지색 드레스로 갈아입었다. 그녀는 오늘 따라 자신의 육체미를 과시할 수 있는 드레스를 입고 온 것이 아주 다행이었다고 생각했다.

미셸은 캐럴라인이 행운을 잡은 것을 축하했다.

"그 남자가 정말 너에게 집에 데려다 준다고 했니? 그럼 앞으로 그와 사귀게 되는 거야?"

하고 착한 미셸이 물었다.

"지금 당장은 나도 몰라. 그가 나를 집에 데려다 준다고만 말했을 뿐이야. 앞으로 어떻게 될진 그때 가봐야 알 수 있겠지."

하고 캐럴라인은 기분이 좋아서 말했다.

"헌데 내가 보기에 넌 꽤 색깔이 있는 여자 같애."

하고 미셸이 말했다.

"색깔있는 여자? 그게 무슨 말이야?"

"그것도 모르니? 색녀(色女)란 말이지."

"어떤 뜻이지?"

"별로 좋은 뜻으로 쓰이는 것 같지는 않아. 그 말엔 뭔가 모르게 어두운 숙명 같은 냄새가 나거든. 그래서 문학적인 소재로 많이 쓰인다더군. 특히 비극의 주인공으로…"

"그게 꼭 나쁜 걸까?"

"글쎄…"

"남자의 야망이 권력이나 돈이라면 여자의 그것은 섹스가 아닐까."

"여자의 야망이 섹스?"

"그래, 여자의 꿈이라는 게 고작 결혼하여 남편의 뒷바라지나 하며 자식을 키우고 집안 살림이나 꾸려 나가는 것이라면 그건 한 여자의 꿈치고는 너무도 초라한 게 아닐까."

"그게 여자의 행복이라고 사람들은 말하지."

미셸은 읊조리듯 말했다.

"너두 참 고리타분한 말을 하는구나. 아무리 행복도 자기 생각 나름이라고 하지만 그게 어찌 행복이냐? 그건 필경 지나간 시대의 남자들이 자신들의 편익을 위해 만들어 놓은 가치관일 게 분명해. 요새 여자들이 결혼에 대해 별로 신경을 쓰지 않는 것도 다 그 때문일 거야. 그런 하찮은 걸 얻기 위해 결혼을 해?"

"하지만 섹스가 여자의 꿈이라는 너의 말엔 동의할 수 없어."

"모든 남자에게 다 야망이 있는 게 아닌 것처럼 여자두 마찬가지야. 그저 평범하게 사는 여자에겐 섹스란 그다지 중요하지 않을 수도 있겠지."

"넌 섹스를 지나치게 미화하는 것 같애."

미셸이 고개를 살래살래 흔들며 말했다.

"그걸 미화하려는 생각은 조금도 없어. 술을 좋아하는 사람, 담배를 좋아하는 사람이 있는 것처럼 난 섹스가 좋으니까 그걸 즐기는 것쯤으로 해 두자꾸나."

캐럴라인이 웃으며 말했다.

"그건 호색(好色)의 합리화나 변명쯤으로 들리는데…"

미셸이 지지 않고 반격했다.

"사람들 중엔 취미생활이라곤 아예 없는 사람이 있는가 하면 낚시나 사냥, 또는 경마를 즐기는 사람도 있지. 그런데 왜 비용이 많이 드는 그런 건 괜찮고 섹스는 나쁘다는 거야? 특히 밤낚시는 사람을 피곤하게 만들고 사냥에는 위험이 따르며 경마에 빠져들면 집도 날린대잖아. 그런데 섹스는 최고급 호화 요리를 돈 한 푼

❀
177

들이지 않고, 그것도 혼자가 아닌 둘이서 즐기는 것인데 그게 왜 나쁘니?"

"상대가 문제겠지."

"그건 옳은 말이야. 임자 없는 젊은 내 경우는 좀 다르겠지만, 사랑하는 애인이나 남편과 섹스를 즐긴다는 게 난 조금도 이상하지 않아. 내가 잘 아는 선배 언니 중엔 마흔을 넘긴 나이인데도 아직 하루도 걸르지 않고 매일 밤 두세 차례씩 섹스를 즐긴다고 하더라. 얼마나 황홀하고 멋진 일이니."

"너의 섹스 예찬론엔 내가 손을 들어야겠어."

미셸이 웃으면서 두 손을 들어 보였다.

"얘, 오해하지 마. 난 단지 무턱대고 섹스를 비난하거나 경멸하는 덴 반대라는 것뿐이야… 아 참, 골딘이 기다리고 있을지 모르겠군."

캐럴라인은 골딘과 함께 클럽을 나왔다. 그의 차는 최고급 승용차인 캐딜락으로, 클럽 주차장에 주차해 있었다. 차의 색깔은 백색으로 카 폰에 스테레오 장치, 실내 바, 마로니에 색의 가죽 시트 등 실내 장식이 호화스러웠다.

캐럴라인은 클럽에서 넷째 블럭에 위치한 아파트에 살고 있었기 때문에 거리가 너무 가까웠다. 그래서 그와 좀더 오래 있으려면 어떤 구실을 찾아야만 했다. 마침 좋은 생각이 떠올랐다.

"전 지금 배가 고프니 심야 식당에 가서 간단한 식사를 하면 어떻겠어요?"

하고 그녀가 은근한 어조로 물었다.

"거 참 좋은 생각입니다."

골딘은 그녀의 제의에 오히려 감사했다.

식사는 골딘에게 술을 깨게 하는 효과를 가져왔다. 그는 아주 예쁜 여자를 찾아냈다고 내심 기뻐했다.

"우리의 첫 만남을 기념하기 위해 좀더 같이 있는 게 어때요?"

골딘이 말했다.

"네, 좋아요. 마침 내일은 비번이예요."

그녀는 다가온 기회를 놓칠세라 내일 근무는 미셸에게 대신 해 달라고 부탁하면 될 것이라 생각했다.

"그렇다면 아주 잘 됐군요."

골딘은 진심으로 기뻐했다.

"사업을 크게 하시는가 봐요."

그녀는 그에 대해서 아무것도 모르는 양 앙큼스럽게 말했다.

"야간 근무를 하기 때문에 아마도 텔레비전을 볼 시간이 많지 않겠군요?"

"네, 아주 가끔씩 볼 정도예요."

그는 자기 사업에 대해 간단하게 설명했으며, 그녀는 처음 듣는 것처럼 열심히 들었다. 그는 볼수록 그녀가 예쁘고 순진한 여자로 보였다.

사실 그녀로서는 불만을 말할 수 없을 정도로 그는 자기에게 과분한 사람이었다. 그는 그녀가 바에서 일하고 있는 웨이트레스라는 사실도 잊은 듯 순수하게 인간적으로 대해 주었다.

그는 그녀의 아름다움과 여자다움에 매료되어서 그녀를 숙녀로 정중하게 대해 주었다. 물론 그는 그녀를 위해서 돈도 아끼지 않았다.

※

그들의 첫 데이트 날, 골딘은 벌티모어에서 가장 호화로운 레스토랑인 사보이로 그녀를 데리고 가서 고급 요리와 샴페인을 주문하였다.

식사 후에는 패이슨이란 VIP(저명 인사) 전용인 댄스홀에도 그녀를 데리고 갔다. 골딘은 춤은 그다지 잘 추지 못하는 편이었으나 그녀가 잘 리드해 주어서 그를 기쁘게 해 주었다.

골딘은 그의 체인점이 년 2천만 달러 이상이 수익을 올리고 있다고 일러주면서, 앞으로 수익은 더욱 늘어날 것이라고 자세히 설명해 주기도 했다.

그들이 만난 지 2주일 후 골딘은 놀랍게도 그녀에게 청혼을 하였다. 그녀는 지금 그녀의 일생 중 가장 어려운 생활을 하고 있었다. 토마호크 클럽에서 빠져나오려면 무슨 수단이든지 써야 할 처지에 있었다.

그녀는 그를 사랑하지는 않는다 해도 그를 사랑해 보려고 노력하기로 결심했다. 그는 부자이고 마음씨도 착한 사람이다. 그녀가 만일 그에게 싫증을 느끼게 된다면 그때 가서 이혼을 하더라도 손해볼 것은 없다고 생각했다.

그들은 결혼을 했으며 골딘은 그녀와 함께 카리브 해의 자마이카로 신혼여행을 갔다. 그들은 해변가의 크고 아담한 리조트 방에 들었다.

그들의 첫날밤은 그런대로 만족했다. 그러나 캐럴라인에게는 성적으로 그가 만족할 만한 상대는 아니었다. 그는 체모가 상당히 많은 편이었으나 남자로서의 상징은 평균보다 작았다. 침대에서 여자를 다루는 솜씨도 서툴었다.

※

그러나 그녀는 현 상황에서 만족해야 할 수밖에 없었다. 그래서 그 대안으로 애인을 하나 만드는 것도 하나의 방법이라고 그녀는 생각해 보았다.

캐럴라인이 벌티모어로 돌아와 보니 골딘은 미리 신부를 위해 크고 화려한 저택을 짓고 있었다. 그 집은 스물 두 개의 방과 한 개의 헬스실과 풀장이 구비된 것이었다. 그녀는 파티 때 안주인 행세를 할 것을 생각하고 좋아했다.

그러나 그 집은 완공이 되기도 전에 공사가 중단되고 말았다. 그 이유는 공사 도중에 골딘의 사업이 파산되었기 때문이었다.

"오, 골딘. 난 어떡하면 좋아요?"

캐럴라인은 괴로웠다.

"미안해요, 여보. 사실 지금 난 절망적이오. 수습할 방법도 없고…"

"그럼 난 다시 옛날로 돌아갈 수밖에 없어요."

"어떻게?"

"혼자 살 거예요."

그녀는 다소 냉정하게 말했다.

"그럼 나하고는 이혼?"

"그래요."

"잔인하군."

"어쩔 수 없잖아요."

"이건 결혼한 아내로서 결혼서약 파기예요. 사랑한다는 말도 거짓이고…"

"결혼이란 주어진 그 상황에서 이루어지는 것이예요."

그녀는 잠시 말을 끊었다. 옛날 파렐의 아버지 클라이본 씨가 자기에게 하던 말이 생각났기 때문이었다. 그때의 수모를 생각하면 지금도 가슴이 떨렸다. 그런데 지금 바로 자기가 그때 클라이본 씨의 말을 흉내내고 있는 것이다.

"그러니까 상황이 바뀌면 어쩔 수 없이 결혼도 깨어지는 것이라고 생각해요. 당신이 파산상태에서 나 혼자만 남겨둔 채 감옥으로 가는 것도 사실은 결혼서약 파기예요."

"그건 불가항력이 아니오?"

"오 골딘, 미안해요. 성경에도 나오는 말처럼 인간과 인간과의 약속은 원래 믿을 수 없는 거예요. 난 행복하게 살기 위해 당신과 결혼했지, 고생하기 위해 결혼한 건 아니예요. 날 이해하시고 나의 이혼 청구를 받아들여 주세요."

"좋아요, 이건 당신을 위한 나의 마지막 사랑이오."

골딘이 눈에 눈물이 글썽해지며 말했다.

"고마워요, 골딘. 당신의 행운을 빌겠어요."

캐럴라인의 눈에서도 눈물이 흘러내렸다.

캐럴라인은 이혼소송을 제기했다. 소송은 골딘의 협조로 쉽게 끝났다. 위자료는 월 8백 달러로 판결이 났다. 그후 몇 개월은 위자료를 받을 수 있었으나, 그 다음에는 그나마 골딘의 지불 능력 부족으로 받지도 못하게 되었다.

그녀는 벌티모어가 싫어져서 떠나기로 했다. 이 도시가 그녀에게는 그다지 좋은 곳은 되지 못하였다. 그녀는 미모와 몸매, 그리고 나이보다 젊게 보이는 것 등으로 아직은 자신이 있었다.

"이왕이면 큰 바닥에서 뛰어보자."

그녀는 그 동안 저축한 약간의 돈을 가지고 미국의 수도 워싱턴으로 갔다.

그녀는 케이 스트리트에 아파트를 구하고 일자리를 찾으러 나섰다. 며칠 고생한 끝에 가핀겔 백화점에서 일자리를 얻을 수 있었다. 그녀는 자기의 이상형인 돈많고 섹시한 남자를 계속 찾기로 했다.

그녀는 워싱턴이 좋았다. 무엇보다도 도시가 깨끗하고 조용했다. 그리고 남자들도 많고 관대하였다.

얼마 후 그녀는 백화점 일을 그만두고 그녀처럼 야망이 큰 파커라고 하는 젊은 여자와 둘이서 돈을 절약하기 위해 한 아파트에 같이 살기로 했다.

그로부터 6개월 후 캐럴라인은 제임스 맥켄리 하원의원을 만나게 되었으며, 그녀는 한 정치인의 숨겨진 애인으로 그녀의 새로운 인생 항로가 시작되었던 것이다.

12
분노는 포도처럼

아직 맥켄리와의 일은 끝나지 않았다고 캐럴라인은 생각했다. 그날 오후 그로부터 해고를 당한 후 그녀는 앞으로의 일에 대해 곰곰 생각해 보았다.

어차피 엎질러진 물이다. 상황은 이미 다시 돌이킬 수 없게 되고 말았다. 그러나 그녀는 쉽사리 그를 놓아주지 않겠다고 결심했다. 그녀로서는 그에 대한 물증이 있고 이를 십분 활용하면 기대 이상의 무언가를 얻을 수도 있을 것이란 생각이 들었다.

그녀는 이제 파커와 아파트를 같이 쓰면서 전화 요금을 내지 못해 돈을 꾸러 이 사람 저 사람 찾아다니며 허둥대던 그녀의 옛 시절로 다시 돌아갈 수는 없었다. 그것은 생각하기만 해도 끔찍한 일이었다.

그녀는 지금 자기가 보관하고 있는 녹음 테이프를 이용하여 맥
켄리에게서 톡톡히 보상을 받아내야겠다고 다짐하였다.

"난 책으로 쓸 수도 있어!"

그녀는 목욕실 밖으로 나오면서 혼잣말로 중얼거렸다.

그녀는 자신은 철자나 문법을 모르니까 다른 사람에게 대필을
시키면 될 것이라고 생각했다. 그녀는 거울 속을 들여다보고 웃
으면서,

"저자, 캐럴라인 잭슨."

하고 불러 보았다.

그녀는 타올로 몸을 닦고 간단히 옷을 걸친 후 클로셋(작은
방)으로 가서 파일 캐비닛의 여러 서랍들을 점검하였다. 그곳에
는 백여 개의 녹음 테이프와 함께 사람의 이름과 날짜가 빼곡이
기록된 일기장까지 있었다.

그녀는 침대로 와 앉아서 일기장을 펴놓고 읽기 시작했다. 일
기장에는 페이지마다 그들과 관계한 상세한 일들이 적혀 있었다.
그리고 이를 증명할 수 있는 녹음 테이프까지 완벽하게 갖추어져
있었다.

캐럴라인은 너무도 열중해서 일기장을 읽느라고 그녀의 가정
부 마리가 침실문을 노크하는 것도 듣지 못했다. 그녀는 마리가
다시 크게 노크를 하자 깜짝 놀랐다.

"무슨 일이야, 마리?"

하고 캐럴라인이 물었다.

"버티니 씨가 왔어요."

"잠깐 기다리라고 해."

캐럴라인은 서둘러 일기장들을 모아서 파일 캐비넷에 다시 넣어두고 목욕실에 가 간단히 화장을 한 다음 응접실로 나가 그를 맞았다.

빈센트 버티니는 빙긋 웃으며,

"뭐가 그리 바빠? 혹시 숨겨는 연인을 뒷문으로 내보내고 오는 거 아냐?"

하고 물었다.

"무슨 그런 말을… 화장을 하느라고 좀 늦었어. 그런데 요샌 좀 어때요?"

"응, 좀 바빠."

"톰 콜린스로 우리 건배부터 한 잔 할까요? 오래간만의 만남을 축하하기 위해…"

"그거 좋지."

"그런데 미스터 바텐더."

"아니, 왜 갑자기 그렇게 불러?"

"나의 사랑하는 바텐더, 칵테일은 멋지게 섞을수록 좋지만 우리의 사랑엔 아무것도 섞지 마. 순수해야 해."

"그럼 진을 조금만 넣을까?"

빈센트가 웃으며 말했다.

"안 돼요."

그녀가 고개를 흔들었다.

"레몬즙은?"

"싫어."

"그럼 탄산수 조금은?"

"그것도 안 돼요."

"그럼 아직도 빈잔인걸."

"그걸 나에게 줘요."

"빈잔의 건배?"

"아네요, 가능성의 건배예요."

"무슨 가능성이지?"

"앞으로 가득 채울 우리 둘의 사랑."

"아주 멋진 한 편의 시 같군."

그들은 빈잔을 마주 들고 유쾌하게 웃었다.

"이젠 침실로 들어가요."

"그러지."

그녀는 그가 피끓는 남자답게 행동파인 것을 좋아했다. 그는 곧 옷을 벗기 시작하며 그녀에게 말을 걸었다.

"우리가 서로 만난 지도 꽤 오래 됐군. 나의 이것이 당신에게 들어가지 못해 얼마나 안달을 했는지 알아? 이렇게 퉁퉁 부어 있잖아."

그는 기분이 좋은지 연신 싱글벙글했다.

그녀는 먼저 옷을 벗고 침대 위에 누워 그가 옷을 벗고 있는 것을 보고 있었다. 빈센트는 그녀의 첫 남자인 아디오와 닮은 데가 많았다.

빈센트는 검은 곱슬머리에 비교적 낮은 코였으나 그의 체격은 아디오와 같이 근육질인 데다가 남자의 상징도 아주 믿음직하게 잘 달려 있었다.

"그 동안 잘 있었어?"

그는 활짝 웃는 얼굴로 물었다.

"그래요, 빈센트. 당신이 보고 싶어서 잠도 제대로 못잤어. 뜨겁게 뽀뽀해 줘야지."

그녀는 침대에 누워 다리를 벌리고 그를 맞을 준비를 했다. 그의 남성은 벌써 단단해져 있었다.

"오늘 따라 왜 그리 서둘러?"

그녀는 천장에 붙어 있는 거울을 통해서 그의 모습을 보았다. 그리고는 스르르 눈을 감고 아디오를 생각했다. 어떤 때는 그가 몹시 그리워지기도 했다. 그는 지금 몇 살쯤 되었을까. 마흔? 마흔 하나? 아마 그쯤은 되었을지도 모른다.

그때 갑자기 빈센트의 뜨거운 입이 그녀의 숲을 꾹 누르고 있음을 느꼈다. 그의 입안에서 나오는 뜨거운 열기가 그녀의 통로 속으로 스며들어오는 듯 야릇한 느낌이 일어났다.

그녀는 그의 머리를 양손으로 움켜잡고 그녀의 숲으로 바짝 끌어당겼다. 그는 손가락으로 그녀의 통로를 더 크게 열고 그곳을 애무했다.

"오, 아디오!"

그녀는 너무도 흥분하여 비명을 질렀다.

"뭐? 아디오? 그게 누구야?"

빈센트는 하던 동작을 딱 멈추고 물었다. 그녀는 자신의 실수에 스스로도 깜짝 놀랐다.

"응, 어릴 때의 소꿉친구야."

"소꿉친구? 웃기고 있네…"

"그만 해! 섹스하면서 과거를 들추는 건 비겁해!"

"좋아! 그럼 날 사랑해 줘."

빈센트는 시원시원한 데가 있었다.

"역시 당신은 멋져! 나 잘 해줄게."

캐럴라인은 그러한 빈센트가 참으로 고마웠다.

그녀는 그의 남성을 목구멍 깊이 넣은 채 뜨겁게 애무하고 있었다. 그때 빈센트가 손을 그녀의 이마에 대고 잠시 정지시켰다. 그는 몸을 180도 빙 돌려 그의 얼굴이 그녀의 하복부로 가게 하였다.

"자, 함께 하자구."

"아니, 어떻게 하는 건데?"

"식스 나인(69)도 몰라?"

"이런 바람둥이!"

그는 머리를 위아래로 움직이며 그의 입술과 혀로 그녀의 숲속을 마음껏 애무했다.

"으으…"

그녀는 흥분으로 비명을 질렀으나, 그의 남성이 입안에 꽉 차 있어 소리가 나오다 막혀 버렸다.

"말 좀 또이또이 해."

빈센트가 웃으며 놀려댔다.

"이런 무지막지한 소시지가 날 벙어리로 만드네."

그의 입놀림과 혀굴림은 실로 그 기술이 대단하였다. 그녀는 어느 사이에 절정에 이르러 몸부림치기 시작했고, 그도 이미 분출하고 있었다.

그의 분출액은 그녀의 목구멍 속으로 쭉쭉 쏟아져 들어갔다.

"이번엔 또 웬 홍수야!"

그녀가 웃으며 말했다.

마침내 그들은 솜처럼 지쳐서 침대 위에 나동그라졌다.

"배가 고프군. 뭐 좀 먹을 거 없어?"

한참 후 빈센트가 말했다.

"내가 마리에게 샌드위치를 만들라고 할께요. 사실은 나도 좀 배가 고파요."

그녀가 부엌으로 가서 보니 마리는 앉아서 책을 읽고 있었다.

"마리, 일어나서 샌드위치를 만들어 줘."

"네, 알았어요."

"식빵에 햄과 겨자, 버터, 그리고 상추를 넣어 만들어."

"상추가 깨끗하지 못한데요."

"그럼 깨끗이 씻으면 되잖아. 내가 월급을 주는데 그만한 것쯤은 해 줘야지."

그녀는 맥켄리가 자기에게 하는 말을 흉내내고 있었다.

"네, 알았어요. 샌드위치 말고 다른 건 필요없어요?"

"난 포도주, 그이에게는 맥주가 좋겠어."

캐럴라인은 부엌을 나오면서, 그녀에게 해고한다는 말을 미리 해 주어야겠다고 생각했다. 이제 남은 5천 달러로써 가정부 월급과 식비까지 부담하기는 곤란할 것이었다.

사실 가정부는 그녀에게 크게 도움도 되지 못했다. 그리고 형편이 이 지경에 이르렀으니 자신이 집안 일을 해도 어려운 처지이다. 차라리 누가 생활비만 준다면 자기가 직접 집안 일을 하는 것이 편안할 것 같았다.

✳

190

그러나 그녀가 한때나마 가정부까지 두고 살았다는 것은 흐뭇한 일임에 틀림없었다. 지금은 칵테일 바의 웨이트레스 같은 것은 생각하기조차 싫었다.

그녀는 침실로 돌아와서,

"샌드위치가 곧 들어와요. 마리가 맥주도 가져다 드릴 거예요, 손님."

하고 장난기 섞인 말투로 웨이트레스같이 말했다.

"좋았어. 어서 침대로 올라와."

"마리가 곧 들어온단 말야. 누구 망신 줄 일 있어? 시트나 덮고 누워 있어요!"

하고 그녀가 핀잔을 주었다.

뒤이어 마리가 노크하는 소리가 들렸다. 캐럴라인은 옷을 한번 훑어본 다음 그녀가 들어오도록 문을 열어주었다. 마리는 요리접시에 샌드위치와 음료수를 가지고 왔다.

"뭐 또 다른 건 필요없어요?"

"아니, 됐어. 오늘은. 그만하고 영화나 보러 가."

마리의 얼굴이 갑자기 밝아졌다. 그녀는 요리접시를 테이블 위에 놓고 방을 나갔다.

"난 마리가 저렇게 빨리 움직이는 건 오늘 처음 보았어."

하고 빈센트가 샌드위치를 먹으면서 말했다.

캐럴라인은 침대 옆에 털썩 앉아서 별로 식욕이 없는 듯 천천히 샌드위치를 씹고 있었다.

"왜 그래? 그 하원의원이 또 속을 썩여?"

하며 그는 걱정스러운 듯이 물었다.

"빈센트, 날 정말 사랑해?"

그녀가 불쑥 물었다.

"그럼, 사랑하구말구."

"증명해 보여줄 수 있겠어?"

"어떻게?"

"맥켄리를 죽여!"

"그게 무슨 소리야?"

빈센트의 눈이 휘둥그래졌다.

"아냐 그저 한번 해 본 소리야."

그녀는 화제를 바꾸어야겠다고 생각했다.

"아무래도 무슨 일이 있었군?"

"그런 게 아니래두."

그녀는 조용히 말했다.

캐럴라인은 지금 자기가 가지고 있는 녹음 테이프를 공개한다면 자기는 하루 아침에 전국적인 화제의 인물이 될 것이 분명했다. 그래서 빈센트에게는 말을 하지 않고 가만히 있는 것이 좋겠다고 생각했다.

그녀가 문제를 일으킨다면 상대방도 처음에는 가만히 있지 않을 것이고, 하다 못해 맞고소라도 해서 문제가 복잡해질 수도 있을 것이다.

빈센트는 맥주를 다 마신 다음 시계를 보더니 병원에 친구 병문안을 가야 한다며 자리에서 일어섰다. 그녀도 그를 더 이상 붙잡지 않았다. 그녀도 맥켄리 문제에 대해 많은 생각을 해보아야만 했다.

그가 떠난 후 캐럴라인은 다시 클로셋으로 가서 파일 캐비닛을 열고 일기장을 꺼내 가지고 왔다. 그녀는 빈센트가 왔을 때 읽었던 일기 부분을 펴고 다시 읽어 내려갔다.

일기장 속에는 항공권을 복사한 것이 있었다. 그것은 얼마 전 맥켄리와 함께 프랑스 파리에 갔을 때 맥켄리가 그녀에게 준 것이었다.

불현듯 그녀에게 이 문제를 어떤 방법으로 처리해야 할 것인지에 대한 좋은 생각이 떠올랐다. 그녀가 파리에서 돌아올 때 일어났던 어떤 특별한 일이 기억난 것이었다.

13
운명의 파리 여행

그녀와 맥켄리가 파리 여행에서 돌아올 때였다. 그들은 사람들의 이목이 두려워 같은 일등석이지만 저만큼 거리를 두고 따로 떨어져 앉아 있었다. 그때 그녀의 좌석 옆에는 젊은 두 남녀가 나란히 앉아 뭔가 열심히 이야기를 나누고 있었다.

그들은 워싱턴 해럴드 신문의 기자들로서, 둘 다 푸른 눈에 금발이었는데, 아마도 연인 사이인 듯했다.

맥켄리는 깜빡 잠이 든 듯 시트에 깊숙히 앉아 있었다. 캐럴라인이 그들과 간단한 인사를 나누었을 때 마침 기내 서비스가 나왔다. 그들은 술을 들면서 화제가 워싱턴 정가의 가십성 이야기로 옮아갔다.

캐럴라인은 이들이 아무리 기자로서 많이 알고 있다고 해도 자기만큼 정계 거물들의 생활 이면은 알지 못하고 있음을 느낄 수 있었다.

"워싱턴이란 참 묘한 곳이죠. 밤과 낮이 다르고 안과 밖이 다르니까요. 난 그런 이중성을 지켜보면서 때로는 기뻐하기도 하고 슬퍼하기도 하죠."

캐럴라인은 콧노래를 부르듯 혼자 중얼거렸다.

워싱톤 해럴드의 홉킨스 기자는 캐럴라인이 언뜻 던지는 말에 뼈가 있음을 알아차리고 넌지시 떠보았다.

"그걸 책으로 한번 써 보면 어떨까요?"

"책요? 내가 책을 쓸 수 있을까요?"

"물론이죠. 당신은 얼마든지 쓸 수 있습니다."

홉킨스가 부추켜 주자 캐럴라인은 신이 났다.

그녀는 관련자들의 이름은 구체적으로 밝히지 않았지만 상·하 의원들의 성관계 및 비행들을 비교적 자세하게 말해 주었다. 아무리 그녀가 술이 좀 취했다 하더라도 그 말 내용에는 다분히 근거가 있는 듯싶었다.

정보에 기민한 기자로서 그녀의 이야기가 심상치 않음을 감지한 그들은 캐럴라인에게,

"조금 전 말씀드린 책 문제도 상의할 겸 내일 점심을 같이하면 어떨까요?"

하고 제의했다.

"좋아요. 내일은 마침 별다른 스케줄이 없으니 잘 됐군요."

캐럴라인은 다소 우쭐해서 말했다.

"감사합니다."

기자들은 캐럴라인의 수락을 몹시 기뻐했다.

그러지 않아도 이들 기자들은 마침 신문에 고정 가십란을 두고 정계와 재계의 이면을 파헤치는 기사를 취재 중에 있었다. 비록 사건 내용의 실명이 밝혀지지는 않았지만, 이 기사로 인해 그들은 명성과 승급을 한꺼번에 얻을 수 있는 좋은 기회가 될 수 있을 것으로 믿었다.

캐럴라인이 조금 취한 듯 붉어진 얼굴로 화장실로 갔다. 그 사이에 두 기자들은 앞으로의 계획에 대해 열심히 의논을 하고 있었다.

"우선 무엇보다도 실명을 알아내야 돼. 그리고 그 여자의 말 가운데는 다소 과장된 부분도 있는 것 같아. 하지만 그 여자가 상당히 많은 사실을 알고 있는 것만은 확실해. 그러니까 그 여자의 입에서 실명만 이끌어 낸다면 이는 특종임에 틀림없어."
라고 남자 기자인 홉킨스가 말했다.

"나도 그 말에 전적으로 동감이예요. 그 여자는 풍문으로 들은 정보를 수집해서 이야기를 그럴듯하게 만들어낼 만큼 지능적이지는 못한 것 같더군요. 그러니까 그녀의 말은 사실이거나 최소한 사실에 가까운 것인지도 몰라요."
하고 메리안느가 말했다.

그때 맥켄리는 잔뜩 화가 나 있었다. 깜빡 잠이 든 사이에 캐럴라인이 다른 사람들과 ─ 그것도 워싱턴 해럴드의 기자들과 노닥거리고 있다니 기가 막힐 노릇이었다.

그렇다고 점잖치 못하게 당장 쫓아가서 잡아끌고 올 수도 없는 일이었다. 그러다간 오히려 눈치빠른 기자들에게 꼬리가 잡힐지

❀

196

도 모를 일이었다.

그는 캐럴라인이 일어나 화장실로 가는 것을 보고 조금 사이를 두었다가 뒤따라 나갔다. 그는 짙은 선글라스를 끼고 그녀의 뒤를 따라 보잉 747기의 일등실 계단 옆에 있는 화장실로 그녀를 찾으러 갔다.

해럴드 기자들은 캐럴라인이 말한 내용을 분석하는 한편, 앞으로의 취재 활동에 대한 세부 계획을 논의하느라 여념이 없었다. 그래서 맥켄리가 화장실로 급히 캐럴라인을 따라가는 것도 알지 못했다.

맥켄리는 어느 화장실에 캐럴라인이 들어가 있는지 알 수가 없었다. 그래서 그녀가 즐겨 쓰는 셸리머 향수 냄새가 나는 곳을 찾아서 화장실 문을 두드렸다.

"잠깐만 기다리세요."

틀림없는 그녀의 목소리였다. 맥켄리는 나지막한 소리로,

"캐럴라인, 나야, 맥켄리."

하고 문틈으로 말했다.

문은 곧 열렸다. 그녀는 그를 보자 깜짝 놀랐다. 그는 대뜸 그녀를 밀치며 화장실로 들어가 문을 안에서 잠궈버렸다.

"도대체 기자들과 무슨 이야기를 했어?"

그는 그녀를 노려보며 물었다.

"난 그들이 기자인 줄 몰랐어요."

그녀는 순진한 척 말했다.

"그래, 무슨 이야기를 했느냐고?"

"뭐 파티 이야기, 의상 이야기… 그리고 의원님들의 가십에 관

한 얘기들이었어요."

"의원들의 가십?"

"네."

"그렇다면 내 이름도 말했어?"

"물론 안 했죠, 맥켄리. 내가 그렇게 멍청한 줄 아세요?"

"앞으로 술은 너무 마시지 마. 술에 취해서 쓸데없는 말을 하게 되니까. 자리를 바꾸거나 대화의 주제를 바꾸도록 해. 당신은 비서로서 워싱턴에서 근무하지 않는 거야. 무슨 말인지 알지? 당신, 혹시 비서로 근무한다고 말했어?"

"아뇨."

그녀는 또 거짓말을 했다.

"어쩌다 기자들과 같이 앉아서 대화를 나누게 되었어?"

"염려마세요, 맥켄리. 절대 헛소리는 하지 않을게요."

"물론 당연히 그래야지. 쓸데없는 말을 하면 손해는 당신이 보게 되는 거야. 캐럴라인, 만일 신문사에서 우리의 관계를 알게 된다면, 당신과 나는 둘 다 틀림없이 지금의 위치에서 곤두박질치고 말게 될 거야."

"알았어요."

하고 그녀는 토라져서 말하고는 고개를 숙였다.

맥켄리는 그런 캐럴라인을 보며,

"미안해. 당신을 화나게 하려고 한 건 아니야. 문제는 당신이 대화의 상대를 잘 알고 해야 한다는 거야. 그들은 조심해야 할 기자들이거든. 염려가 되어서 내가 달려온 거야."

하고 달랬다.

그녀는 금방 울음이라도 터뜨리려는 듯이 보이게 했다. 그녀에게는 눈이 안개에 젖은 듯하게 만드는 특별한 능력이 있으며, 어린애가 겁에 질려 울기 직전의 표정 연출을 멋지게 잘 해내는 재주를 갖고 있었다.

　맥켄리는 그녀를 너무 몰아세운 것이 미안하게 느껴졌다. 그는 그녀의 등을 쓰다듬으며 그녀를 꼭 껴안아 주었다.

　"캐럴라인, 울지 마. 그럴 필요까진 없어. 난 그저 위험하다고 생각해서 제때에 달려와 경고를 했을 뿐이야. 자, 가서 자리에 앉아 그들과 이야기해요. 하지만 말에 조심은 해야 해요."

　"알았어요, 맥켄리."

　그녀는 속으로 웃었다. 그녀의 멋드러진 연극으로 위기에서 쉽게 벗어났으나 웃음이 나오지 않을 수 없었다.

　그녀는 슬그머니 손을 맥켄리의 아랫도리로 내려 손바닥으로 슬슬 쓰다듬어 주면서,

　"당신이 내게 그토록 충고해 주었으니 앞으로 잘 할께요."
하고 어린 소녀처럼 응석을 부렸다.

　그녀는 바지의 지퍼를 찾아 아래로 죽 내리고는 손을 바지 속으로 집어넣고 더듬어 보았다. 그녀의 부드럽고 따뜻한 손이 그의 남성을 찾아내자 그것을 움켜잡고 조물락거리기 시작했다.

　그러자 맥켄리는 야릇한 기분이 되면서 순식간에 그것이 불끈 일어섰다. 그는 허리띠를 풀고 팬츠를 벗은 다음 구두까지 벗어던졌다.

　"그런데 내가 어느 화장실에 있는지 어떻게 알았어요?"

　그녀가 궁금한 듯이 물었다.

"간단하지. 셸리머 향수 냄새가 열쇠였어."

하고 자랑스러운 듯이 그가 말했다.

'옳아, 앞으론 향수를 조심해야겠군.'

그녀는 마음 속으로 생각했다.

그녀는 드레스를 벗어 화장실문 안쪽의 옷걸이에 걸었다. 신과 팬티도 벗었다. 맥켄리는 그의 양팔로 그녀의 허리를 감아 안고 그의 남성을 그녀의 숲에 대고 마구 비볐다.

그가 힘을 주어 그것을 그 속에 밀어넣으려 했으나 그녀의 숲 속이 너무도 말라서 잘 들어가지 않았다. 그는 그녀를 변기 뚜껑 위에 올라서게 하였다. 그녀가 변기 위에 올라서서 다리를 벌리자 넘어질 듯 뒤뚱거렸다.

그녀가 전등 장치를 붙들고 겨우 균형을 잡고 서자 그는 혀를 그녀의 숲속으로 넣고 거칠게 애무했다. 셸리머 향수를 그곳에도 뿌렸는지 냄새가 역했지만 그는 꾹 참고 애무를 계속했다.

이윽고 그녀의 그곳에서 쥬스가 흘러나오기 시작하자 그는 그녀를 변기에서 내려오게 했다.

"이제부터 어떻게 해야 돼죠?"

그녀는 순진한 처녀처럼 물었다.

"내가 여기에 앉을 테니까 당신이 다리를 벌리고 내 다리 위에 앉아."

맥켄리는 변기 위에 앉고 그녀의 숲속을 자신의 남성 위에 조준하여 앉았다. 그의 남성이 그녀의 숲속으로 스르르 미끄러져 들어갔다.

"야아, 역시 별다른 방법엔 별다른 맛이 있군. 내가 이 방법을 오늘 아침에 써보려고 했는데, 우리가 너무 늦게 일어났는 데다 가 당신은 짐도 꾸리지 않았기 때문에 못했단 말야."

하고 맥켄리가 말했다.

"쉿, 조용히 해요. 남이 듣겠어요."

캐럴라인이 손가락으로 그의 입을 막았다.

"음, 그렇군."

맥켄리는 어린아이처럼 입을 꼭 다물었다.

그는 캐럴라인의 몸을 들어올렸다 내렸다 하였고, 그에 따라 그의 남성은 그녀의 몸속을 빠르게 들락거렸다. 그녀는 눈을 감고 자신이 지금 젊은 남자 기자 흡킨스와 함께 즐기고 있는 것으로 상상하고 있었다.

사실 이번의 파리 여행은 캐럴라인에게는 신나는 것이었다. 그녀는 조지라는 남자의 명의로 된 방에 투숙하였는데, 맥켄리 의원은 주로 경제 분야 관계자들과의 접촉으로 바빴다.

그 사이에 캐럴라인은 상점가를 거닐며 유명 디자이너의 옷을 사기도 하고, 밤에는 맥켄리와 같이 관광 코스를 돌면서 유명한 밤의 명소인 무랑루주, 폴리스 베르게르, 리도 등에 가서 즐기기도 했다.

그녀로서 이번 여행 중 한 가지 곤란했던 것은 너무 영양분 많은 음식이었다. 여행중 그녀는 무려 3파운드나 체중이 늘었던 것이다.

그녀가 맥켄리의 허벅지 위에 앉아 위아래로 율동하고 있을 때 거울에 비친 자신의 허리를 보고 깜짝 놀랐다. 그녀는 당장 내일부터 다이어트를 하기로 결심했다.

✳

"으음..."

드디어 맥켄리는 나직하게 신음소리를 내면서 분출하기 시작했다. 그의 뜨거운 크림은 그녀의 몸속으로 발사되었으며, 그녀는 남자의 자존심을 생각해서 자신도 오르가슴에 도달한 것처럼 거짓으로 격정을 못 참아 몸부림치는 척하였다.

정사를 마친 후 맥켄리가 옷을 입고 있는 동안 그녀는 문틈으로 바깥의 동정을 살펴보았다. 아무도 없는 것을 확인하고 그를 먼저 나가게 했다. 그는 화장실을 나가면서 손가락을 입에 대고,

"신문 기자를 조심해."

하고 다시 한 번 경고하는 것을 잊지 않았다.

그녀는 몸을 간단히 씻은 다음 드레스를 입고 향수까지 뿌린 후 그녀의 자리로 돌아왔다.

"우리는 당신이 다른 자리로 가서 휴식을 취하시는 줄 알았어요."

홉킨스 기자가 말했다.

"오, 이층 바에 갔다가 아는 사람을 만나서 이야기를 좀 나누었어요."

"그가 누군데요? 혹시 워싱턴에서 오신 분이신가요?"

메리안느 기자가 물었다.

"아뇨, 벌티모어에서 온 나의 옛 친구였어요."

라고 캐럴라인이 말했다.

"우리는 당신을 위해서 술을 주문했어요."

홉킨스가 말했다.

캐럴라인은 마티니(위스키의 일종)을 들고 천천히 마셨다. 그

러나 술을 자제해서 또다시 취하지는 말아야겠다고 자신을 경계하였다.

사실 화장실에서 벌인 맥켄리와의 정사는 그녀로 하여금 술에서 깨어나게 해 주었다. 그래서인지 지금 그녀의 정신은 한결 또렷했다.

그녀는 무슨 이유를 들어서라도 그들과의 점심 약속을 취소해야만 했다. 공연히 문제를 일으켜 구설수에 오르기 싫었다.

그런데 혹시 그들이 화장실에서 맥켄리와 만난 것을 안다면 어떻게 하나 싶어 지금 당장 취소하기는 어려울 것으로 생각되었다. 그래서 그녀는 일단 내일까지 기다려 보기로 결심했다.

그녀가 어깨 너머로 슬쩍 보니 맥켄리는 그의 얼굴을 비행기 창문 쪽으로 돌리고 자는 척하고 있었다. 기자들의 눈에 그의 얼굴이 띄지 않도록 하기 위해서임이 분명했다. 그녀는 속으로 절로 웃음이 나왔다.

비행기가 워싱턴에 도착하자 기자들은 그녀에게 같이 내리자고 했다. 두 기자가 캐럴라인과 말하고 있을 때 맥켄리는 그들의 눈을 피해 먼저 빠져나가 버렸다.

그날 저녁 맥켄리는 캐럴라인에게 전화를 걸어서,

"그들을 나로부터 멀리 따돌려 준 건 아주 잘한 일이야. 그에 대한 상으로 좋은 선물을 하나 사주겠어."

하고 칭찬해 주었다.

캐럴라인은 다음날 아침 늦게 잠에서 깨어났기 때문에 워싱턴 해럴드의 두 기자들에게 전화도 걸지 못했다. 두 젊은 기자들은 샌 사우시 레스토랑에서 캐럴라인이 나타나지 않음을 보고 크게 실망했다.

그러나 그들은 집요했다. 오후 늦게 메리안느 기자가 캐럴라인의 비등록 전화번호를 알아내어 그녀의 집으로 전화를 걸었다.

가정부 마리가 전화를 건네주자 캐럴라인은,

"전 해외 여행에 따른 시차 적응을 잘 못해서 수면제를 먹고 오후까지 자는 바람에 점심 약속을 지키지 못했어요. 미안합니다."

하고 거짓말로 얼버무리며 전화를 끊으려 하자 여기자는 당황해하며,

"그럼 언제쯤이 좋겠어요? 당신이 편리한 시간이면 우린 언제라도 좋습니다."

하고 다시 점심 약속을 제의했다. 그러나 캐럴라인은 모호하게,

"좀 한가해지면 신문사로 전화를 걸겠어요."

하고 대답했다. 여기자는 울상을 짓다 말고 갑자기 활짝 웃었다.

"무엇 때문에 그렇게 웃죠? 그 여자가 나온대요?"

홉킨스 기자가 물었다.

"아뇨. 그 여자가 시차니 수면제니 하면서 엉뚱한 소리만 한단 말예요. 나는 그게 이상해요."

"뭐가요?"

"내 생각으론 그 비행기의 탑승자 명단을 얻어와야 할 것 같군요. 이건 뭐라고 표현해야 하나… 아마도 여자의 직감, 맞아요 직감이예요. 난 캐럴라인 잭슨의 애인이 틀림없이 그 비행기에 탑승했을 거라고 믿어요. 우린 그녀에게 부단히 시선을 주는 사람, 그리고 우리를 의식적으로 피하려 했던 사람을 그때 찾았어

야 했어요.”

“그럼 그는 우리를 알고 있었다는 말이에요?”

홉킨스가 어리둥절하여 물었다.

“그래요. 분명히 알고 있었어요.”

홉킨스는 TWA의 친구에게 전화를 걸어 그날 그 비행기의 탑승자 명단을 알아달라고 했다. 그 결과 제임스 맥켄리 하원의원이 그 비행기에 탑승했었음이 확인되었다.

“이건 정말 깜짝 놀랄 일이예요. 우린 그를 전혀 보지도 못했는데…”

하고 메리안느가 환호성을 질렀다. 그녀는 이어서,

“그러나 그것만으로 맥켄리 의원이 그녀의 애인이라고 단정할 수야 없겠죠. 우리가 사실 여부를 확인해 봐야겠어요.”

하고 신중한 태도를 보였다.

“그야 물론이죠. 그리고 이건 뭐 큰 기사거리도 못될 것 같아요. 다만 가십란의 에피소드 정도밖에는 별 가치가 없다고 생각돼요. 말하자면 독신인 맥켄리 의원이 애인 하나쯤 가진 거야 그리 문제될 건 없잖아요.”

“난 그녀의 항공료를 누가 지불했는지 그게 궁금해요. 당신은 그녀가 입은 드레스를 보셨어요?”

메리엔느가 눈을 깜빡이며 물었다.

“아니, 난 자세히 기억을 못하겠는데요.”

“그녀가 입은 드레스는 이브 생 로랑의 오리지널 의상입니다. 그 가격은 나의 한 달 월급으로도 못 살 정도로 비싼 거예요.”

홉킨스는 입을 벌리고 그녀의 말을 듣고 있었다.

"내가 알기로는 맥켄리 의원이 돈에는 매우 짠 편이라고 들었어요. 그런 그가 자기 돈을 들여서 그런 걸 사주면서 관계를 맺지는 못할 것으로 보여요. 그러면 어떤 특단의 조치, 즉 공금으로 그렇게 하고 있지 않나 하는 의심이 가요. 우리는 납세자입니다. 그런 측면에서 사실 규명은 꼭 필요하다고 생각해요."

"당신의 열변은 아주 감동적이었어요."

홉킨스가 감탄하며 메리안느를 칭찬했다.

두 기자는 맥켄리 의원의 뒤를 파보기로 했다. 그런데 그의 꼬리는 의외로 쉽게 잡혔다. 놀랍게도 그는 캐럴라인의 집을 일주일에 한두 번씩 방문하고 있으며, 그것도 언제나 혼자 가지는 않았다.

그들은 날짜별로 방문자를 기록해 나갔다. 그후에도 몇 번 캐럴라인에게 점심 약속을 요청했으나 그녀는 번번이 어떤 이유를 대면서 거절했다. 그래서 그것은 아예 포기하고 말았다.

두 기자는 캐럴라인이나 맥켄리, 심지어는 의사당에 관한 가십은 일체 신문에 게재하지 않았다. 그 이유는 이 문제가 언젠가는 크게 사건화될 가능성이 높기 때문이었다.

따라서 지금 섣불리 이에 대한 가십 같은 것을 싣게 되면 오히려 상대편으로 하여금 경계하게 되어 폭로 기사의 폭발성이 반감될 수도 있기 때문이었다.

그래서 그들은 보다 장기적인 계획 아래 문제의 인물들에 대한 추적과 자료 수집을 은밀히 계속하고 있었다.

14
여자의 칼

캐럴라인이 맥켄리와의 파리 여행 항공권 복사물을 보다가 문제 해결의 실마리는 바로 그 젊은 두 기자를 통해서 찾을 수 있 겠다는 생각이 들었다. 그들이라면 오늘의 이 어렵고 괴로운 그 녀의 문제를 푸는 데 큰 도움이 될 것 같았다.

그 동안에도 그들은 끈질기게 자신과 만나자고 하지 않았던가. 그때마다 그녀는 그들의 요청을 거절했었다.

그러나 지금은 사정이 다르다. 그때는 맥켄리와 그런대로 남부 럽지 않은 생활을 할 때였지만, 지금은 모든 관계가 끝나고 자신 은 해고 상태가 아닌가.

그녀는 그 기자들을 만나보기로 결심했다. 그러나 한편 이 일 은 신중하게 처리하는 것이 좋겠다 싶어 좀더 시간을 두고 생각해 보기로 마음을 바꾸었다.

그녀는 보던 일기장을 다시 제자리에 갖다놓고 불을 끈 후 혼자 누워서 잠들 때까지 앞으로의 일을 곰곰 생각했다.

다음날 아침 그녀는 샤워를 하고 식사를 한 다음 베이지색 드레스와 그에 어울리는 모자를 골라 쓰고 외출을 했다.

먼저 그녀는 택시를 타고 맥켄리의 거래 은행으로 가서 그가 준 5천 달러짜리 수표를 현금으로 인출한 다음 그의 하원의원 사무실로 찾아갔다.

미스 펠드는 캐럴라인이 당당하게 사무실로 걸어 들어오는 것을 보고 깜짝 놀랐다.

"나는 하원의원님을 만나려고 해요."

하고 그녀는 말했다.

"그분과 약속이 되어 있습니까, 미스 잭슨?"

하고 비서는 차디찬 시선으로 그녀를 보며 물었다.

"비서로서 센스가 좀 더딘 편이군요. 그는 반드시 나를 만날 거예요. 그게 그에게 좋을 거니까요."

미스 펠드는 심상치 않은 분위기를 느꼈던지 인터폰으로 맥켄리 의원에게 보고했다.

"미스 잭슨이 여기 와 있습니다, 의원님."

맥켄리는 그의 의자에서 벌떡 일어나며,

"누가 왔다구?"

하고 소리쳤다.

"미스 잭슨이 사무실에 와서 지금 의원님을 직접 만나뵙겠다고 합니다."

"잠깐만 기다리라고 해요."

맥켄리는 그때 그의 약혼녀인 페니 필립스와 전화를 하고 있던 중이었다.

"미안해요, 내가 지금 급히 어디 좀 나가야만 해요. 예기치 못한 손님이 와서…"

"전 괜찮아요. 그런데 우리들의 결혼 리셉션 계획은 어떻게 생각해요?"

"난 모든 걸 당신에게 일임하겠어요."

그는 전화기를 놓기 전에 수화기에 크게 키스하는 소리를 냈다. 그리고는 인터폰으로 비서인 미스 펠드에게,

"미스 잭슨을 들어오라고 해요."

라고 점잖게 말했다.

맥켄리는 나가서 그의 방문을 열어 주고 그녀를 들어오게 했다. 그는 문을 닫자마자,

"도대체 어쩌자고 이곳에 왔어?"

하고 노한 얼굴로 물었다.

캐럴라인은 값비싼 고급 가죽의자 위에 앉아 옷 매무새를 단정히 하며,

"아니, 옛 친구를 보러 이렇게 온 게 뭐 잘못되었나요?"

하고 그녀는 상냥하게 물었다.

"캐럴라인, 그게 무슨 뜻이지? 하원의원 사무실이 그냥 아무 용건도 없이 방문하는 곳은 아니잖아? 이곳을 잘못 왔는지도 잘 알고 있을 텐데…"

"당신에게 청혼하러 왔어요."

"억지부리지 마."

"그게 왜 억지죠?"

"꼭 그 이유를 들어야겠어?"

"듣고 싶어요."

"당신은 좋게 말해서 노는 여자니까 당신에겐 건달이나 어울려."

"하원의원의 부인도 씨가 있나요?"

"물론 있지. 당신이 만일 하원의원의 부인이 됐다고 가정해 봐. 당신 따위가 그걸 감당할 수 있다고 생각해?"

"배우면 돼잖아요?"

"그 동안의 내 인생은 어떻게 하고?"

"사랑으로 보상받으면 안 되나요?"

"가난한 여자의 흔해빠진 사랑으로? 어림도 없는 소리!"

"모욕이 심하군요."

"그러니까 당신 분수를 알고 날뛰지 마. 약자는 항상 강자에게 모욕을 느끼게 돼 있어."

"난 억울해요."

"억울하더라도 참아야 해. 그게 당신에겐 최선의 방법이야. 약자의 미덕은 참는 거라구. 약자가 참지 못하면 다치는 일밖에 없어."

"난 다쳐도 좋아요."

"좋게 말할 때 여기서 조용히 나가."

"그리고 오늘 조간 신문을 보니 내일 당신의 결혼 리셉션을 위해 당신의 꼬마 신부 페니 아가씨가 오늘 워싱턴에 온다더군요.

내가 그 리셉션에 가지 않는다면 예의에 어긋날 것 같아 참석하려고 해요. 그런데 유감스럽게도 의원님께서 저를 초대하시지 않으셨더군요."

그는 그녀를 경멸하는 눈초리로 내려다보았다.

"그래서 나와 또 무슨 장난을 하겠다고 이러는 거지? 리셉션 초대? 그 무슨 얼토당토 않는 말을!"

"내가 그렇게 부끄러운 존재인가요?"

그녀는 몹시 슬픈 듯이 물었다.

"도대체 무슨 말을 또 하려고 이러는 거요? 우리 사이는 이제 모든 게 다 끝났다고 말하지 않았소. 그런데 왜 자꾸 이러는 거요?"

"사람의 관계가—더구나 섹스까지 나눈 남녀관계에서 어느 한쪽의 일방적인 선언으로 그 관계가 끝날 수 있을까요? 최소한의 설득 과정을 통해 쌍방의 합의로 끝내는 것이 순리가 아니겠어요? 이건 합의가 아닌 일방적인 선언이고 설득이 아닌 우격다짐이예요. 난 받아들일 수 없어요."

"캐럴라인, 난 결혼해요. 결혼을 하는 이 마당에 옛 여자친구와 관계를 계속한다는 건 어렵지 않겠소. 더구나 우리 관계를 알고 있는 페니가 그걸 좋아하지 않을 건 뻔한 일이 아니오?"

그는 그녀를 설득하려고 안간힘을 썼다.

"그렇다면 그 여자만 제일인가요? 그 여자가 좋아하든 말든 내가 알 바는 아니예요. 난 참석할 거예요. 그리고 당신의 결혼도 나를 위한 건 아니잖아요?"

"만약 당신이 그렇게 한다면 나는 수위에게 당신을 밖으로 쫓

아내라고 하겠소."

"뭐? 당신이 감히 나를!"

그녀는 앉은 자리에서 벌떡 일어나 분노로 몸을 떨었다.

"당신같이 예쁜 여자는 나같은 사람은 곧 잊게 될 거라고 난 믿어요. 조금만 지내봐요. 내 말이 맞을 것이오. 자, 이젠 나가주겠어요? 난 할일이 좀 많아요."

"할일이 많다구요? 나도 할일이 있어요. 지난 번 파리 여행 때 내가 만난 기자들을 기억하시죠?"

"그래, 그들이 어쨌단 말이오?"

맥켄리는 짐짓 모르는 척하고 물었다.

"내가 그들에게 전화를 걸어서 점심 식사 약속을 할까 해요. 그들은 내가 알고 있는 많은 일들에 대해서 큰 관심을 갖고 있거든요."

"당신이 만일 그런다면 나는…"

맥켄리는 격노한 듯 말을 채 잇지도 못했다.

"당신이 뭘 어떻게 한다고요?"

그녀는 계속 깐죽였다.

"어떤 여자건, 아니 남자도 마찬가지야. 나를 그렇게 할 수는 없어. 그러면 그가 당장 죽게 되니까."

그의 얼굴은 격노로 흉하게 일그러져 있었다. 그녀는 지금까지 그가 그렇게 화가 난 것은 처음 보았다.

"제발 화내지 마세요, 맥켄리. 그렇게 화를 내서 좋을 건 하나도 없어요."

"지금 날 계속 놀릴 참이야?"

"나도 화낼 줄 알아요. 그리고 나도 당신을 죽일 수 있어요."

"뭐라고?"

"난 지금 죽어도 이 세상에 아까울 게 없고 미련둘 게 아무것도 없어요."

그건 사실 그랬다. 그녀는 그렇게 말하면서 스스로 그러한 사실을 확인하고 있었다.

"이건 완전히 협박이군."

맥켄리는 한풀 꺾이는 듯했다. 그녀는 계속했다.

"그러나 당신은 최소한 나보다는 더 죽기 싫을 걸요. 당신이 죽으면 너무도 많은 걸 잃게 될 테니까…"

"하지만 난 죽지 않아!"

"아니예요, 미국의 꿈이었던 케네디 대통령도 죽었고 일본의 역사(力士) 역도산도 죽었어요."

"웃기지 마. 난 한다면 하는 합중국의 불사조야. 이 도시에는 내 사람들이 요소 요소에 박혀 다 제 몫들을 하고 있단 말야. 만약 당신이 섣불리 혀를 놀린다면 당신은 그날로 우리의 덫에 걸리는 사람이 되는 거야. 덫에 걸리고는 결코 살아남지 못해. 그리고 나를 끝까지 매장시킨다면 반드시 당신을 죽이는 사람이 나타날 거야. 이 말을 꼭 명심해!"

"당신은 지금 허세를 부리고 있어요. 당신은 아마도 사람을 때리거나 죽이는 짓은 하지 못할 거라고 생각되는데요."

그녀는 계속 이죽거렸다.

"한번 덫에 걸려들어서 당해 봐야 내가 말한 뜻을 알게 될 거야. 그땐 후회해도 늦어. 당신이 유명인이라도 된다면 모를까, 지

금 상태론 당신은 완전히 파리 목숨이야. 순식간에 사라지고 말
아. 자, 이젠 여러 소리 말고 어서 꺼져!"

그는 그녀를 문쪽으로 밀어냈다. 그녀는 홱 돌아서서 그의 뺨
을 후려쳤다.

"나쁜 자식!"

그러자 그는 캐럴라인을 벽으로 거칠게 밀어부친 다음, 그녀의
뺨을 네번이나 번개같이 계속 내려쳤다. 그녀의 뺨은 얼얼하게
달아올랐으며 그녀의 눈에서는 눈물이 흘러내렸다.

"당신, 나에게 계속 이런 수작하면 오늘 당장 아파트에서 내쫓
게 하고 수표도 은행에 지불정지를 통고할 거야!"

"수표는 벌써 은행에서 현금으로 인출한 걸요."
하고 그녀가 목쉰 소리로 말했다.

"그리고 테이프와 일기장도 은행의 안전금고 속에 잘 들어 있
어요."

"테이프? 그건 또 무슨 소리야?"

"그 동안 내가 녹음해 놓은 모든 테이프죠. 당신과 나, 그리고
당신 친구들의 사랑놀음…"

"무슨 소린지 난 도저히 믿을 수가 없군."

"믿지 않아도 돼요. 내일 조간 신문을 보면 저절로 믿게 될 테
니깐요. 머리 좋은 당신도 오늘이 당신과의 마지막 담판의 날이
란 걸 몰랐군요. 나로선 슬픈 날이죠. 그런데 마지막이란 말은 중
요해요. 당신이 날 조금만 진심으로 위로해 주었어도 난 울었을
거예요. 그리고 조용히 내 갈길을 갔을지도 몰라요. 사실은 나도
남자를 버려보았거든요. 난 나를 잘 알아요."

잠시 비감에 젖었던 캐럴라인은 벌떡 일어나 문을 발로 차고 빠른 걸음으로 나왔다.

미스 펠드 비서가 지금까지는 그녀를 항상 경멸했었지만 오늘은 캐럴라인이 펠드에게,

"미스 올드, 당신도 곧 그 직책에서 그만두게 될 거예요. 남자 하나 유혹할 줄 모르는 가련한 노처녀 아가씨."

하고 조롱하며 총총히 맥켄리 의원 사무실을 걸어나왔다.

15
덫에 걸린 여우

맥켄리 의원 사무실을 나온 캐럴라인은 길 건너편에 있는 공
중전화 부스로 들어갔다. 그녀는 마음을 가라앉히고 워싱턴 해럴
드 신문사에 전화를 걸어 메리안느 클렌 기자나 홉킨스 월레스
기자를 찾았다.

마침 메리안느 기자가 전화를 받았다. 그녀가 캐럴라인을 알아
보고 반갑게 인사를 하자 캐럴라인은 전화기에 대고 대뜸 울기부
터 시작했다.

"메리안느, 도와주세요. 난 지금 생명의 위협을 느끼고 있어
요. 맥켄리 하원의원이 나를 죽인다고 협박하고 있습니다."
하고 그녀는 울먹이는 소리로 말했다.

"잠깐만요, 대체 무슨 일인지 차분하게 처음부터 다시 말씀해

주세요."

"난 지금 당신에게 말할 준비가 되어 있어요. 오늘 점심 약속 있으세요?"

"오늘은 바빠서 꼼짝도 못하겠군요. 내일은 어떨까요?"

"난 내일은 말할 수 없을지도 몰라요."

"좋습니다, 내가 다른 사람과의 점심 약속을 취소하고 가겠습니다. 홉킨스 기자와 함께 가도 괜찮을까요?"

"좋아요, 그도 내가 하는 이야기를 들어주었으면 좋겠어요."

"그럼 헤이 아람 호텔에서 만나기로 하죠. 호텔의 위치는 알고 계시죠?"

"바로 이 근처에 있는 거죠?"

"네, 16번가와 H스트리트가 접하는 곳에 있어요. 30분 후에 호텔 식당에서 뵙겠습니다."

"감사합니다."

하며 캐럴라인은 울음을 멈추었다.

그녀는 전화기를 내려놓으면서 회심의 미소를 지었다.

"흥! 맥켄리, 어디 두고 보라지."

캐럴라인이 호텔 식당에 먼저 도착했다. 그녀는 메리안느 기자가 전화로 예약한 테이블로 안내되었다. 호텔에는 의외로 손님들이 많았다. 그들은 큰 소리로 떠들어 대며 열심히 먹고 있었다.

"잘도 먹어대는군."

그녀는 공연히 그들에게 심통이 났다.

두 기자가 도착했을 때 캐럴라인은 마티니를 주문하고 메뉴를 훑어보고 있었다. 캐럴라인은 그들이 자리에 앉자 지금 자기가 얼마나 협박과 고통에 시달리고 있는가를 보여주려고 애를 썼다.

홉킨스 기자가 말했다.

"먼저 식사를 하고 난 다음에 천천히 듣기로 하죠."

"난 지금 너무도 몸이 떨려서 아무것도 먹을 수가 없을 것 같아요."

캐럴라인은 거짓말을 했다. 사실 그녀는 지금 몹시 시장하여 통돼지라도 혼자 다 먹고 싶은 심정이었다.

"난 그래서 간단한 생선류로 하겠어요."

웨이터가 주문을 받고 가자 홉킨스 기자가,

"말씀하실 내용이 무엇인가요?"

하고 차분한 어조로 물었다.

캐럴라인은 다시 또 눈에 눈물을 글썽거리면서 맥켄리 의원과의 관계를 말하기 시작했다.

두 기자는 묵묵히 그녀의 기괴한 이야기를 듣고 있었으며, 메리안느 기자의 핸드백에 있는 녹음기는 그녀의 말을 빠짐없이 녹음하고 있었다.

"말씀을 정리한다면 당신은 년 2만5천 달러의 급료를 받으면서도 아무 일도 하지 않고 다만 맥켄리 의원의 섹스 대상으로만 있었다는 말씀이군요?"

"맥켄리 의원뿐만 아니라 그밖의 그의 지역구 유지들과 상·하 의원, 재계 사업가들도 있었어요."

하며 캐럴라인은 코를 훌쩍였다.

"그런데 어떻게 해서 지금 저희들에게 오시게 되었죠?"

"그가 갑자기 우리의 관계를 청산했어요, 어젯밤에요. 그는 한

달 이내에 아파트에서 나가라고 하면서 5천 달러짜리 수표를 주더군요. 아시는 바와 같이 그가 결혼을 하게 된대요."

하고 그녀가 대답했다.

"네, 그건 저희도 알아요. 우리가 그 리셉션을 취재할 계획입니다. 그럼 지금 저희에게 들려준 이 사실을 증명할 만한 증거 자료는 있나요?"

캐럴라인은 녹음 테이프와 관계자 이름을 기록한 일기장과 여행 때 사용한 비행기표 복사물을 가지고 있다고 설명했다.

"수표는요?"

"그건 이미 현금으로 인출했어요. 그리고 인출 직전에 수표를 복사해 두었습니다."

하고 그녀는 자랑스럽게 대답했다.

"당신 말에 의하면 그가 협박을 한다고 했는데?"

홉킨스가 물었다.

"네, 그래요. 그는 말하기를, 만약 내가 그에게 문제를 일으키게 한다면 죽여버리겠다고 했어요."

"정말이예요? 그 말을 녹음하지는 않으셨나요?"

하고 메리안느가 물었다.

캐럴라인은 머리를 흔들었다.

"아뇨, 내가 오늘 아침 그의 사무실에 갔었거든요."

조금 있다가 웨이터가 음식을 가지고 왔다. 그녀는 목소리를 낮추면서 말을 계속했다.

"난 무서워요. 내가 기자에게 말하는 것이 나를 위해 안전한 보험에 가입하는 것과 같을 것으로 생각하고 이렇게 기자님들을 오시게 한 거예요. 나는 맥켄리가 마피아와도 관련이 있다고 믿어요. 만약 내가 내일 워싱턴에 없다면 죽었거나 파리로 날아가 버렸을 것입니다."

"아 참, 파리 여행은 어떻게 된 거죠?"

하고 메리안느가 물었다.

"여행요? 아마 우린 열 번 이상 해외 여행을 했을 거예요."

"그 경비는 누가 지불하죠?"

"그건 사인만 하면 되는 거예요. 어떤 경로를 통해 지불되는지는 자세히 몰라도… 나의 드레스도 그렇게 산 거예요."

"맥켄리 의원을 다시 만나볼 의사는 있습니까?"

홉킨스가 물었다.

"아뇨, 그가 나를 다시는 보지 않겠다고 했어요."

"내 생각으로는 그가 다시 당신과 접촉하려고 할 것으로 봅니다. 그는 당신의 상한 마음을 토닥거려 주어야 할 필요가 있거든요. 만약 그가 다시 만나자고 하면, 우리가 당신을 미행하면서 보호해 드리고 싶은데, 그렇게 해도 괜찮겠어요?"

"물론이죠. 그가 나를 협박하고 있으니까 그렇게 해 주신다면 아주 훌륭한 신변 보호가 될 거라고 생각해요."

거의 두 시간이 지나 세 사람의 점심은 모두 끝났다. 홉킨스와 메리안느 두 기자는 신문사로 돌아가서 편집국장인 뷰 와일드에게 캐럴라인과의 점심 대화를 보고했다.

그들은 와일드 국장에게 만약 맥켄리가 캐럴라인과 다시 만난다면 그녀를 미행할 계획임도 보고했다. 와일드는 아주 좋은 계획이라고 말하고 그들의 계획 추진을 승인했다.

✳

"이 사건은 워터게이트 사건 이후 가장 큰 사건이 될 것 같습니다. 캐럴라인이 정부 공금에 의해 고용된 것이 사실이라면 이와 유사한 일이 얼마나 많을 것인지는 아무도 모릅니다. 이는 그야말로 천인공노할 부정입니다."

홉킨스 기자가 주먹을 부르쥐며 공분을 토로했다.

"자, 두 기자는 이 사건을 전담했으니 꾸준히 추적해 봐요. 아주 중요한 사건이니 다른 일은 제쳐두고 이 일만 한번 멋지게 파헤쳐 보도록 해요."

하고 편집국장은 그들에게 지시하였다.

"그런데 맥켄리 의원의 결혼 리셉션은 어떻게 하죠? 이것도 우리가 취재를 했으면 합니다만…"

"당연히 그렇게 해야지. 만약 캐럴라인이 참석하게 되면 사태가 매우 흥미롭게 전개될 거야."

"아주 난장판이 되고 말겠죠?"

메리안느 기자가 말했다.

"캐럴라인도 만만히 볼 여자가 아니던데…"

홉킨스가 말했다.

캐럴라인은 집으로 돌아오자 녹음 테이프를 꺼내 녹음 내용을 틀어보았다. 맨정신으로 들어보니 그 가운데는 정말 낯 뜨거운 대화도 많았다.

"캐럴라인, 오늘은 당신의 세 곳을 다 먹어봐야겠어."

맥켄리의 엉큼한 소리가 흘러나왔다.

"호호호… 세 곳이라뇨?"

간드러지게 웃는 자신의 음성에 그녀는 혀를 찼다.

"거 왜 있잖아? 당신의 예쁜 입과 깊이를 모르는 앞문과 그리고 터지도록 꽉꽉 죄는 뒷문 말야."

"욕심도 많군요."

"그런데 난 하나밖에 없으니 어쩐다?"

"당신도 세 개잖아요."

"어떻게?"

"무섭게 큰 몽둥이와 부드러운 혀와 그리고 긴 손가락!"

"하하하."

캐럴라인의 입에서 가늘게 한숨이 나왔다.

그때 맥켄리로부터 전화가 걸려왔다. 그의 목소리는 상냥하고 부드러워, 얼른 듣기에도 화해를 청하는 듯했다. 그녀는 바짝 긴장했다.

"캐럴라인, 오늘 아침 사무실에서 당신에게 화를 내서 미안해요. 그래서 사과하려고 이렇게 전화를 한 거요. 사실 오늘 아침은 나답지 않은 행동을 한 것을 나도 잘 알고 있어요. 의회의 일이 꼬여서 내가 아주 기분이 언짢았을 때 당신이 왔거든요. 우리 어디 다른 곳에서 만나 이런저런 이야기나 했으면 하는데 어떻겠소?"

"글쎄요…"

캐럴라인이 약간 뜸을 들였다.

"우리는 이 문제를 너무 성급하게 처리하려 하면 안 돼요. 나는 이 문제의 핵심을 당신에게 이해할 수 있도록 말해 주고 싶어요. 우리가 헤어지는 건 당신이 싫어서가 아니라 페니와의 결혼 때문이 아니겠소. 얼마간 시간적 여유만 주면 나중에 다시 시작할 수도 있으니 그때까지만 참고 기다려요. 그리고 아파트는 근처 다른 도시로 옮길 수도 있을 것이오."

"나는 현재의 아파트가 좋아요."

캐럴라인은 계속 버티었다.

"그렇다면 최소한 만나서 이야기라도 좀 해요. 오늘밤 여덟시에 당신을 데리러 가면 어떻겠소? 그리고 드라이브나 합시다."

그는 화를 내지 않고 끈질기게 그녀를 달래려고 했다.

"좋아요."

하고 캐럴라인은 동의했다.

그녀는 전화를 끊은 후 곧바로 워싱턴 해럴드로 전화를 걸어 메리안느 기자에게 맥켄리와의 대화 내용을 알려주었다.

두 기자는 각각 다른 차로 맥켄리의 차를 미행함으로써 만약 한 차가 맥켄리의 차를 놓치더라도 다른 차가 따라갈 수 있게 하기로 하고, 이를 전화로 캐럴라인에게도 말해 주었다.

"아주 좋아요. 그만큼 내가 더 안전하게 되겠군요. 그는 오늘 아침에는 완전히 미치광이 같았어요. 그런데 이제는 그의 태도가 완전히 달라져서 아주 상냥하게 대해 주더군요."

라고 그녀가 말했다.

"그럼 오늘 저녁 잘해 보세요."

메리안느가 웃으면서 말했다.

"네, 그렇게 하겠어요."

캐럴라인도 웃음이 나왔으나 짐짓 불안한 음성으로 대답했다.

그녀는 듣고 있던 녹음 테이프를 치워 두었다. 만약 맥켄리가 아파트에 들어와서 테이프를 가져간다면 큰일이기 때문이었다.

그녀는 잠시 동안 진짜 불안에 떨었다. 녹음 테이프가 있었다는 것은 거짓말이라고 변명할 수도 있겠지만, 그는 그 말을 믿지 않을 것이다.

이런 생각이 들자 그녀는 이 테이프를 집에서 가지고 나가 은행의 안전금고에 보관해 두는 것이 가장 좋은 방법이겠다고 생각했다.

맥켄리는 그날 저녁 여덟시가 조금 넘어서 도착하였다. 그녀는 아파트의 현관 앞에서 기다리고 있었다. 그는 차에서 내리지 않고 자동차문을 열어 그녀에게 타라는 신호를 보냈다.

그녀는 차에 타기 전에 주위를 한번 살피며 근처에 있을 기자들이 자기를 보고 확인하기를 바랐다. 그러나 그들의 모습은 전혀 보이지 않았다.

그때 두 기자들은 각자의 자동차에 타고 근처에 있었다. 맥켄리의 리무진이 아파트 앞에 잠시 정차하여 캐럴라인을 태우고 출발하자 그들은 기다렸다는 듯이 리무진의 뒤를 따라갔다.

처음 몇 마일을 달리는 동안 맥켄리나 캐럴라인은 서로 입을 다문 채 말이 없었다. 마침내 맥켄리가,

"자동차 뒷좌석에 당신에게 줄 꾸러미가 있어요."

하고 먼저 말문을 열었다.

캐럴라인은 놀라면서 뒷좌석을 돌아보았다. 가핀겔 백화점의 쇼핑백이 거기 놓여 있었다. 그 안에는 목욕용 파우더, 오일, 코롱, 향수 등 셸리머 선물 세트가 들어 있었다.

"내가 오늘 아침에 한 행동에 대한 사과의 표시요."

"..."

캐럴라인은 그 말에 아무 대꾸도 하지 않았다. 그녀는 자신의 핸드백에서 향수를 꺼내 옷에 조금 뿌렸다.

맥켄리는 앨링튼 국립묘지로 차를 몰고 가서 그곳에 정차하였다. 캐럴라인은 가만히 앉은 채로 그가 어떻게 하나 지켜보기만 했다.

"당신은 내가 만난 여자 중에 가장 매력있는 여자예요."

라고 말하면서 그는 손을 그녀의 무릎 위에 슬그머니 올려놓았다. 그녀는 무릎을 옆으로 비키면서,

"그럼 왜 나와 결혼하지 않죠?"

하고 냉정하게 말했다.

"캐럴라인, 나도 어쩔 수가 없소. 내가 하는 이 결혼은 말하자면 일종의 정략 결혼이오. 페니는 내 선거구의 주민이며 그녀의 아버지는 나를 당선시키게 해준 은인이오."

"그래서 내게 돈을 주어서 해고해 버렸군요. 당신도 나처럼 매춘부임에 틀림없어요."

맥켄리는 그녀의 말에 얼굴이 붉어졌으나 그녀의 말에 반격하지 않고 성질을 누그러뜨렸다.

"나는 당신의 현실 문제뿐만 아니라 나의 현실 문제도 좀 배려해 주었으면 하오. 결코 많은 돈은 아니지만 당신에게 5천 달러를 주었고 아파트도 한달간 더 쓰라고 하지 않았소. 만약 당신이 원한다면 그 아파트에 좀더 있게 해줄 수도 있소."

"내 자리엔 앞으로 누가 오게 돼죠?"

"그야 뭐… 이젠 전문직의 사람이 와야겠지."

"오, 갑자기 애국자가 되셨군요. 모르긴 해도 나보다 더 젊고

섹시한 여자가 오겠죠."

"캐럴라인, 제발 그러지 마."

"당신에겐 출세의 문제겠지만 나에겐 생사의 문제예요."

"왜 자꾸 그런 식으로 말해? 서로 각자의 길을 가면 되잖아."

"앞으로 난 뭘 하죠? 난 지금 가정부를 해고하려고 해요."

"내가 말한 것처럼 당신이 알아서 처리하도록 해요. 내가 알기로는 벤 바톨 의원과 테니스 플레처 의원이 당신에게 관심이 많은 것 같더군."

"또 쓸데없는 농담을 하시네요."

그녀는 발끈해서 말했다.

"당신은 왜 그런 이야기만 하면 성을 내는지 나는 이해가 안 돼요. 전에는 그들과 같이 잘 어울렸는데 이제는 거부하는 이유를 모르겠군… 지금 그들은 의회에서 직위도 높아졌고 상당한 돈도 갖고 있는 사람이오."

"물론 그들 자신의 돈은 아니겠죠?"

맥켄리는 크게 웃었다.

"물론 그들의 돈이야 아니지만…"

그는 웃던 웃음을 멈추지 않고 손을 슬그머니 그녀의 어깨에 올려놓았다.

"자, 그러지 말고 우리 친구로 지내자구. 우리가 만나서 서로 티격태격 말싸움이나 할 필요가 어디 있어요?"

"지금 날 달래는 거예요, 유혹하는 거예요?"

그녀가 다소 쓸쓸한 어조로 말했다.

맥켄리가 계속 그녀의 몸을 만지고 있는데도 그녀의 몸은 굳어 있었다. 그는 손을 그녀의 어깨에서 내려 왼쪽 젖가슴을 만지기 시작하였다. 그녀는 기자들이 과연 근처에 있는지 궁금했다.

메리엔느 기자는 약 10야드 떨어진 버드나무 아래에 차를 세워 놓고 맥켄리와 캐럴라인의 동정을 지켜보고 있었다. 그런데 버드나무 잎사귀가 흔들거려 잘 볼 수가 없었다.

메리안느는 지난 번 케네디 센터에서 열린 발레 공연 때 쓰던 오페라용 망원경을 가지고 오기를 잘했다고 생각했다. 그것은 맥켄리의 리무진 안에서 벌어지는 동정을 살피기에 안성맞춤이었다.

그러나 한편 국립묘지에서 어두운 밤 차 안에 혼자 앉아 있는 자신의 모습은 어떻게 보면 꼴불견 같기도 하였다. 그녀는 차라리 홉킨스와 같이 차에 있었으면 하는 생각이 들었다.

그때 갑자기 자동차 유리문을 똑똑 두드리는 소리가 났다. 그녀는 기겁을 해서 들고 있던 오페라용 망원경을 떨어뜨릴 뻔했다. 유리문을 두드린 사람은 다름아닌 홉킨스였다. 그녀는 문을 열어 주면서,

"어쩐 일이예요? 깜짝 놀랐어요."

하고 메리안느가 말했다.

"이 으스스한 곳에서 우리가 굳이 따로 떨어져 있을 필요가 있겠어요? 그리고 이쪽이 훨씬 더 잘 보이는군. 어떻게들 하고 있어요?"

"그들은 아직 이야기를 하고 있는 중이예요. 아마도 맥켄리가 캐럴라인을 달래려고 하는 것 같아요. 조금 전에 맥켄리의 손이 그녀의 젖가슴으로 갔어요. 자, 이 망원경으로 한번 보세요."

홉킨스는 그의 동료이자 걸 프렌드이기도 한 메리안느를 쳐다보며 말했다.

"당신은 마치 스파이 소설 작가처럼 상황 설명을 하는군요."

홉킨스는 망원경을 그의 눈에 맞게 조정하다 말고,

"맥켄리가 드디어 공격을 개시했어요."

하고 흥분하면서 말했다.

"공격이라뇨?"

"그가 그녀의 블라우스 단추를 열고 그녀의 젖가슴을 만지고 있어요. 오, 하나님. 정말 멋진 젖가슴이야!"

"그만둬요. 우리가 그녀의 젖가슴을 보러 온 건 아니잖아요? 어디 나도 좀 봐요."

그녀는 홉킨스에게서 망원경을 빼앗아 들고 보면서,

"그녀가 왜 년 2만5천 달러를 받고 있는지 그 이유를 알겠군요. 내가 저런 젖가슴을 가졌다면 차라리 라스베이거스로 가서 스트립 쇼를 해 큰돈을 한번 벌어 보겠어요."

하고는 흥미없다는 듯이 망원경을 홉킨스에게 주었다.

맥켄리는 리무진 안에서 그의 따뜻한 손으로 캐럴라인의 젖가슴을 만져주고 있었다. 맥켄리는 성적 흥분을 유발시켜서 캐럴라인의 분노를 가라앉히려고 했다.

"맥켄리, 이러지 마세요. 여기선 안 돼요. 여기서 이런 짓은 비애국적이에요."

하고 그녀는 항거했다.

"여기가 뭐 어때서?"

하고 맥켄리는 그의 얼굴을 그녀의 젖가슴에 파묻었다.

그는 손으로 그녀의 젖꼭지를 만지는 한편으로, 그의 혀로 다른 젖꼭지를 핥아 주고 있었다. 장소가 국립묘지로서 무드가 좋지 않은 곳임에도 불구하고 그녀의 젖꼭지는 점점 단단해져 갔다.

그는 한쪽 젖꼭지는 몹시 빨고 다른 쪽 젖꼭지는 잘근잘근 깨물었다. 그녀의 젖꼭지가 분홍색깔로 문들여지고 있었다.

그는 손을 아래로 내려 그녀의 허리의 지퍼를 내린 다음 그녀의 부드럽고 따뜻한 배를 어루만졌다. 그러면서 그의 손가락이 마치 뱀이 기어가듯 그녀의 비키니 팬티 속으로 스르르 미끄러져 들어가더니 그녀의 숲속에서 멈췄다.

캐럴라인은 숨을 가쁘게 쉬기 시작했다. 그녀 자신도 이렇게 갑자기 흥분되고 있음에 놀라지 않을 수 없었다. 아마도 그 동안 너무도 긴장되어 있다가 그 긴장이 풀리면서 오는 결과인지도 몰랐다.

맥켄리도 꽤나 흥분이 된 듯 그녀의 스커트를 잡아내리며,

"팬티를 벗어요."

하고 숨찬 소리로 독촉했다.

"여기선 안 돼요, 제발요."

그녀는 기자들이 보고 있을 것을 생각하고 한사코 거부했다.

맥켄리는 머리를 숙여 그녀의 다리 사이에 쳐박은 채 그녀의 숲 위를 덮고 있는 엷은 팬티천을 씹기 시작했다.

"그러지 말아요, 맥켄리."

그의 이빨이 그녀의 팬티를 구멍내자 그 뚫어진 구멍 사이로 혀를 밀어넣었다.

"오, 하나님. 그가 캐럴라인을 덮치고 있어요."

하고 홉킨스가 나지막히 소리쳤다.

"그 망원경 이리 줘요."

"조금만 더 보고…"

"홉킨스, 나도 좀 봐야죠. 놓칠 수 없는 순간이잖아요?"

"그래요, 그것이야말로 취재의 핵심이죠."

맥켄리는 이빨로 팬티의 고무 밴드를 물고 아래로 끌어내렸다. 그는 그녀의 다리를 벌려 한 다리는 아래로 내리고 다른 다리는 들어서 등받이 위로 걸쳐 올렸다.

그리고는 등받이를 최대한 뒤로 내린 다음 그는 몸을 무릎으로 받치고 엎드려서 마치 목마른 짐승처럼 그녀의 숲을 핥기 시작했다.

"난 당신의 이 숲이 좋아."

맥켄리의 말은 그의 혀가 그녀의 숲속에 들어 있는 바람에 제대로 되어 나오지 않았다.

"아, 느낌이 좋아요."

캐럴라인은 눈을 감고 신음하는 소리를 냈다.

맥켄리는 자신의 남성을 꺼내어 그녀의 숲속에 대고 문질렀다. 캐럴라인의 숨소리가 점점 거칠어져 갔다.

드디어 맥켄리의 펌프질이 시작되었다. 그의 펌프질에 따라 리무진의 운전석에서 올라갔다 내려왔다 하는 맥켄리의 벗은 엉덩이가 보였다.

"아니 저 사람들, 정신나가지 않았어?"

홉킨스가 어이없다는 듯이 말했다.

※

"하나님 맙소사!"

메리안느가 기절초풍을 했다.

"아니, 저기서 그 짓을 하다니⋯ 카메라를 가지고 왔어야 하는 건데⋯ 하원의원이 앨링턴 국립묘지에서 그의 애인과 정사를 벌이다⋯ 이건 전 미국이 떠들썩해지겠군."

"차라리 이 장면은 우리가 못 본 걸로 할까요?"

메리안느가 말했다.

"무슨 뜻이죠?"

"이건 나라 망신이예요."

"음⋯"

두 사람 사이에 잠시 침묵이 흘렀다. 홉킨스가 먼저 침묵을 깨뜨렸다.

"그런데 캐럴라인이 맥켄리 말고 또 다른 남자들과도 그 짓을 했다고 말했죠? 그것도 같은 방에서⋯ 그들이 대체 누굴까요?"

"곧 알게 되겠죠."

맥켄리는 차내가 더워 에어컨을 틀었다. 그의 줄기찬 펌프질은 30분이 지났는데도 그대로 계속되고 있었다. 그녀는 다리를 하늘로 높이 올렸다 내렸다 하면서 그의 펌프질에 리듬을 맞추어 주었다.

"이건 정말 고문이군."

홉킨스가 투덜거렸다.

"모르긴 몰라도 맥켄리는 참 대단한 남자예요."

메리엔느가 말했다.

"어째서요?"

"한 여자의 마음을 사기 위해 저렇게 최선을 다하지 않아요?"

맥켄리는 이제 바야흐로 절정을 향해 달리고 있었다. 그녀는 아래서 히프로 조그마한 원을 그리며 돌리고 있었다. 그리고 양 다리를 좀더 벌려서 그의 움직임을 편하게 해주었다.

"맥켄리, 더 빨리… 더 깊이…"

그는 얼굴의 땀이 흘러 그녀의 얼굴과 젖가슴에 떨어지고 있었다. 마침내 최후의 돌격인 듯 그의 펌프질은 규칙성을 잃고 걷잡을 수 없이 휘몰아치고 있었다.

"오, 맥켄리."

캐럴라인이 먼저 비명을 질렀다.

맥켄리는 그녀의 어깨를 끌어안고 마지막 격전을 벌였다. 그도 최후의 고지를 점령한 듯 그의 분출이 그녀의 몸속을 흥근히 젖게 만들었다.

둘은 서로 껴안은 채 꼼짝도 않고 있었다. 그의 남성은 아직도 그녀의 몸속에 들어가 있었다. 꽤 오랜 시간이 흘렀다. 그들은 아마 잠이 들었는지도 모를 일이었다.

홉킨스는 여섯 개비째의 담배를 피우며 그들이 움직이기를 기다렸다.

"아마 차안에서 저들이 죽은 거 아녜요? 맥켄리가 자동차 시동을 걸어놓아서 차안에서 질식되어 죽었을지도 모르잖아요? 가서 어떻게 됐는지 확인해 봅시다."

하고 홉킨스가 말했다.

"조금만 더 기다려 봐요. 그들이 격렬한 전투를 치렀으니까 좀 쉬어야 할 것 아녜요."

하고 메리안느가 말했다.

"잠깐만, 움직임이 보여요. 둘이 일어나서 옷을 입고 있어요."

홉킨스가 안도의 한숨을 쉬었다.

그들은 맥켄리의 차 뒤를 계속 미행했다. 차는 캐럴라인의 아파트까지 와서 그녀를 내려주고는 어디론가 쏜살같이 사라져 버렸다.

기자들은 근처의 공중전화 부스에 들어가 그들의 상관인 와일드 편집국장에게 전화를 걸어 오늘 저녁에 일어난 일을 자세히 보고하였다.

편집국장은 농담인지 진담인지 모를 애매한 말로,

"자네들은 어디까지나 기자야. 남의 정사 장면이나 훔쳐보는 파렴치한은 아니지 않은가?"

하고 엄숙하게 말했다.

16
치열한 공방전

캐럴라인은 기자들이 그녀에게 곧 전화를 걸어올 것이라고 짐작했다. 그러나 그녀는 그들과 아직은 이 문제에 대해서 더 이상 말하고 싶지 않았다.

그녀는 맥켄리와의 문제를 어떻게 해야 할지 아직 결정을 짓지 못하고 있었다. 맥켄리는 그녀를 원하고 있는 것이 분명했다. 그가 다시 마음을 바꿀지도 모를 일이었다.

그녀는 가정부 마리에게 기자들의 전화가 오면 지금 쉬고 있으니 나중에 전화를 걸겠다고 하라고 일러두었다.

현재의 상황에서 캐럴라인은 조금도 서두를 필요는 없다고 생각했다. 이는 그녀의 장래가 걸려 있는 문제였다. 녹음 테이프도 안전한 곳에 보관되어 있고, 그보다도 아직은 모든 것이 유동적이 아닌가.

맥켄리와 결혼하면 더 이상 좋을 것이 없겠지만, 설령 완전히 헤어질 경우에도 돈이나마 좀더 울궈낼 수 있는 방법을 연구해 보아야만 했다.

캐럴라인은 옷을 벗고 맥켄리와 같이 지냈던 원형 침대에 누웠다. 그리고는 그와 함께 지냈던 시간들과 그리고 그의 요구에 의해서 다른 손님들과 지냈던 일들을 생각해 보았다.

그녀는 생각할수록 확실히 이용당한 느낌이 들었다. 그가 만일 조금이라도 사랑하는 마음이 있었다면 어떻게 자기를 파티장의 바베큐로 만들 수 있단 말인가?

'만일 맥켄리가 영원히 떠나간다면 나는 어떻게 될 것인가?'

그녀는 벌떡 자리에서 일어나 부엌으로 가서 찬물을 벌컥벌컥 들이켰다. 그녀는 힘없이 테이블로 돌아와 앉았다. 문득 자신이 너무도 처량하게 느껴졌다.

"오, 불쌍한 캐럴라인!"

그녀는 이제 맥켄리가 자기에게 다시 돌아오지는 않을 것이라고 확신했다. 그리고 어쩌면 자기를 죽일지도 모른다는 생각도 들었다.

그는 원래 그런 사람이었다. 자신의 출세를 위해서는 상대에 대한 헌신과 배신을 칼날처럼 바꾸는 무서운 사람이었다.

그녀가 누군가에게서 들은 바에 의하면, 무명 시절의 맥켄리는 텍사스주 출신의 윌리엄 커밍스 하원의원의 보좌관이었다고 한다. 윌리엄 의원은 차기 대통령 후보 물망에까지 오른 워싱턴 정계의 거물이었다.

미남형에다 명석한 두뇌를 가진 맥켄리는 당시 수많은 일화를 남길 정도로 유능한 보좌관으로 소문나 있었다. 특히 그의 보스에 대한 충성심은 의원들 사이에 곧잘 화제가 되곤 했다.

그런데 윌리엄 의원의 교통 사고로 인한 갑작스런 죽음과 함께 젊은 맥켄리가 그의 후광을 업고 그야말로 혜성처럼 나타나 보궐 선거에서 당당히 당선됨으로써 세인들을 깜짝 놀라게 했다.

워싱턴 근교의 한 호화로운 저택에서 그의 당선 축하 파티가 성대하게 열렸을 때였다. 연회장에 모인 축하객들 사이에 이상한 수근거림이 있었다.

그들 가운데는 고인이 된 윌리엄 의원의 열렬한 지지자들이 많았다. 맥켄리의 당선이 윌리엄의 정치 기반 위에서 이루어졌기 때문이었다.

"윌리엄의 죽음엔 아무래도 석연치 않은 점이 많아."

"잇따른 교통사고 말이군."

"그의 차가 절벽에서 굴렀을 때 용케 살아남은 기사가 며칠 뒤 뺑소니 교통사고로 죽었으니 말야."

"그의 죽음으로 가장 덕을 본 사람이 누구냐에 수사 촛점을 맞춰야 해. 이건 살인사건 수사의 기본이야."

"그리고 생전의 윌리엄은 끊임없이 맥켄리의 협박에 시달리고 있었다는 소문도 있어."

"아니, 그럴 수가…"

"오, 불쌍한 윌리엄!"

그때 우뢰와 같은 박수소리와 함께 맥켄리의 테이블 스피치가 시작되었다.

"신사 숙녀 여러분, 저는 이 자리를 빌어 위대한 정치 지도자이셨던 고 윌리엄 커밍스 의원님의 영전에 깊은 애도를 표함과 동시에 오늘의 이 영광을 모두 그분께 돌리고자 합니다…"

맥켄리는 슬픔이 북받쳐 오르는 듯 말을 잇지 못하고 손수건을 꺼내 눈물을 닦았다. 갑자기 숙연해진 장내는 그의 흐느끼는 소리로 가득 찼다. 그의 흐느낌은 듣는 사람의 가슴을 뭉클하게 하고도 남음이 있었다.

"맥켄리, 힘내요!"

"당신 마음은 우리가 다 알아요."

"고인도 당신의 눈물을 원치 않을 거예요."

맥켄리의 지지자들이 그를 위로했다.

그후로 이상한 수근거림은 서서히 자취를 감추고 맥켄리의 애끓는 듯한 흐느낌만이 화제의 중심이 되었다고 한다.

이 이야기는 당시 캐럴라인에게 섬찍한 충격을 주었었다. 그녀는 두 교통사고에서 직감적으로 무서운 살인의 냄새가 감지되었기 때문이었다.

'무서운 맥켄리!'

그녀는 등뒤로 오싹하는 한기를 느꼈다.

한동안 생각에 잠겨 있던 캐럴라인이 문득 보니 마리가 사 가지고 온 워싱턴 해럴드 신문이 테이블 위에 놓여져 있었다. 그녀의 눈에 맨 먼저 띈 것은 맥켄리와 그의 약혼자 페니 필립스가 나란히 찍은 사진이었다.

캐럴라인은 여성의 품위면에서 자신과 페니를 비교해 보았다. 그녀는 페니가 아주 우아하고 교양있는 여자임을 인정하지 않을 수 없었다.

확실히 페니는 귀한 가문에서 고이 자란 여자였다. 그녀는 품위가 있고 지적이며 다른 사람들에게 친절하게 대하는 상냥한 여자였다.

그녀는 화가 치밀어올라 버본을 연거푸 석 잔이나 마셨다. 그리고는 집안의 전등을 있는 대로 다 켜고 이 방에서 저 방으로 정신없이 왔다갔다 했다. 갑자기 그녀는 자신이 외롭다는 것을 느끼며 소파에 털썩 주저앉아 울기 시작했다.

"망할 자식! 왜 나하고는 결혼할 수 없다는 거지?"

캐럴라인은 마구 소리내어 울었다. 실컷 울고나니 어느 정도 막혔던 속이 풀리는 것 같았다. 그녀는 소파에서 벌떡 일어나 새로운 결심을 했다.

그녀는 녹음 테이프를 가지고 그에게서 최대한의 보상을 받아내기로 마음을 굳혔다. 그녀는 이제 맥켄리와의 경우처럼 남자의 노리개감은 더 이상 되지 않기로 굳게 다짐했다.

어떻게 해서든지 무슨 방법을 쓰든지 그녀는 자신의 장래를 자신의 힘으로 개척해 나가기로 결심했다. 그녀는 영화 '주홍 글씨'의 주인공의 대사가 기억이 났다.

"나는 앞으로 굶주림에 시달리지는 않으리라."
하고 그녀는 조용히 읊었다.

그녀는 술잔을 높이 들고 혼자 건배하며 마셨다. 그리고는 비틀거리며 침실로 향하려는데 가정부의 방에서 텔레비전 소리가 들려왔다.

그녀는 불현듯 그녀의 방에 가서 함께 이야기라도 나누고 싶은 생각이 들었다. 그녀는 지금 아무나 붙들고 이야기를 하고 싶은 심정이었다.

그녀는 가정부의 방을 노크했다. 그런데 가정부가 아직 옷을 입고 있지 않고 있음을 알았다.

"제기랄, 내가 바보같은 검둥이 가정부와 이야기를 하려고 시간을 보낸단 말야!"

그녀는 위스키병을 들고 그녀의 침실로 휘청거리며 걸어 들어갔다. 그녀는 전화선을 끊어버리고 침대 위에 누워서 잠들 때까지 혼자 계속 술을 마셨다.

다음날 아침 늦게 캐럴라인이 잠을 깨자 간밤의 술로 머리가 몹시 아팠다. 그녀는 마리를 불러 아침 식사와 커피를 가지고 오라고 했다.

그녀는 목욕실로 가서 이를 닦고 두 알의 아스피린을 먹었다. 곧이어 마리가 아침 식사를 가지고 왔다.

"오늘 아침 신문을 보셔야죠, 미스 잭슨."

하고 마리가 빈정거리는 듯 말했다.

"왜? 뭐가 났어?"

"하원의원님과 그의 약혼녀 사진이 또 났어요. 오늘 그들의 결혼 리셉션에 가시나요, 미스 잭슨?"

캐럴라인은 신문을 집어들었다. 신문 1면 중앙에 제임스 맥켄리와 페니 필립스의 사진이 실려 있고, 리츠 프레드릭 부인의 타운하우스에서 오후에 결혼 리셉션이 개최된다는 사진 설명이 곁들여져 있었다.

"결혼 리셉션이 그곳에서 개최될 줄은 몰랐군."

하고 캐럴라인이 말했다.

"그 말은 가신다는 말씀인가요, 미스 잭슨?"

가정부는 짓궂게 웃으며 물었다.

"물론 내가 가야지. 바보야, 어서 나가. 편안히 아침 좀 먹어야 겠어."

마리는 방에서 어슬렁거리고 나오며 혼자 낄낄대고 웃었다.

캐럴라인은 화가 나서 신문을 벽에 집어던지고 블랙 커피를 따라서 토스트 한 조각을 그 속에 넣었다.

"내가 못 갈 이유가 없지. 내가 신랑을 잘 아는데 누가 감히 나를 돌려보내!"

그녀는 아침 식사를 빨리 끝내고 외출복을 골랐다.

"내가 눈에 번쩍 띌 만한 옷을 입어야지. 내 옷이 빛나서 약혼녀가 식당에서 접시닦는 여자처럼 꾀죄죄하게 보이도록 해 주어야지."

그들의 결혼 리셉션에 참석한다는 생각은 캐럴라인에게는 신나는 것이었다. 그래서인지 그녀는 어젯밤 술을 많이 마셔 속이 좋지 않은 것도 느끼지 못할 정도였다.

그녀는 베이지 색의 치퐁 드레스에 앞가슴이 크게 드러난 옷을 입고 드레스에 맞게 큰 모자도 골라 썼다. 그리고는 용기를 내기 위해 버본을 한 잔 더 마셨다.

그런데 오랜 만에 브래지어를 하고 드레스를 입었더니 가슴이 답답해서 견딜 수가 없었다. 그녀는 브래지어를 벗어버리고 드레스만 입었다.

"브래지어를 하지 않으니 한결 편하군. 난 브래지어가 나의 자랑인 가슴을 조이게 하는 것이 싫어!"

그녀는 혼자 투정하듯 말했다.

그녀의 크고 아름다운 젖가슴은 드레스의 얇은 천을 가득히 채워 붉은 젖꼭지의 윤곽이 보일 정도였다.

그녀는 오후 두시에 택시를 불러서 두시 삼십분에 프레드릭 부인의 타운하우스에 도착했다. 그 집의 집사는 그전에도 캐럴라인이 파티에 여러 번 왔었기 때문에 그녀를 알아보고 들어가게 했다.

타운하우스는 워싱턴의 고관과 귀빈들로 가득 차 있었다. 캐럴라인은 많은 하객들의 무리를 뚫고 다니며 맥켄리와 그의 신부를 찾았다. 그들은 정원 한가운데서 많은 하객들과 담소를 나누고 있었다.

페니가 캐럴라인을 먼저 보았다. 아름다운 금발의 캐럴라인이 문쪽에서 샴페인을 마시고 있는 것을 보고 페니는 깜짝 놀랐다.

페니는 옆에 있는 맥켄리의 소매자락을 끌어당기며 나지막한 소리로 말했다.

"캐럴라인이 여긴 왜 왔어요?"

맥켄리는 페니가 가리키는 쪽으로 고개를 돌렸다. 거기에 캐럴라인이 있는 것을 보고 그는 무섭게 그녀를 노려보면서,

"제기랄!"

하고 신음에 가까운 소리를 토했다.

"맥켄리, 내게 약속했죠? 다시는 안 만난다고…"

페니가 물었다.

"내가 말했잖아요. 그녀와는 이미 끝났다구요."
하고 맥켄리는 다소 짜증스럽게 말했다.

"그러면 여긴 왜 왔단 말예요?"
젊은 신부는 거의 눈물을 흘릴 것같이 보였다.

"내 곧 돌아올께요."
맥켄리는 하객에게 양해를 구하고 캐럴라인이 있는 곳으로 황급히 달려갔다.

"맥켄리 씨, 결혼 리셉션 날로서는 날씨가 그만이군요."
하고 캐럴라인이 먼저 말을 걸었다.

맥켄리는 그녀의 손목을 잡고 도서실로 그녀를 끌고 들어갔다. 이 광경을 본 집주인 프레드릭 부인이 깜짝 놀라 도서실로 따라 들어왔다.

부인은 차디찬 시선으로 캐럴라인을 흘끗 한번 노려보고는 맥켄리에게 말했다.

"어떻게 이 여자가 여기 들어왔는지 알 수가 없군요."
"사실은 저도…"
맥켄리가 어쩔 줄 몰라했다.

"프레드릭 부인, 이것이 오래 전부터 아는 사람에게 대하는 인사인가요?"
하고 캐럴라인이 앙칼지게 대들었다.

"당신은 나의 친구가 아닙니다. 당신은 음탕한 여자예요… 맥켄리 씨, 이 여자를 밖으로 데리고 나가세요. 나는 리셉션을 망치고 싶지 않아요."
라고 말하고 프레드릭 부인은 도서실을 나가버렸다.

캐럴라인은 도서실의 의자에 털썩 앉으며 말했다.

"난 아무데도 안 가겠어요. 다른 사람들은 다 여기 있는데 왜 나만 못 있어요?"

맥켄리는 도서실의 문을 안으로 잠그며,

"캐럴라인, 그렇게 오지 말라고 했는데 왜 왔지?"

하고 고함을 질렀다.

"맥켄리, 어젯밤 이후 다시 만나서 반가워요."

"무슨 헛소리야. 리셉션을 망치려는 거야?"

"망치게 하면 어때요? 당신이 나를 망치게 했는데…"

하고 캐럴라인은 앙탈을 부렸다.

"내가 5천 달러를 주지 않았어! 더 달란 말야? 얼마야?"

"아뇨, 난 이제 돈 같은 건 필요없어요. 그보다는 나의 장래를 위한 보험이 필요해요."

"그거야 나의 문제가 아니잖아!"

"무슨 말이죠? 당신의 문제가 아니라고요? 당신은 향락을 위해서 나를 이용했어요. 난 이제 그전처럼 될 수가 없어요. 그게 문제예요."

"그럼 다른 남자를 낚지 그래. 그게 당신의 특기 아냐!"

하고 그는 야비하게 말했다.

캐럴라인은 의자에서 벌떡 일어나 그의 뺨을 때렸다. 그도 번개같이 그녀의 양쪽 뺨을 호되게 후려갈기며 반격했다.

"이게 어따 대고 손을 놀려!"

캐럴라인은 소리내어 울기 시작했다. 맥켄리는 당황하여 문쪽으로 걸어나가 사방을 두리번거리다가 현관 앞에 서 있는 두 경호원을 불러서 그녀를 파티장 밖으로 내쫓도록 했다.

이때 메리안느 기자는 맥켄리가 경호원에게 뭐라고 지시하는 것을 보았다. 그녀는 홉킨스에게 도서실로 가는 경호원의 뒤를 따라가라고 했다.

경호원은 캐럴라인에게 조용히 이곳을 나가 달라고 말했다. 그녀는 악을 쓰며 큰 소리로 맥켄리에게 욕설을 퍼부었다.

그러자 두 경호원은 그녀의 양 겨드랑이를 끼고 도서실 밖으로 끌어내었다. 홉킨스는 경호원들이 캐럴라인을 잡아 끌어내는 장면을 사진으로 여러 장 찍었다.

그는 맥켄리가 저쪽에서 성난 표정으로 달려오고 있는 것을 보고 그가 사진의 필름을 달라고 요구할 것 같아 급히 자리를 피해 버렸다.

캐럴라인은 경호원들에게 끌려 밖으로 나와 타운하우스 건너편 길가에 서서 고개를 숙인 채 울고 있었다. 그때 홉킨스와 마리엔느 두 기자가 그녀에게 와서,

"어디 가서 뭘 좀 마시면서 앞으로 어떻게 하실지 찬찬히 생각해 봐야죠."

하고 캐럴라인을 달래서 데리고 쉴곳을 찾아갔다.

맥켄리는 타운하우스의 창문을 통해서 그들을 지켜보았다.

"캐럴라인이 기자들에게 무슨 말만 한다면 그녀를 죽이고 말 거야."

하고 그는 화가 나서 혼자 씩씩거렸다.

캐럴라인과 두 기자가 바에 도착했을 때야 그녀는 울음을 그쳤다. 세 사람은 바 안으로 들어가 조용한 방으로 들어갔다.

"그 망할 녀석이 내게 어떻게 한 줄 아세요? 내 뺨을 때리고 나를 끌어냈어요. 나도 갚아주고 말 거예요. 맹세하겠어요. 맹세하구말구요."

그녀는 분노를 삭이지 못했다.

"자, 이제는 그 사람에 대해서 말해 주실 수 있지 않아요?"

홉킨스가 그녀를 부추겼다.

"말하구말구요. 말해야죠."

캐럴라인은 그간 맥켄리와의 관계에 대해 자세하게 이야기해 주었다.

두 기자는 그녀가 자발적으로 워싱턴 해럴드 신문사에 가서 편집국장인 뷰 와일드를 만나주리라 확신하고 그녀에게 그들과 함께 신문사로 가자고 제의했다.

그녀는 일단 자신의 이야기가 신문에 난다면 그녀는 하루 아침에 전국적인 화제의 인물이 된다는 것을 알 수 있었으며, 또 그렇게 되기를 희망하였다.

편집국장은 캐럴라인을 만나면서 그녀의 미모뿐만 아니라 그녀의 솔직한 진술에 대해서 큰 감명을 받았다.

사실 신문사의 입장에서는 이런 폭로 기사가 나가면 피해 당사자의 명예 훼손 문제를 고려하지 않을 수 없기 때문에 이에 대비한 확실한 증거 수집을 하지 않을 수 없었다.

며칠 동안에 걸쳐 캐럴라인은 기자와 같이 기사 내용과 그에 따른 증거 자료 확보를 위해 노력을 아끼지 않았다. 녹음 테이프를 들으며 그녀의 일기장에 따른 날짜도 점검하였다.

"이건 마치 성생활 교정 지도를 저술한 메스터와 잔슨의 보고

✳

245

서와도 같군요. 캐럴라인에게는 매우 안된 일이지만, 맥켄리는 투자한 것 이상으로 그녀를 이용했다는 느낌이예요."
하고 메리안느가 홉킨스에게 말했다.

"메리안느, 문제는 우리의 세금이 엉뚱한 곳에 유출되었다는 점이에요. 맥켄리는 자기 돈은 쓰지 않았으니깐요."
하고 홉킨스가 말했다.

"그녀가―아니 한 여자가 남자에게 무참히 이용당했다는 점도 큰 문제가 아닐까요?"

"그 점에 대해서는 난 동의할 수 없어요. 그녀는 자신이 무엇을 하고 있는지를 잘 알고 있었으니깐요. 말하자면 서로의 필요에 의해 서로가 이용한 거죠."

"그게 아니죠. 그녀는 가난하고 지식 수준도 낮아요. 그녀의 입장에서 오직 제공할 수 있는 게 있다면 그건 자신의 몸뿐이었어요."
하고 메리안느는 분개했다.

"말하는 게 마치 여성해방론자 같군요."

"내 말은 그런 뜻이 아니예요. 그러한 그녀의 귀중하고 유일한 것을 맥켄리는 너무도 낮게 평가하고 편리하게 이용했으며 쉽게 버렸어요. 그게 문제예요."

"당신이 말하고자 하는 뜻을 짐작할 수는 있어요. 옳은 말이에요. 그러나 우리의 임무는 캐럴라인이나 맥켄리의 도덕성을 논하자는 것이 아닙니다. 분명한 사실은 의회에서 공금이 부당하게 쓰여지고 있으며 그들이 우리가 내는 세금을 유용하고 있다는 점입니다. 나를 화나게 하는 것은 명색이 하원의원이라는 작자가

공금을 가지고 자신의 향락을 위해서 그녀에게 급료를 지급했다
는 사실입니다. 그것도 한두 사람이 아니잖아요. 물론 여행 비용
이나 그밖의 소소한 것은 제외한다고 해도요."

　"물론 그 점도 중요해요. 그러니까 이 사건은 여러 관점에서
큰 센세이션을 불러일으킬 게 틀림없어요."

하고 메리엔느가 말했다.

　"그렇다면 언론이 이를 폭로해야 할 의무가 있고, 또 그 때가
되었다고 생각합니다."

　홉킨스가 심각한 얼굴로 말했다.

17
날개 없는 비상

캐럴라인은 자신이 갑자기 주요 인사라도 된 것으로 착각하고 그에 도취된 것 같았다. 유난히 콧대를 세우고 걸음걸이도 귀부인 흉내를 냈다. 옆에서 보는 사람이 민망할 정도였다.

그녀는 느닷없이 출판업계의 에이전트(중개인)와 접촉해서 자신의 폭로 사실에 대해 책을 집필하기를 희망한다고 말했다.

에이전트인 아벨 마이어는 뉴욕의 유명 출판사인 애벌론 페이퍼북에 전화로 캐럴라인을 연결해 주고 소개 커미션을 받기로 하였다.

이 뉴욕의 애벌론 출판사는 어느 윤락녀의 실제 이야기를 소설화한 현실 폭로물을 출간하여 막대한 돈을 번 기록을 가지고 있었다.

애벌론 출판사는 폭로물 집필의 전문가인 엘리카 조던이란 여기자를 캐럴라인 건의 담당자로 지명하고, 그녀가 직접 캐럴라인과 접촉하기로 했다.

프리랜서 기자인 엘리카는 애벌론 출판사의 사장인 조셉 어우드와 이 문제에 대해서 상의하였다.

발행인 겸 사장인 어우드가 애벌론 출판사를 인수했을 당시는 사세가 매우 어려운 형편에 있었다. 수년 동안 이 출판사의 편집자들은 판매가 부진한 책들만 출판하여 심한 적자에 허덕이고 있었다.

어우드는 출판사를 인수하자 일대 경영 혁신을 단행하여, 상당수의 편집자들을 해고하고 새로운 편집자를 고용했다.

그의 경영 방침은 수익성있는 책만을 출판한다는 것이었다. 그는 대중성 출판물에 집중하여 가십성 소설 부문에서 계속 수익을 올리고 있었다.

특히 '매춘부 시리즈'를 통해 크게 성공을 거두고 있는 어우드 사장은 중개인 아벨 마이어가 제의한 대로 캐럴라인의 폭로 사실을 소설 형식으로 출간한다면 크게 히트할 것이라고 생각했다.

엘리카는 애벌론 출판사의 프리랜서 집필자로 수년간 함께 일해 오면서 능력을 인정받고 있었다. 그래서 출판사는 엘리카가 캐럴라인 건에 있어 집필을 맡을 최적임자로 선정한 것이었다.

엘리카는 매력적인 여자였다. 그녀는 스스로 레즈비언(여자 동성 연애자)임을 자처하고 있었다.

그녀는 주로 샤넬 타입의 드레스를 입고 다녔다. 적갈색의 머리카락에 화장은 비교적 안 하는 편으로서 립스틱 정도만 바르는 새로운 신세대 타입의 여자였다.

처음에는 엘리카가 캐럴라인 건에 대해서 소극적인 태도를 보였다. 그 동안 매춘부에 관한 소설을 다섯 편이나 썼기 때문에 이제는 성문제에 대해서는 싫증이 날 정도였기 때문이다.

그러나 캐럴라인 건은 성문제인만큼 어우드 사장은 엘리카만이 이 책을 집필할 수 있을 것이라고 생각하고 있었다.

엘리카는 사장실에 들어갈 때부터 사장이 어떤 어려운 문제를 자기에게 맡기려 하고 있다는 것을 눈치챘었다.

그들은 업무적으로 매우 좋은 유대 관계를 유지해 왔었다. 그녀는 심도있는 취재와 간결한 문장으로 베스트 셀러물을 연속적으로 내놓았고, 어우드 사장은 남다른 수완과 의욕으로 애벌론 출판사를 유수한 페이퍼백 출판사로 키워놓은 것이었다.

그녀는 여성 집필자에게도 격의없이 잘 대해 주고 원고료도 계약금 이상으로 듬뿍듬뿍 집어주는 사장을 좋아했다.

어우드 사장은 사장실 옆에 있는 홈바에서 그녀가 즐겨 마시는 블라디 메어리(칵테일의 일종)를 손수 만들어 건네주며 그의 의자에 앉았다. 그는 키가 크고 회색의 머리카락을 가진 미남형의 남자였다.

"엘리카, 나는 에이전트를 통해서 의사당의 비행 폭로 사건을 소설화하기로 합의했어요. 내가 보기에는 아주 괜찮은 물건이 될 수 있다고 판단해서 수락한 거예요. 나는 이 사건을 캐럴라인 잭슨을 중심으로 해서 소설화하는 데 있어 당신이 최적임자라고 믿고 있어요. 나는 이것이 베스트 셀러가 될 수 있는 소지와 잠재력을 충분히 갖추고 있다고 확신하고 있어요."

"그러나 아직 자료 수집이 불충분하다고 듣고 있습니다. 좀더 많은 기초 자료 수집이 필요하다고 생각해요. 물론 고충이 크시겠지만…"

"자료 수집은 여러 루트를 통해 진행하고 있어요. 그러나 이 집필만은 당신이 꼭 좀 해 줘야겠어요."

"나의 집필료는 어떤 방법으로 주시겠어요?"

엘리카가 웃으면서 말했다.

"총수익의 40퍼센트요. 그 정도라면 거절할 수 없는 수준일 거라고 생각돼요."

"난 그 동안 섹스물을 너무 많이 써서 이제는 지겨울 정도예요. 지난 번 다섯 권째를 마지막으로, 새로운 기분전환을 위해 휴가를 떠나려고 하고 있어요."

"만약 당신이 나를 위해서 이번 일만 맡아준다면, 난 오히려 당신이 휴가를 갔다오도록 권유할 뿐만 아니라 휴가비도 주도록 하겠소."

엘리카의 갈색눈이 반짝 하고 빛났다.

"어느 곳에 간다고 해도 휴가비를 주시겠어요?"

"물론이오."

사장이 대답했다.

"그렇다면 제가 할 임무를 말씀해 주세요. 그 캐럴라인이란 여자에 대해 좀더 구체적으로 알고 싶군요."

"캐럴라인이라는 여자는 그리 똑똑하지는 못한 편이나 마릴린 먼로와 같은 글래머라 해요. 아직 충분한 자료를 입수하지 못해서 자세히는 알지 못하나, 지난 삼년간 워싱턴의 유력 인사로부터 급료를 받고 섹스를 제공했다는 거예요."

"그 사람이 누군지 짐작도 안 가나요?"

"아니오, 아직 그녀가 이름을 밝히지는 않았지만, 에이전트인 마이어 씨의 말에 의하면 곧 워싱턴에서 그 사실이 언론에 폭로될 것이라고 힌트는 주고 있어요. 그녀는 공금으로 급료를 받으며 유력 인사들과 잠자리를 같이 하고 있을 뿐만 아니라, 그밖의 여러 사람과도 관계를 했다고 해요. 이 사람들 중 절반 이상이 상·하 의원인데, 어떤 때는 정치적 목적을 위해 그녀가 그렇게 했다고 해요."

"그게 무슨 뜻이죠?"

"그녀의 애인이 의회에서 법률안을 통과시키려 하거나 혹은 개인적인 특혜를 받으려 할 때 그녀를 큰 은접시 위에 올려놓고 진상을 했다는 거예요. 좀더 구체적으로 말한다면 원형 침대 위에 올려놓고 말이오."

"계속해 주세요. 듣고보니 재미있는 이야긴데요."

"캐럴라인이 그녀의 침대 밑에 테이프 녹음기를 설치해 놓고 여러 재미있는 대화들을 다 녹음한 것으로 알고 있어요. 이를 가명으로 소설화한다면 큰 물건이 될 것 같아요. 경우에 따라 이를 실명으로 한다면 그건 아마도 핵폭발이 될 거예요."

"이 책을 위해서 얼마 정도를 투자하시려고 하세요?"

"이건 마이어 씨를 통해서 캐럴라인이 요구한 금액인데 생각보다 비용이 많이 들 것 같아요. 우선 만 달러를 지급했어요. 그리 대단한 금액은 아니지만 그 돈으로 캐럴라인으로 하여금 일을 착수할 수 있도록 해 주었어요. 지금까지 그녀가 어떻게 살아왔는지에 대해 자세하게 테이프에 녹음도 하도록 했고요."

"내가 그녀의 남부 지방 사투를 잘 이해할 수 있을는지 모르겠어요."

"마이어 씨에 의하면 그녀는 말이 분명하고 또렷하게 하기 때문에 큰 문제는 없을 것 같아요. 내가 보기에는 쇼킹한 소재가 풍부한 것 같으니까 잘 한 번 만들어 보세요. 소설의 구성이나 전개 등은 말할 것도 없고 문장에 있어서도 당신이 거의 맡아 해야 할 것 같아요. 마이어 씨의 말로는 그녀는 편지조차 제대로 못 쓴다고 하니 당신의 어깨가 무거울 거예요."

"나의 첫발은 어디서부터 시작할까요?"

"즉시 워싱턴으로 날아가서 먼저 그녀를 만나 그녀가 녹음한 테이프를 들어봐요. 지금 내가 당부하고 싶은 건 속전속결이오. 사실 이 스캔들은 언제 신문지상에 터질지 예측할 수가 없는 일인만큼 나는 스캔들이 폭로되어 여론이 한창 들끓을 때 이 책을 뿌렸으면 해요. 이 말은 이 책이 일개월 내에 완성되어야 한다는 뜻이예요."

"이건 정말 번갯불에 콩을 구워야겠군요."

엘리카가 어이없다는 듯이 말했다.

"엘리카, 그래서 내가 당신을 부른 것이오. 당신만이 이 일을 해낼 수 있다고 믿어요. 사실은 나도 그것이 어렵다는 건 잘 알아요. 그러나 역산을 해 올라가면 일개월 내에 책이 나와야 한다는 계산이 나오는데 어쩌겠어요. 엘리카, 날 살려주시오."

어우드 사장의 얼굴은 굳어 있었다.

"그러시다면 무엇보다 우선 경비가 필요한데요."

"고마워요, 엘리카. 경비 문제는 염려 말아요."

사장은 그제야 웃으면서 그의 책상 서랍을 열어 4천 달러 짜리의 수표를 그녀에게 건네주었다.

"착수금조로 드리는 거예요. 내 비서가 이미 당신의 워싱턴행 비행기표를 준비해 놓았을 거요."

"몇 시 비행기죠?"

하고 엘리카가 물었다.

"오늘 오후 세시 비행기예요."

"감사합니다."

"아니, 그건 내가 하고 싶은 말이오. 건투를 빌어요."

사장은 활짝 웃어 보였다.

"네, 사장님. 그런데 혹시 캐럴라인의 사진을 가지고 계시지 않으세요?"

"그거야 여러 장 갖고 있어요."

하며 사장은 대형 봉투를 그녀에게 주었다.

그녀는 봉투를 열어 사진들을 사장 책상 위에 펼쳐놓았다. 그것은 모두 아벨 마이어가 캐럴라인을 섹시하게 클로즈업해서 찍은 사진들이었다.

"아주 섹시하군요."

그녀가 감탄했다.

"엘리카, 당신 눈에도 그렇게 보여요? 그러나 명심하세요, 사사로운 즐거움보다는 직업의식을 잊지 말아야 돼요."

그녀가 레즈비언임을 잘 아는 사장이 주의를 주었다.

엘리카는 애벌론 출판사 앞에서 택시를 잡아타고 그녀가 소설 집필로 벌어서 구입한 아파트로 가서 출장을 가기 위한 간단한 준비를 했다. 그것을 하는 데는 그다지 많은 시간이 걸리지 않았다. 그녀는 대체로 짐을 가볍게 준비하는 습관을 가지고 있기 때문이었다.

그녀는 아파트를 친구와 함께 쓰고 있었다. 그녀가 방안에 들어가 옷장을 열고 있을 때,

"엘리카, 언제 왔었니?"

하고 친구가 베란다에서 외치는 소리가 들렸다.

"아니, 수잔. 난 계량기를 점검하러 온 아줌마야."

하고 엘리카가 놀려주었다.

"웬 아줌마가 아파트의 키를 다 갖고 있어? 그렇다면 아름다운 미인 도둑?"

"피 – 미인은 무슨 미인까지…"

그때 수잔 볼피는 베란다에서 비키니를 입고 있었다.

"난 지금 그림을 그리고 있는 중이야."

"뭐? 나에게만 보일 그림?"

"거 말 좀 되는 소리네."

"난 지금 널 보고 있는 중이야. 넌 마치 프렌치 프라이(프랑스식 튀김 감자. 얇은 감자 조각을 기름에 튀겨 낸 것) 같구나."

하고 엘리카가 수잔의 가냘픈 몸매를 빗대어 말했다.

수잔은 스물 세 살의 프랑스계 여자로서, 그녀의 머리카락은 연한 브라운 색상이 섞인 금발이며, 아주 여성적인 성격의 젊은 처녀였다.

화가인 수잔은 단골로 거래하고 있는 화방을 통해서 화려한 인

상파적인 꽃그림을 곧잘 팔고 있어 수입도 꽤 괜찮은 편이었다. 엘리카와 수잔은 거의 일년 동안 서로 동성애의 애인관계를 맺고 있었다.

수잔은 엘리카의 입술에 키스를 하면서,

"이리로 좀 나와 봐. 나의 최신 작품을 보란 말야."

하고 밖으로 끌고나왔다.

"최신 작품이라니?… 아니, 해바라기 꽃을 그리고 있잖아?"

"어저께부터 그리기 시작했어."

엘리카는 그녀의 그림을 보면서 칭찬을 아끼지 않았다.

"야, 그림 좋구나. 그런데 비키니 바람으로 밖에서 그림을 그리니 얼굴과 몸이 햇빛에 많이 그을렀구나."

엘리카가 안쓰러운 듯 말했다.

"그건 괜찮은데 바람에 먼지와 티끌 같은 것이 날라와 나의 오일 페인팅에 묻으면 좀체 안 떨어져서 그게 문제야. 그건 그렇고, 출판사의 어우드 사장과의 면담은 빨리도 끝났구나. 벌써 오는 걸 보니…"

"내가 새 작품 집필을 맡게 되어 지금 짐을 싸 가지고 오늘 세 시 비행기를 타야 해."

수잔의 얼굴이 이내 서운한 빛을 보였다.

"아니, 넌 나를 혼자 두고 떠나지는 않겠다고 말했잖아."

"사장님의 이번 제의는 보수가 너무 좋아서 거절할 수가 없었어. 만약 이번 일만 맡아주면 내가 원하는 대로 언제든지 휴가를 보내준다고 하셨단 말야. 그것도 유급 휴가로서 회사가 모든 비용을 지급하기로 했어. 내 생각으로는 만약 책이 좋은 반응만 얻게 된다면 2인분의 여비는 주실 것 같아."

"얼마 동안 가 있게 돼?"

"지금으로선 모르겠어. 가봐야 알겠거든."

"널 떠나보내게 되니 서운해. 하긴 나도 당분간은 바쁠 것 같아. 전시회 때문에 일곱 개의 작품을 그려야 하니까. 엘리카, 짐 싸는 것 내가 좀 도와줄까?"

"그렇게 해 주겠어? 시간 절약이 되니까."

두 여자는 침실로 들어갔다. 엘리카는 클로셋에서 여행용 가방을 끄집어 내고 수잔은 옷장에 있는 옷을 꺼내 차곡차곡 접기 시작했다.

수잔은 엘리카를 잘 알기 때문에 그녀의 여행중에 무엇이 필요한 것인지도 잘 알고 있었다. 가방을 다 챙긴 엘리카가 수잔의 허리를 두 팔로 끌어안으며 말했다.

"이대로 떠나긴 싫은데…"

"혹시 시간 있어?"

하고 수잔이 물었다.

"시간을 만들지 뭐. 라과디아 공항까진 택시로 30분이면 충분할 거야."

수잔이 그녀의 비키니 끈을 풀자 가슴이 드러났다. 그녀의 작지만 예쁘게 솟아오른 젖가슴은 유난히도 희고 도톰하였다.

엘리카는 몸을 앞으로 숙여 그녀의 젖꼭지를 핥으며 이빨로 잘근잘근 깨물었다. 수잔은 엘리카의 머리를 가슴에 꼬옥 부둥켜 안으며,

"샤워하고 올까?"

하고 물었다.

"아냐, 이대로가 더 좋아. 부드럽고 따스한 너의 몸, 마치 프렌치 프라이같이 맛있어 보여."

엘리카가 옷을 다 벗자 수잔은 비키니를 벗고 침대에 누워 다리를 벌렸다.

엘리카는 머리를 수잔의 다리 사이에 넣고 두 손으로 그녀의 숲을 살짝 벌린 다음 그것을 애무하기 시작했다. 수잔은 머리를 좌우로 흔들며 즐거움에 못 이겨 소리를 질렀다.

"오, 엘리카, 나도 너에게 이렇게 해 주고 싶어."

엘리카는 일어나 몸을 69의 자세로 돌린 다음, 그녀의 숲을 수잔의 얼굴 위에 닿게 하였다.

수잔도 엘리카의 숲을 벌려 혀로 그곳을 뜨겁게 애무했다. 엘리카도 수잔의 숲을 아까보다 더 강도 높게 애무했다.

두 여자는 미친듯이 서로의 숲속을 애무하면서, 그녀들의 젖무덤을 서로의 배에 대고 짓눌렀다. 엘리카는 손가락을 수잔의 숲속에 넣어서 그녀를 더욱 흥분시켰다.

그들은 서로 오르가슴을 향하여 열심히 달렸다. 입에서는 침이 바짝 마르고 숨은 걷잡을 수 없이 헐떡였다. 그녀들은 침대 위에서 몸을 점점 더 빨리 위아래로 올렸다 내렸다 하면서 더 깊은 황홀경으로 빠져들고 있었다.

수잔이 먼저 절정에 이른 것 같았다. 그녀는 두 다리를 쭉 뻗치면서 온몸이 경직되는 듯 부르르 떨었다. 그녀는 엘리카의 숲속을 난폭하게 애무했으며 엘리카도 절정에 이르는 듯했다.

"아, 아!"

"오!"

두 여자들은 격정의 순간이 지나자•마주보고 누운 채 서로 꼭 껴안았다.

"네가 떠나게 돼서 섭섭해."

하고 수잔이 먼저 말했다.

"나두."

"네가 워싱턴의 이름난 콜걸과 놀아난다는 소문은 듣기 싫어. 알아서 잘해."

"수잔, 그 여자가 콜걸은 아니래."

"하긴 난 아직 콜걸을 보진 못했어. 어떻게 생겼는데?"

"하하… 콜걸도 우리와 똑같이 생겼어. 직업이 다를 뿐이지."

"직업?"

"직업은 직업이지. 좀 특이하긴 하지만…"

"왜 하필이면 그런 직업을 택할까?"

수잔이 안타깝다는 듯이 말했다.

"생각하기 나름이지. 존경받는 직업이나 직위에 있는 사람일 수록 도덕적으로 더 경멸받는 사람이 많아."

폭로 소설가답게 엘리카는 냉소하면서 말했다.

"그래두 그들의 생활이 비참하다면서?"

"다 그런 건 아니야. 외국에선 의회 의원이 된 사람도 있어. 뭐든지 자기가 하기 나름이지."

"듣고 보니 네 말에도 일리가 있는 것 같애."

"그리고 내가 듣기로는 이 여자는 상·하 의원들과 마구 함께 어울려… 아이쿠, 이러다 늦겠다. 빨리 가야지."

엘리카는 일어나서 목욕실로 뛰어가 서둘러 샤워를 한 다음 옷을 입었다. 수잔은 문에서 그녀를 배웅하려고 기다리고 있었다.

엘리카는 가까스로 라과디어 공항에 도착해서 배행기에 타게 되었다. 비행기는 제 시간에 출발했다. 그녀는 일등석에 앉아서 어우드 사장이 건네준 메모를 검토해 보았다.

그때 비행기 좌석 사이의 복도를 다니며 손님들에게 잡지를 건네주는 스튜어디스를 보았다. 여자인 자신도 부러워할 만큼 그녀는 예쁜 종아리를 가지고 있었다. 엘리카는 그녀를 한동안 넋을 잃고 바라보았다.

그러다 한 순간 그녀와 서로 눈이 딱 마주치자 엘리카는 당황하여 고개를 숙이고 다시 사장의 메모를 보기 시작했다.

엘리카는 만약 이 책이 완성되어 선전만 잘 한다면 전국적인 화젯거리가 될 것이고, 따라서 크게 히트를 칠 것임에 틀림없다는 생각이 들었다.

그러나 이 소설은 어디까지를 사실에 입각해서 쓰고 어느 정도를 가상 추리해서 써야 할지를 좀더 알아보고 결정해야겠다고 생각했다.

그녀도 워싱턴에 여러 부정 사건이 있다는 소문은 많이 들어왔다. 그 중의 어떤 것은 상상을 초월하는 놀라운 사실도 있었는데, 그뒤 대부분의 사건은 흐지부지되거나 그냥 유야무야로 끝나기가 일쑤였다.

'왜 그럴까?'

아무래도 거기에는 보이지 않는 무서운 손이 있을 것 같았다. 섣불리 덤벼들었다가는 쥐도 새도 모르게 이 세상에서 사라져 버리게 된다는 말도 들었다.

'어떻게 할까?'

그녀는 한편으로 의욕이 솟기도 하고 한편으로는 겁도 났다.

비행기는 어느덧 워싱턴 공항에 도착했다. 그녀는 가지고 온 가방을 챙긴 다음 캐럴라인의 아파트로 택시를 달렸다.

그 시간 캐럴라인은 에이전트인 아벨 마이어와 전화를 하고 있었다.

"미스 잭슨, 당신의 폭로 기사는 언제쯤 신문에 나게 되나요?"

마이어의 조급한 음성이 전화기에 울렸다.

"글쎄요."

캐럴라인이 느긋하게 말했다.

"미스 잭슨, 난 당신에게 비록 얼마 안 되는 선금을 주었지만 아직 최종 금액은 못박아 결정한 것이 아니오. 만약 당신의 폭로 기사가 신문에 나가기만 한다면 로열티는 하늘 높이 올라갈 거예요."

"사실은 나도 신문에 나가는 날짜가 언제인지는 모르고 있어요. 하지만 마이어 씨, 현재 홉킨스와 메리안느 두 기자가 이리저리 다니며 자료를 수집하고 있는 중이예요. 그러니 조금만 더 기다리세요. 신문사로서도 맥켄리 의원에게 명예 훼손 혐의로 고발을 당하지 않기 위해 여러 모로 확인 작업을 하고 있어요."

캐럴라인이 의젓하고 품위있게 말했다.

그때 마리가 캐럴라인의 침실문을 노크하며 엘리카 조던이라는 사람이 찾아왔다고 알려주었다.

"마이어 씨, 이만 전화를 끊겠어요. 출판사의 엘리카 씨가 여기 왔어요.”

라고 말하고 전화를 끊으려 하자,

“잠깐, 미스 잭슨, 신문 기자더러 빨리 신문에 크게 내라고 해요. 그래야 당신도 큰 돈을 벌 수 있으니깐요. 내 말 알았죠?”

“알았어요, 마이어 씨.”

캐럴라인의 음성이 더욱 가라앉아 있었다.

마이어가 전화를 끊자, 캐럴라인은 천천히 고개를 돌려 마리에게 잠깐만 기달려 달라고 하라고 일러주고는 입술에 립스틱을 바르고 머리빗질을 하였다.

꽤 오랜 시간이 지난 뒤에야 캐럴라인은 카리비언 디자인의 실내복을 입고 응접실로 나왔다. 엘리카는 그녀의 아름다움에 감탄을 금치 못했다.

“처음 뵙겠어요. 엘리카 조던입니다.”

“캐럴라인 잭슨이에요. 여기까지 오시느라 수고가 많으셨겠어요.”

그녀의 정중하고도 품위있는 인사에 엘리카는 또 한번 놀라며,

“당신은 사진보다 훨씬 아름다운 분이시군요.”

하고 칭찬했다.

“고마워요. 내 생각으로는 사진이 잘된 건 아니었어요. 사진 찍을 때 빛이 너무 강렬했고 그날 잠을 잘 자지도 못해서 얼굴이 이상하게 나왔어요.”

“오, 그랬었군요.”

엘리카의 얼굴에 살짝 웃음이 지나갔다.

두 여자들은 여러 시간 동안 책에 대해서 이야기를 나누었다.

엘리카는 몇 번이나 장본인의 이름이 무엇인가 하고 넌지시 물어
보았다.

캐럴라인은 한두 번 맥켄리란 이름이 자신도 모르게 튀어나왔
으나 그때마다 곧 이름을 얼버무리며 명확하게 알려주지 않았다.

"출판사의 사장님은 이 책을 될 수 있는 대로 빨리 내기를 원
하고 있어요. 나도 그게 좋겠다고 생각해요. 나는 녹음기를 가지
고 왔어요. 당신의 책에 관한 테이프 자료를 듣고 녹음하여 호텔
에서 책을 쓰려고 해요."

"왜 호텔에 계시려고 해요? 이 아파트엔 침실이 두 개 있어요.
다른 방은 전혀 쓰지 않고 있으니, 여기 계시면서 우리 둘이서 같
이 소설을 쓰면 어떻겠어요?"

같이 소설을 쓰자는 그녀의 말에 엘리카는 웃음이 나왔으나,

"좋아요. 그럼 말씀대로 이곳에서 묵기로 하겠습니다."
하고 흔쾌히 대답했다.

캐럴라인은 마리에게 엘리카가 묵을 침실을 빨리 치우라고 하
는 한편, 식료품 상점에 가서 사올 물건들을 적은 메모를 주었다.

"우리가 같이 식사도 하고 글도 쓰면 참 좋을 것 같아요."

캐럴라인이 엘리카에게 말했다.

"그렇겠군요. 그 대신 부엌 요리는 교대로 하기로 하죠."
하고 엘리카가 제안했다.

"난 요리 솜씨가 별로 없어요."
하고 캐럴라인이 말했다.

"그건 염려마세요. 난 좀 하는 편이니까요."

두 여자는 밤 열시까지 같이 일한 다음 저녁 식사를 했다. 마

리는 그날 밤 쉬는 날이어서 집에 없었다. 그래서 엘리카는 손수 토스트 샐러드와 스테이크를 요리했다.

"우리가 합동작업을 하게 되었으니 축하해야겠어요."

하며 캐럴라인이 클로셋에 가서 와인과 샴페인을 가지고 와 냉장고에 넣어 차게 하였다.

스테이크 요리가 다 되었을 때는 샴페인이 마실 수 있을 만큼 충분히 차지 않아서 엘리카가 보드카 짐렛을 만들었다.

식사중에 캐럴라인이 엘리카에게 물었다.

"지금까지 줄곧 나의 사랑 이야기만 했는데 당신의 사랑은 어때했죠?"

"나의 사랑 이야기는 당신의 것과는 아주 달라요. 난 레즈비언이예요."

하고 엘리카가 솔직하게 대답했다.

"역시 그편이 좋겠군요…"

캐럴라인이 혼자 중얼거리듯 말했다.

"왜 그런 말을 하시죠?"

엘리카가 물었다.

"지금 내게는 남자란 여자에게 고통이나 주는 존재로밖에 보이지 않아요."

"캐럴라인, 레즈비언을 경험해 보셨나요?"

"아뇨."

"당신도 언제 한번 경험해 보세요. 이건 이것 나름대로의 묘미와 매력이 있어요. 여자의 몸을 이해하는 사람은 역시 여자뿐이니깐요. 이해가 됩니까?"

"이해할 수 있겠어요."

식사가 다 끝날 무렵에 샴페인은 적당하게 차가워졌다.

"재미있는 영화 프로가 있는데 혹시 텔레비전 보시지 않겠어요, 엘리카?"

"그러죠. 옛날 영화가 우리들의 피로를 풀어줄지도 몰라요."

두 여자는 캐럴라인의 침실로 들어가서 침대 위에 앉아 샴페인을 마시며 MGM 영화사에서 제작한 1930년대의 영화를 보고 있었다.

두 잔째의 샴페인을 비운 후 캐럴라인이 말했다.

"빈센트는 내가 그 사람 모르게 만나는 남자인데 지금은 전화로 그를 불러서 만나보고 싶어도 참고 있는 중이예요."

"그건 왜죠?"

"이 책 때문에 그래요. 공연히 폭로 내용에 대한 기밀이 새어나가게 되면 큰일이거든. 그는 상상도 못할 정도로 놀라운 남자예요."

캐럴라인은 자랑스럽게 말했다.

"특히 어떤 점이 그렇게 놀랍죠?"

엘리카가 눈을 반짝이며 물었다.

"무엇보다도 그의 남성이 커요."

"그리고요?"

"힘이 세요."

"또요?"

"오래 사랑해 줘요."

"더 있어요?"

"그리고 부담이 없어요."

"그건 무슨 뜻이죠?"

"우린 어느 한쪽이 싫증을 느낄 땐 깨끗이 헤어지기로 약속했거든요."

얼마 동안 침묵이 흘렀다. 캐럴라인은 무료한 듯 침대 위로 벌렁 누우며 두 다리를 쭉 폈다. 엘리카도 침대에 앉은 채로 뒤로 몸을 눕혔다.

엘리카가 침대에 눕자 묘하게도 그녀의 바로 눈앞에 캐럴라인의 넓적다리가 보였다. 엘리카는 캐럴라인의 넓적다리에 자신의 뺨을 살그머니 갖다댔다.

캐럴라인은 그녀의 부드러운 뺨이 자기의 넓적다리를 조금씩 압박해 오자 기분이 좋았다. 이윽고 엘리카는 혀로 그녀의 넓적다리를 위아래로 천천히 핥기 시작했다.

"느낌이 참 좋군요."

하고 캐럴라인이 중얼거렸다.

엘리카가 그녀의 옷을 위로 끌어올리자 금발의 음모가 팬티 밖으로 몇 개 뚫고 나와 있는 것이 보였다.

"캐럴라인, 내가 당신을 애무해 줄께요. 어떤 남자가 하는 것보다 더 잘 해 줄께요."

"좋아요, 내가 오늘밤 빈센트를 잊도록 해 주세요."

하고 캐럴라인이 속삭이듯 말했다.

엘리카가 캐럴라인의 옷을 가슴까지 벗겨내리자 캐럴라인이 자신의 옷을 머리 위로 홀쩍 벗어 던졌다.

엘리카는 한 손으로 캐럴라인의 배를 어루만지고 다른 손으로는 그녀의 젖꼭지를 꼭꼭 꼬집었다.

이어서 엘리카는 캐럴라인의 젖가슴을 핥으며 그녀의 얼굴을 젖가슴 사이에 파묻고 비비기 시작했다.

캐럴라인의 숨결이 점점 가빠지고 있었다. 그녀는 혀로 젖가슴을 핥다가 점점 아래로 배꼽을 거쳐 금발의 음모와 또 그 아래로 내려갔다.

마침내 종착역에 이른 그녀는 따뜻한 입김을 그녀의 숲속에 깊숙히 불어넣었다. 캐럴라인은 히프를 흠칫하고 흔들며 신음소리를 냈다.

"오오…"

캐럴라인으로서는 처음으로 경험하는 야릇한 흥분이었다.

엘리카는 혀를 내밀어 숲속으로 밀어넣었다. 캐럴라인은 몸을 들썩거리며 흥분해서 소리쳤다.

"황홀해!"

엘리카의 몸은 마른 소년 같았다. 캐럴라인은 두 손으로 엘리카의 얼굴을 꽉 붙잡고 자신의 하복부를 엘리카의 입에 밀착시켜 그녀가 애무하기 편하도록 해 주었다.

엘리카는 긴 혀를 숲속에 넣어 빙빙 돌려 캐럴라인을 흥분시켰다. 억센 남자의 혀에서는 느낄 수 없는 부드럽고 감미로운 쾌감이 전신을 타고 흘렀다.

엘리카의 혀놀림은 갈수록 속도가 더 빨라졌다. 그녀의 혀는 웬만한 손가락의 힘보다도 더 강했고 지칠 줄을 몰랐다. 그리고 남자들은 감히 흉내도 못 낼 만큼 섬세하고 부드러웠다.

엘리카의 혀는 캐럴라인의 숲속에서 온갖 기교와 재주를 다 부렸다.

캐럴라인은 뜨겁게 달아올랐다.

"오, 오!"

드디어 캐럴라인은 절정에 이르러 분출하기 시작했다. 엘리카는 숨을 몰아쉬며 캐럴라인의 격정에 보조를 맞추어 주고는 너무도 지친 나머지 그녀의 옆에 나뒹굴어지고 말았다.

얼마 후 엘리카는 옆에 누워 있는 캐럴라인을 쳐다보고 크게 실망했다. 캐럴라인은 이미 잠에 깊이 빠져 있었기 때문이었다. 그녀는 남은 샴페인을 마시고 자기 방으로 조용히 건너갔다.

다음날 아침 캐럴라인은 전날 밤 아무 일도 없었던 것처럼 행동하였다. 엘리카도 그것이 오히려 마음 편했다.

그러나 엘리카는 캐럴라인의 기분을 상하게 하지나 않을까 싶어 조심스러웠다. 캐럴라인은 매우 친절했으며 엘리카도 그녀를 상냥하게 대해 주었다.

그날 엘리카는 캐럴라인의 중개인인 아벨 마이어를 만나 캐럴라인의 책에 대한 내용 구성 문제를 논의했다. 마이어는 곧 신문에 폭로 기사가 나올 것이니 엘리카에게 책이 빨리 나와야 한다고 재삼 강조했다.

엘리카와 마이어는 책의 제목을 '의사당에서 온 여자'로 하기로 결정하고, 책의 표지에 캐럴라인의 인물 사진을 넣기로 했다.

"그런데 내가 본 캐럴라인의 사진은 마음에 들지도 않고 그 사진이 독자들에게 어필하지도 못할 것 같아요."

하고 엘리카가 이의를 제기했다.

"그렇다면 이렇게 하죠. 우리가 캐럴라인의 사진을 많이 찍어서 그 중에서 좋은 것을 고르면 어떨까요? 나도 그녀가 피곤한 매춘부같이 보여지는 건 싫어요."

마이어가 말했다.

"좋아요, 그러면 캐럴라인이 적백청의 성조기 색깔 비키니를 입고 의사당의 원뿔형 돔을 열고 나오는 사진은 어떨까요?"

엘리카가 의견을 말했다.

"그러니까 남자들만의 파티, 거기 놓인 대형 케이크에서 비키니 처녀가 나오는 것을 상징하는 것인가요?"

"맞아요, 책표지를 그렇게 한다면 독자의 호기심을 끌 것으로 봐요."

"좋아요, 동의합니다."

마이어가 흡족한 얼굴로 말했다.

엘리카와 마이어가 캐럴라인의 책에 관한 계획을 의논하는 그 시간, 워싱턴 해럴드의 메리안느와 홉킨스 기자 그리고 와일드 국장은 폭로 기사의 최종 점검에 골몰하고 있었다.

특히 젊은 두 기자들은 기사 내용과 그에 따른 증거 수집 및 확인 작업을 하느라고 이리 뛰고 저리 뛰고 정신이 없었다.

그 중에서 특기할 만한 것은 맥켄리 하원의원 명의로 캐럴라인에게 급료가 지불되었으며, 그녀의 아파트와 옷은 물론 해외여행 경비까지 공금으로 나갔음이 확인된 것이었다.

이와 함께 맥켄리 의원의 개인 돈으로는 한푼도 지급된 것이 없다는 것도 확인되었다. 이로써 그의 인색함도 아울러 밝혀진 셈이었다.

그러나 이 예산은 모두 정부가 의회의 여러 위원회에 할당된 것이며, 이들 위원회에서 여러 형태로 지급된 것이었다. 여기에 문제가 있었다.

메리안느 기자는 캐럴라인에게 전화를 걸어 내일 조간 신문에 폭로 기사가 나올 것이라고 알려주었다.

"고마워요, 그간 수고 많았어요. 그런데 내 사진도 신문에 나오나요?"

하고 캐럴라인이 물었다.

"네, 나와요."

캐럴라인은 신문에 자신의 사진이 나온다는 말에 흥분되어 잠시 어쩔 줄을 모르다가 낮은 소리로 물었다.

"메리안느, 당신 생각으로는 이렇게 되면 내가 스타가 되는 건가요?"

"어떻든 스타가 되는 것만은 확실해요."

메리안느가 웃으며 대답했다.

"고마워요."

그녀는 약간은 불안한 마음으로 전화기를 놓았다.

그녀는 전화 통화를 끝내자 낮잠을 자기로 했다. 사실 그녀는 그 동안 고된 일과 심리적인 압력을 받아와서 몹시 피곤했다.

그녀는 침대에 누워서 베개를 두 손으로 가슴에 껴안고, 지금 껴안은 베개가 모두 백 달러짜리 지폐라고 상상하면서 잠 속으로 빠져 들어갔다.

18
외사당의 대지진

맥켄리 의원 파티 걸과 동거
공금으로 급료까지 지급

워싱턴 해럴드 신문에는 대문짝만한 제목을 달고 폭로 기사가
신문의 거의 절반 이상에 걸쳐 크게 실렸다. 신문에는 맥켄리와
캐럴라인의 얼굴 사진과 함께 결혼 리셉션에서 캐럴라인이 밖으
로 끌려나오는 장면도 실려 있었다.

워싱턴 해럴드가 전 미국의 신문들을 제치고 유일하게 특종기
사를 냈기 때문에 다른 통신사와 신문사들은 물론 텔레비전 방송
사까지 상세한 내용을 알아내려고 야단법썩이었다.

메리안느와 홉킨스 기자는 여느 날과 다름없이 아홉시 반에 신

문사에 출근했다. 편집국 안은 완전히 난장판이었다. 전화는 있는 대로 다 귀가 따갑게 벨이 울리고 있고 여기저기서 고함소리가 들렸다.

편집국장인 뷰 와일드가 그의 사무실에 들어왔을 때 그의 전화벨은 성난 종발시계처럼 울려대고 있었다. 그는 천천히 커피를 한 잔 마신 다음에야 전화기를 들었다.

"나 맥켄리 하원의원이오. 당신이 와일드요?"

하고 상대는 대뜸 신경질적으로 물었다.

"네, 그렇습니다만…"

노련한 와일드가 음성을 가라앉혔다.

"도대체 무슨 근거로 그런 터무니없는 기사를 신문에 낸단 말이오? 난 신문사를 고발하겠소."

"그럼 기사 내용이 사실과 다르다는 말씀입니까?"

"물론이오!"

"의원님, 우리는 캐럴라인으로부터 직접 말을 들었고, 그에 대한 확인까지 했습니다."

하고 와일드가 말했다.

"아니, 그런 중대한 일을 어찌 한쪽의 말만 듣고 기사화한단 말이오?"

맥켄리 의원의 목소리는 컸으나 뭔가 한풀 꺾기는 어조였다.

"그러시다면 사실과 다른 부분은…"

"부분이 아니라 전체가 모두 조작이오. 나는 그녀가 비서로서 부적격하다고 판단해서 해고한 이후에는 전혀 보지도 못하였소."

"그러니까 그녀를 해고한 후로는 한 번도 만나보지 못했단 말씀이군요?"

"그렇소."

"그 부분에 대해서는 우리도 증거를 가지고 있는데요."

"증거라구요?"

"그건 그 정도로 해두고, 의원님과 내연 관계에 있는 캐럴라인 양에게 년 2만5천 달러의 공금을 지급하며 고용한 것도 사실이 아닌가요?"

"제기랄, 난 이미 행복하게 결혼한 사람이오. 그런 내가 창녀와 놀아나기 위해 그녀에게 공금을 부당하게 지급했다는 의미인가요?"

맥켄리는 억지를 부리기 시작했다.

"의원님, 우리는 '의미' 따위를 논하려는 것이 아닙니다. 다만 우리의 기사가 사실과 다른지의 여부를 묻고 있는 것입니다."

국장도 지지 않았다.

맥켄리는 전화기를 집어던지듯 내려놓았다. 그리고는 그의 옆에 서 있는 아내를 향하여 말했다.

"페니, 난 지금 엉망진창이 되었소."

"맥켄리, 왜 그렇게 격렬하게 부인만 해요? 일단은 참았다가 조용히 설득하는 방법을 찾아야 해요."

하고 타이르듯이 페니가 말했다.

"지금 이 마당에 날더러 뭘 어쩌란 말이오? 일단 부인부터 하고 봐야지. 그 여자가 혼자 지껄인다고 그걸 누가 다 믿어주나. 말도 안 되는 소리! 그리고 또 신문사는 어떻게 그걸 증명한단 말이지?"

"이런 일에는 무턱대고 화만 내는 게 능사가 아니예요. 신중하게 사태를 수습하여 위기에서 빠져나갈 수 있는 방법을 찾아야죠. 아버님께선 이 일에 대해 뭐라고 말씀하실지 걱정이군요. 내가 그전부터 그런 여자와는 깨끗하게 매듭을 지으라고 말했잖아요. 그 여자를 결혼 리셉션에까지 나타나게 한 것은 당신의 큰 실책이었어요."

페니는 잠시 말을 끊고 곰곰히 생각하더니,

"사정이 이렇게 되었으니 우리의 신혼여행은 취소를 해야겠죠?"

하고 조심스럽게 물었다.

"하긴 지금 내가 워싱턴을 떠날 수는 없어요."

하고 맥켄리가 대답했다.

"그 말은 죄를 인정한다는 말이군요. 이럴 바에는 신문사 편집국장에게 항의하기보다는 차라리 잘못을 솔직히 인정하고 수습 쪽으로 손을 쓰는 것이 현재의 상황에선 최선의 방법이라고 생각해요."

하고 페니가 조용한 어조로 말했다.

"그건 절대 안 돼요!"

"왜 그렇죠?"

"우선 내 자존심이 허락지 않아요."

"그게 바로 당신의 자존심을 살리는 길이예요."

"그리고 내가 스스로 인정하게 되면 도망갈 구멍이 없게 돼요. 그건 영원한 족쇄가 되어 나를 따라 다니게 될 거예요."

"반성하지 않으면 구제받지 못해요."

"그게 아니란 말이오. 여론이란 냄비 같은 거예요. 한동안 들 끓다 금방 식게 돼 있어요. 그때 가서 필요한 건 인정이 아니고 해명이오."

"오, 맥켄리. 거짓은 오래 가지 못해요."

페니가 안타까운 듯 말했다.

"이럴 땐 당신이 좀더 내게 동정적으로 나를 이해해 주었으면 좋겠소."

맥켄리는 투정을 부리듯 말했다.

"왜요? 당신이 나를 만나고 있으면서도 나 몰래 그 여자와 같이 잠도 자고 한 걸 내가 모르고 있었는 줄 아세요? 내가 지금 놀라고 있는 것은 사실이 그러한데 왜 당신이 그 여자와 결혼하지 않았는가 하는 점이예요."

그녀의 얼굴이 상기되고 있었다.

맥켄리는 아마도 그가 페니의 말대로 캐럴라인과 결혼했으면 이런 일은 생기지 않았을 터인데 하고 혼자 생각했다.

와일드 국장은 그의 사무실에 기자들을 불러모았다.

"내가 지금 통화한 사람이 누군지 알겠어요?"

"국장님의 하시는 말씀을 듣고 감은 잡았습니다. 맥켄리 의원이 맞으시죠?"

하고 홉킨스 기자가 말했다.

"맥켄리 의원이 아주 미쳐 버렸어. 길길이 뛰며 오리발을 내미는 거야. 그저 모든 사실을 부인만 하고 있어. 여하간 내일에도 좀더 구체적으로 보충 기사를 내란 말야, 알았지?"

"맥켄리 의원더러 마음대로 사실을 부인하라고 하세요. 우린 구체적인 사실과 증거 자료, 녹음 테이프까지 갖고 있으니깐요."
하고 메리안느 기자가 말했다.

"난 잠시 머리를 식혀야겠으니 전화가 오면 비서 아가씨더러 받으라고 일러줘요."
하고 국장이 말했다.

"국장님, 어느 한편으로 생각하면 맥켄리 의원에게 다소 미안하고 안됐다는 생각도 들어요. 세상이 다 그런 걸요. 지금 썩지 않은 곳이 어디 있으며 정직한 사람이 어디 있어요? 그도 아마 재수가 나빠 자기만 걸려들었다고 억울해 할 거예요. 사실 이와 같은 의원들의 비행은 오랜 관행인 것도 사실이지요."

여기까지 단숨에 말한 홉킨스는 잠시 숨을 돌렸다가,

"그러나 지금은 막아야 합니다. 누군가 일어나서 비행의 뿌리를 뽑아내야 합니다. 저도 워터게이트 사건으로 의회가 어느 정도 깨끗하게 정화되었다고 믿었었는데 지금 보니 그렇지 못한 것이 증명된 셈이예요… 아니, 의원이 무엇인데 국민의 세금을 자기 멋대로 쓰고 있느냐 말예요."

홉킨스는 분노를 참지 못하고 씩씩거렸다.

"대체로 정계에 진출하려는 사람은 야망이 있는 사람들이죠. 좀 나쁘게 말한다면 어느 정도의 욕심을 가진 사람이란 말입니다. 제 생각 같아서는 이런 정치가들은 모두 추방시켜야 한다고 믿어요. 그들은 부정직한 사람이거나 비능률적인 사람, 또는 둘 다 합친 부류입니다. 이들 정치가들은 아직 그런 데에 물들지 않은 새로운 젊은 세대로 교체되어야 한다고 생각합니다."

하고 메리안느 기자가 말했다.

"그 말에는 나도 동감이오."

하고 편집국장이 말했다.

마이어는 워싱턴 해럴드 신문에 맥켄리 의원의 섹스 스캔들이 폭로되자 쾌재를 부르고 있었다.

그는 애벌론 출판사와의 출판 계약에서 커미션 금액을 명기하지 않았으므로 맥켄리의 섹스 스캔들이 전국적으로 신문에 실림으로써 책의 판매 부수가 크게 늘어나게 되어 커미션을 더 많이 받게 되었기 때문이었다.

계약 당시 마이어는 애벌론 출판사측에 커미션으로 10만 달러를 요구했다. 그러나 어우드 사장은 '6만5천 달러에 플러스 알파' 조건을 제시했고, 마이어는 이에 동의했었다. 그러니까 '플러스 알파'가 남아 있는 셈인데, 이것이 폭발적으로 커지고 있는 것이다. 마이어의 입이 벌어지지 않을 수 없었다.

맥켄리 의원에 관한 폭로 기사가 보도되자 이에 관한 뉴스는 전국적으로 알려지게 되었으며, 캐럴라인은 하루 아침에 전국적인 인물이 되어 그녀를 모르는 사람이 없게 되었다.

이 스캔들로 인해서 미국 의회는 바짝 얼어붙었고 의원들은 모두 몸을 사리고 있었다. 암암리에 성행되던 비리나 비행은 자취를 감추어 지하로 숨어들었다.

상·하 의원들은 내연의 관계에 있던 연인들에게 비행기표를 주어 세계 어느 곳이든 멀리 떠나 워싱턴에는 얼씬도 하지 못하게 하였다.

워싱턴에서는 특히 의원들의 출입이 잦은 고급 레스토랑이나 술집, 연회장 등은 한산하기 이를 데 없었다. 심지어는 점심시간에 의원들이 여직원을 데리고 같이 식사하러 나가는 것조차도 주저하고 있는 형편이었다. 자칫 남들에게 오해를 사게 될까봐 두려웠기 때문이었다.

특히 여비서들은 남자 직원들이 수근거리는 말에 격분하고 있었다.

"저 여비서도 아마 파티 걸인지 몰라."

"미스 K는 아무래도 M의원의 애인 같애."

"미스 R도 수상해. 지나치게 콧대를 세우거든."

"B의원이 G국장의 비서실을 자주 들락거린다더군."

그들의 수근거림은 대개 밑도 끝도 없는 것들이었다. 이에 항의라도 하듯 여비서들은 말할 것도 없고 다른 부서의 여직원들도 '경리'니 '컴퓨터 오퍼레이터'니 심지어는 '청소원'이니 하는 직명을 쓴 리번을 가슴에 달고 다녔다. 실로 여직원들의 어이없는 수난시대였다.

워싱턴의 주요 콜걸 조합 운영주들은 영업에 큰 타격을 받고 있다고 비명을 질렀다.

유명한 콜걸 업계 출신의 어느 마담은 마스크를 쓰고 한 TV 쇼에 나와 자신의 이름을 미스 허니라고 자기 소개를 한 다음 TV 대담자와 대담을 시작하였다.

대담자가 먼저 다음과 같은 질문을 했다.

"미스 허니, 지금 캐럴라인 · 맥켄리의 섹스 스캔들이 신문에 폭로되어 온 세상이 떠들썩하고 있습니다. 당신의 영업은 잘 되고 있는지요?”

미스 허니는 얼굴을 찌푸리며,

“말도 마세요. 요즘 우리 집 애들은 죽을 지경이예요. 도대체 남자 구경을 못할 정도예요.”

“현재 몇 명의 아가씨들을 거느리고 있죠?”

“저희 집엔 한 20여 명이 있어요.”

“이 폭로사건이 일어나기 전까지는 그래도 사업이 괜찮았지요? 재미도 좀 보시고…”

“고급 세단차를 타고 다니면서 애들에게 화려한 옷도 사주고 집단장도 하고 했지요. 그게 다 재미를 좀 봤으니까 한 것이겠죠.”

대담자가 웃으면서 계속 질문했다.

“상·하 의원 중 몇 명쯤 손님으로 드나들었나요?”

“몇 명이라 밝히기는 좀 곤란하지만, 우리 애들에게는 고객 중에 제일 큰 고객들이라 할 수 있지요.”

“그러면 그분들이 요즘에도 오시나요?”

“천만에요, 요즘은 얼씬도 하지 않아서 큰일입니다. 만약 이 스캔들이 빨리 진정되지 않는다면 나는 최근에 구입한 리무진을 소형 승용차로 바꾸지 않으면 안 될 형편이예요.”

19
휴양지에서의 유희

언론계와 출판계에서는 캐럴라인과 접촉을 해보려는 열기가 대단하였다. 신문사의 취재 요청은 물론 TV 대담 쇼와 잡지사의 인터뷰 요청 등이 쇄도하여 캐럴라인은 정신을 못 차릴 지경이었다.

특히 남성 전용 잡지 '새터'는 캐럴라인이 누드 사진 촬영에 응한다면 돈은 얼마든지 주겠다는 파격적인 제의까지 하고 있었다.

캐럴라인은 엘리카의 자문을 받아 이러한 요청이나 제의를 거의 다 받아들였다. 메뚜기도 한 철이라고, 이럴 때 한껏 돈을 벌어두는 것이 나쁘지 않을 것 같아서였다.

기회주의적 성격이 다분한 엘리카는 캐럴라인의 일에 뛰어들어 별다른 계약도 없이 개인 매니저 역할을 하고 있었다. 그 와중에 알게 모르게 그녀의 손으로 들어오는 수입도 꽤 **짭짤**하였다.

그녀는 면접 시간 약속에서부터 출연료나 조건 등에 이르기까지 거의 전권을 행사하면서 일처리를 능숙하게 잘 해 나갔다. 캐럴라인은 말하자면 엘리카가 짜놓은 스케줄대로 움직이는 로보트에 불과했다.

한편 애벌론 출판사와 마이어는 소설 집필을 빨리 완료하라고 독촉이 성화같았다. 엘리카는 집필도 소홀히 하지 않고 밤늦게까지 컴퓨터를 두드렸다.

캐럴라인은 엘리카가 짜놓은 스케줄에 따라 움직이느라고 무척 바빴다. 그녀는 시간이 모자라서 잠도 제대로 자지 못했다. 밤에는 수면제를 복용하고 낮에는 진정제를 먹으면서 **빡빡**하게 짜여진 스케줄에 맞추어 나갔다. 캐럴라인과 엘리카는 그야말로 전투를 하듯 힘겨운 하루하루를 보냈다.

드디어 엘리카의 소설 집필이 완료되었을 때 캐럴라인은 정신적으로나 육체적으로 너무도 피곤하여 휴가를 가기로 결심하였다. 엘리카는 캐럴라인의 여행 목적지와 일정 등을 여행사를 통해 예약해 주었다.

캐럴라인은 자신을 위장하기 위해 검은 머리의 가발을 쓰고 카리브 해의 작은 섬으로 세계적인 명성을 자랑하는 휴양지 세인트토머스로 떠났다. 그녀가 뉴욕 케네디 공항에 잠시 머물렀을 때 신문에 맥켄리 의원에 대한 기사를 보았다.

맥켄리 하원의원 공금 횡령을 인정

"그렇지, 인정할 때가 됐지."

하고 캐럴라인은 혼자 중얼거렸다.

그녀가 샤를롯 애멀리에 도착하니 오후 한시였다. 그녀는 폴크스 웨건이란 소형차를 전세내어 파일럿 코브란 아름다운 해안가로 차를 달렸다.

휴양지는 대서양을 옆에 끼고 있어 파도가 그리 높지 않았다. 그녀는 빌라 형식으로 지은 독채의 방갈로에 안내되었다. 그곳에서는 햇빛에 반짝거리는 흰 모래의 해변을 내려다볼 수 있었다.

그녀의 방갈로에는 카린나라는 그곳 출생의 젊은 흑인 하녀가 전속으로 배치되어 있었다. 하녀가 그녀의 여행용 가방을 풀어 옷장에 정리해 넣고 있는 동안 캐럴라인은 목욕실에 들어가 검은색의 가발을 벗어놓고 수영복을 입고 나왔다.

그러자 하녀가 소스라치게 놀라며 막 옷걸이에 걸려고 하던 옷을 떨어뜨리며,

"에이구머니!"

하고 비명을 질렀다.

"아니, 왜 그러지?"

하고 캐럴라인이 놀라 물었다.

"손님께서는 검은 머리였잖아요? 목욕실에 들어가실 때까지만 해도…"

캐럴라인은 깔깔 웃으면서,

"그건 내가 쓰고 온 가발이야. 가발도 몰라?"

하고 설명해 주었다.

미신을 믿고 있는 이곳 여자는 합장을 하며 자기네 신에게 뭐

라고 한참 중얼거리고 난 후에 다시 짐들을 정리하기 시작했다.

캐럴라인은 해변에 나가기 위해 간단한 물건을 챙긴 다음 밖으로 나갔다. 마침 비수기라 휴양지에는 손님이 적어 바닷가는 비교적 한산한 편이었다.

그녀는 모래사장에 비치 타올을 펴고 그 위에 앉아 몸에 선탠 오일을 발랐다. 햇빛이 기분 좋게 내려쬐고 있었다. 그녀는 흐뭇한 기분으로 멀리 바다를 바라보고 있었다.

처음 며칠 동안 캐럴라인은 한가하게 혼자 방에서 룸 서비스로 식사를 시켜 먹으면서 충분한 수면을 했다. 그래서인지 피로도 풀리고 기운도 하루가 다르게 회복되는 듯했다.

4일째 되는 날, 뉴욕으로부터 엘리카의 전화가 걸려 왔다.

"난 지금 밤낮으로 책 때문에 일에 얽매어 있어요. 본문의 레이아웃과 교정, 그리고 표지 장정 등에 관한 일이죠. 인쇄는 이번 주말쯤에 완료할 계획입니다. 표지용으로 찍은 사진은 아주 잘 나왔어요. 그런데 당신이 너무 피곤해서 그랬던지 눈매 부분에 조금 문제가 있어 리터치 작업을 해야 할 것 같아요… 그곳에선 잘 쉬고 있어요?"

"잘 쉬고 있어요. 이곳에 오자마자 계속 푹 잤더니 한결 가뿐해졌어요."

"새터(그리스 신화에 나오는 신의 이름으로 술과 여자를 좋아함. 호색한의 뜻으로 쓰임)라는 잡지사에서 풀 페이지 사진을 찍겠다고 열을 올리고 있어요. 원한다면 사진사를 그곳에 보내겠다고까지 제의하며 야단이예요. 어떻게 하죠?"

"주말쯤에 오라고 해요. 그때 가서는 나도 충분히 휴식을 해서 사람처럼 되어 있을 테니까요."

"요즘도 술 마셔요, 캐럴라인?"

"아뇨, 요새는 술은 물론 수면제나 안정제 같은 약도 일체 먹지 않아요. 워싱턴에 계속 있었으면 아마 난 쓰러지고 말았을 거예요."

"그곳에서 누구 만난 사람 있어요?"

"아뇨, 죽 나 혼자 있었어요. 식사도 매일 룸 서비스로 시켜다 먹었으니깐요. 오늘 저녁엔 샤를롯 애멀리로 드라이브나 하면서 시내 구경을 할까 해요. 비수기라 여행자들도 별로 없고 조용한 편이랍니다."

"언제 돌아올 예정이예요?"

"아직은 모르겠어요. 갈 때쯤 되면 전화할게요."

"요새 신문 읽어 보셨어요?"

"아뇨, 이젠 나와 맥켄리에 관한 거라면 아예 쳐다보기도 지겨워서요."

"그럼 잘 지내요, 캐럴라인. 또 전화할게요."

통화를 끝내고 나자 캐럴라인은 갑자기 자신이 홀로 있다는 외로움이 느껴졌다. 그와 동시에 사람들과 어울리고 싶은 욕망이 불현듯 일어났다.

그녀는 샤워를 한 후 핑크색 드레스를 꺼내 입었다. 그리고는 남들이 알아보지 못하도록 커다란 검은 안경을 쓰고 방갈로를 나섰다.

캐럴라인이 샤를롯 애멀리로 향해 차를 출발시켰을 때 바닷가에는 붉은 황혼이 노을지고 있었다. 그녀는 엘리카가 추천한 블랙 비어드란 레스토랑 근처의 좁은 골목에 차를 주차시켰다.

캐럴라인은 조용한 테이블로 안내되었다. 그녀가 마티니를 주문하여 마시고 있을 때 근처 테이블에서 세 사람의 남자가 그녀를 자꾸 쳐다보고 있음을 알아차렸다.

이들 세 남자는 모두 30대 초반으로 보였으며 하나같이 미남으로 잘 생긴 편이었다. 캐럴라인은 그들에게 웃음을 지어 보이며 문득 남자와 함께 있은 지도 꽤 오래 되었다는 느낌이 들었다.

그들 중 한 사람인 잭 랜돌프가 술잔을 높이 들어 그녀에게 알은 체를 했다. 그와 같이 있는 두 사람은 사업관계로 만나게 된 찰스 퀸과 벤 케인이란 사람이었다.

"저 여자 혹시 워싱턴의 유명한 콜걸 아냐?"

하고 찰스가 물었다.

"맞어, 그 여자 같애."

하고 잭이 말했다.

"저 여자, 사진보단 훨씬 더 예쁜데…"

하고 벤이 말했다.

"우리와 식사나 같이 하자고 한번 물어볼까?"

"그래, 좋아. 궁금한 것도 많으니까."

하고 잭이 말했다.

그는 테이블에서 일어나 캐럴라인에게로 걸어왔다.

"난 잭 랜돌프입니다. 우리들 세 사람은 당신과 함께 식사를 같이 했으면 합니다."

"좋아요, 혼자 식사하기는 좀 쓸쓸하니까요."

그녀는 마시던 마티니 술잔을 들고 잭과 함께 남자들이 있는 테이블로 가서 먼저 자기 소개를 했다.

"난 캐럴라인 잭슨입니다."

"우리도 그렇게 짐작하고 있었어요. 사진보다 훨씬 미인이시 네요."

하고 찰스가 말했다.

"감사합니다."

잭이 한 차례의 술을 새로이 주문하는 사이에 캐럴라인은 세 사람의 직업에 대해 물었다.

벤이 말했다.

"우리들은 피츠버그와 보스톤에서 왔어요. 모두 토지 개발 사업 분야에 종사하고 있어요. 저희 회사는 20년 전 세인트 토머스 섬에 토지를 매입한 바 있는데, 대규모의 레조트 종합 개발 계획 아래 콘도를 건축하기 위해 지금 건설회사와 접촉을 하고 있는 중이예요."

이들은 처음엔 캐럴라인에게 맥켄리 의원에 관한 질문을 하지 않았으며, 캐럴라인은 속으로 그 점을 고마워했다.

식사 후 찰스는 나이트 클럽에 가자고 제의했으며, 캐럴라인도 동의했다. 그들은 밤늦게까지 춤추고 술을 마셨다. 캐럴라인은 세 남자를 번갈아 가며 춤 파트너가 되어 주었다.

그들이 한참 동안 춤을 추다 휴식을 위해 테이블로 돌아왔을 때였다.

"신문을 보니 당신은 지나치게 섹스를 즐기는 여자 같더군요." 하고 찰스가 웃으면서 말했다.

"그게 나쁜가요?"

캐럴라인이 얼굴의 땀을 닦으며 말했다.

"주색에 빠진다는 말이 있잖아요? 빠진다는 건 중독과 통하는 말이죠. 알콜 중독자가 많은가 하면 섹스 중독자도 많아요. 중독 상태는 결코 좋은 게 아니죠."

"중독 같은 건 몰라요. 단지 섹스를 즐기고 싶을 때 즐기는 것뿐이예요."

"사랑하는 사람끼리의 섹스가 아닌 건 뭔가 좀 허무하고 추하기까지 한 게 아닐까요?"

"난 섹스를 할 때는 그 사람을 사랑해요."

"그건 일시적인 감정이겠죠."

"거기에 뭐 차이가 있나요? 영원한 사랑이란 없어요."

"건강인과 중독자 사이엔 큰 차이가 있죠."

"난 그렇게 생각지 않아요."

"어떻게요?"

"섹스는 억제할 아무런 이유도 없다고 생각해요. 그건 공연히 섹스를 할 수 없거나 별로 관심이 없는 사람들이나 하는 일종의 자기 넋두리고 자기 한탄이예요. 서로 즐거움을 나누는 일이 어째서 나쁘다는 거죠?"

"섹스는 물론 서로 상대가 있어야 되는 건데, 그건 두 사람이 식사를 같이 하는 것과는 달라요. 거기엔 결혼이라든가 임신이라든가 또는 가정 파괴 같은 엄청난 책임 문제가 따르게 되거든요. 그리고 헤어질 때는 어느 한쪽이나 아니면 양쪽 다 겪게 되는 괴로움도 따르게 되고…"

"그건 다 각자 스스로 해결할 문제죠."

"그렇다면 애당초 그런 일을 저지르지 않으면 되잖아요?"

"그렇진 않죠. 책임 문제만 생각하다가는 즐거움은 모르게 되고 말죠."

"그건 무책임이 아닐까요?"

"책임을 지기 위해 즐기는 사람이 어디 있겠어요? 즐기다 보면 책임 문제도 생길 수 있는 거고… 이것이 오히려 더 인간적이 아닐까요."

캐럴라인의 답변은 거침이 없었다.

"맥켄리에게는 좀 지나쳤다고 생각지 않아요?"

이번엔 벤 케인이 따지듯 끼어들었다.

"그가 나를 버렸기 때문이예요."

캐럴라인은 웃으며 간단히 대답했다.

"그렇다면 당신은 그와 결혼까지 기대했단 말예요?"

"결혼을 기대하지 못할 것도 없지만, 그가 너무도 일방적으로 나를 버린 것만은 용서할 수 없어요."

"맥켄리로선 결혼을 앞두고 그럴 수밖에 없잖아요?"

"위자료란 꼭 결혼한 사람에게만 주는 건가요? 서로 섹스를 나누는 동거관계나 다름없는 우리 사이를 그는 하루 아침에 무슨 고용관계처럼 '해고하겠다'는 한 마디로 딱 끊어버렸어요. 그건 어느 한쪽의 희생을 강요하는 거예요. 난 혼자 희생당하긴 싫어요."

캐럴라인이 단호하게 말했다.

"서로의 필요에 의해 만나 서로 이용한 건데 그를 파멸시킨다는 건 당신의 이익만을 생각한 게 아닐까요?"

벤도 집요하게 물고 늘어졌다.

"나도 인간이예요. 만일 그가 가난해져서 그랬다면 나도 같이 슬퍼하면서 헤어졌을 거예요. 그런데 그게 아니잖아요. 그는 자신의 더 큰 행복을 위해 나의 조그만 행복을 무참히 깨뜨렸어요. 내가 성자가 아닌 이상 어떻게 복수심이 안 일어나겠어요?"

캐럴라인의 얼굴이 다소 상기되었다.

"이게 무슨 청문회냐? 이제 그만들 하지 그래."

하고 잭이 말을 중단시키며,

"당신의 당당함에 경의를 표합니다."

하고 말했다.

어느 결에 분위기는 무겁게 갈아앉아 있었다. 그때 문득 엘리카의 말이 생각났다. 맥켄리 사건이 매듭지어질 때까지는 자신은 근신을 해야 한다고 그녀는 말했다.

자신이 여러 남자와 놀아나는 바람둥이 여자로 세상에 알려지기보다는 맥켄리와 그의 동료들에게 이용당한 가엾은 여자라는 인상을 심어주어야 한다고 엘리카는 강조했던 것이다.

그래서 엘리카는 한적한 곳인 이 섬에 검은색 가발을 쓰고 가서 근신하라고 일러주기까지 한 것이었다.

"죄송해요. 밤이 너무 늦은 것 같아요. 오늘은 여러 가지로 고마웠어요. 난 이만 가봐야겠어요. 언젠가 또 만날 수 있겠죠."

하고 캐럴라인은 자리에서 일어나며 말했다.

세 남자들은 '경의'를 표하듯 모두 자리에서 일어났다. 잭이 손을 비비며,

"참 유쾌한 시간이었습니다. 다시 만나게 되기를 기대합니다.

우리들은 내일 사업 관계로 마이애미로 갈 예정입니다. 그런데 이곳 세인트 토머스에는 얼마 동안 체류하실 예정이예요?"
하고 물었다.

"아직은 다소 유동적이예요. 마이애미에서 돌아오시면 파일럿 코브인 저의 숙소로 연락 주세요."

그녀의 말에는 귀부인 티가 풍기고 있었다.

캐럴라인이 숙소로 돌아와 보니 뉴욕에 있는 엘리카로부터 전화 메시지가 기다리고 있었다. 그녀는 엘리카에게 즉시 전화를 걸었다.

"캐럴라인, 전화걸어 주어서 고마워요. 새터 잡지사의 사진사 마이크 지글리오란 사람이 이번 금요일에 비행기로 그곳으로 가겠대요. 그래도 괜찮은지 미리 알려주려고 전화했어요."

"괜찮아요, 내가 그 사람을 만나겠어요."

캐럴라인은 의젓하게 말했다.

"사진사가 당신이 묵고 있는 방갈로에 투숙하려고 예약까지 해놓았는데, 그곳에서 이틀 동안 촬영을 할 계획이래요. 그리고 저녁엔 어디 좀 나가 보았어요?"

"네, 당신이 추천한 블랙 비어드에 갔었는데, 그곳에서 좋은 사람들과 만나 저녁식사도 함께 했어요."

"잘 했어요. 약간의 기분전환도 필요한 거죠. 이곳은 모든 일이 순조롭게 잘 돼 가고 있어요. 애벌론 출판사는 책 판촉을 위해 대대적인 광고까지 하고 있어 책은 날개돋친 듯 잘 팔리고 있어요. 이렇게 돼 가다간 당신이 거부가 되겠어요."

"고마워요. 이곳은 참으로 좋은 휴양지예요. 이곳을 추천하고 주선해 주어서 감사해요."

"나도 그곳이 조용하고 좋은 곳이라고 생각했어요. 그곳 사람들이 당신을 알아보던가요?"

"별로 그렇진 않은 것 같아요. 난 그게 오히려 편하고 좋아요. 난 아무래도 아직 유명 인사가 된 것에 익숙하지 못하나 봐요."

캐럴라인의 음성에는 무게가 실려 있었다.

"일단은 당분간 근신하는 자세로 조용히 있으세요. 너무 드러내놓는 것보다 다소 감추어져야 호기심도 자극하게 되고 책도 잘 팔리며 동정심도 생기게 되는 법이거든요… 참 타임 지의 표지 인물로 당신 사진이 실렸어요."

"내 사진이요?"

캐럴라인이 깜짝 놀라며 물었다.

"네, 내가 사진을 전해주었어요. 다 예쁜 사진들이니까 안심하세요. 그리고 그곳으로 가는 사진사와는 어떻게 작업을 할 것인지 이번 주말에 다시 전화할게요."

엘리카의 배려는 빈틈이 없었다.

"만약 그 사람이 이탈리아계 출신이라면 문제없어요. 조금도 염려 마세요."

캐럴라인은 뚱단지 같은 소리를 하고 있었다. 아마도 그녀의 첫 애인 아디오가 이탈리아계였음을 상기하고 하는 말 같았다.

그날 오후 캐럴라인은 바닷가로 나갔다. 바다는 사람들이 없어 매우 한산하였다. 해는 쨍쨍히 내려쬐고 무더운 날씨였다. 그녀가 맨발로 모래를 밟으며 걸어가자 뜨거운 모래로 발바닥이 델 정도였다.

그녀는 가던 걸음을 멈추고 뒤돌아서서 열대식물이 우거진 곳으로 걷기 시작했다.

머리카락이 나뭇가지에 걸리는가 하면 열대지방에 자주 내리는 소나기가 나뭇잎에 괴어 있다가 후르르 떨어져 옷을 적시기도 했다. 싱그러운 꽃의 향기는 그녀의 코를 간지럽혔다.

그녀는 바위 위에 앉아 시원한 물이 흘러가는 개울 속에 발을 담갔다. 그때 갑자기 저쪽 나무숲 속에서 인기척이 나는 듯했다.

그녀는 두려움을 느끼고 숲 쪽을 응시했다. 그러자 이곳 원주민인 듯한 키가 큰 한 흑인이 이쪽을 향해 다가오고 있음을 발견했다.

"길을 잃으셨나요, 미스?"

하고 서투른 영어로 물었다.

"아뇨."

하고 그녀는 간단히 대답했다.

그는 한 20세 정도의 건장한 체격을 가진 남자로, 옷이라고는 남루한 짧은 반바지에 허리띠 대신 끈으로 질끈 묶었을 따름이었다.

그의 눈은 큰 밀짚모자에 가려서 보일락말락했다. 그의 허술하게 입은 반바지의 앞부분에 묵직한 것이 불쑥 튀어나와 있음을 보고 그녀는 이 흑인과 섹스를 해보면 어떤 느낌일까 하는 호기심이 불현듯 일어났다.

그녀는 바위에 기대고 누워서 그를 유혹하려는 듯 살짝 웃어 보이며 그를 뚫어지게 쳐다보았다.

"당신 이름이 뭐죠?"

하고 그녀가 물었다.

"리무엘."

그녀는 그의 어깨에 짊어지고 있는 망태를 보며 다시 물었다.

"그 속에 든 건 뭐죠, 리무엘?"

"뿌리와 줄기 같은 것들입니다."

"그건 어디다 쓰죠?"

"음식 만들 때 들어가는 거예요."

그때 갑자기 비가 쏟아지기 시작했다. 열대지방에 자주 내리는 소나기였다.

"저기 동굴이 있어요, 미스."

하고 리무엘이 말하며 손가락으로 언덕쪽을 가리켰다.

"비가 그칠 때까지 그곳에 같이 가 있어요."

하고 그녀가 말했다.

그들은 산등성이를 뛰어올라 조그만 동굴 속으로 들어가 소나기가 거세게 내리는 광경을 바라보았다.

그녀는 리무엘 곁에 바짝 붙어 앉았다. 그의 숨소리가 점점 커지고 있었다. 그의 살에서는 야릇한 사향 냄새가 풍기고 있었다. 그 냄새는 묘하게 그녀를 자극했다.

그녀는 그를 향해 돌아앉아 그녀의 젖가슴을 그의 몸에 대고 비볐다. 그러자 그는 마치 불에 덴 사람처럼 펄쩍 뛰며 뒤로 물러섰다.

"미안해요, 미스."

하고 그는 겁먹은 듯이 말했다.

"미안해 할 것 없어요. 당신은 아무 짓도 하지 않았으니까. 그런데 나를 만져보고 싶지 않아요, 리무엘?"

그는 머리를 숙이며 말했다.

"당신은 백인 여자예요. 그러다간 난 큰일을 당하게 돼요."

캐럴라인은 웃옷을 벗어 던지고는 그녀의 크고 아름다운 하얀 젖가슴을 그에게 드러내 보여주었다. 그는 눈이 휘둥그래지며 부들부들 몸을 떨었다. 그러더니 반쯤 혀를 내밀었다가 입맛을 다시며 다시 입속으로 집어넣었다.

이럴 경우 그녀는 자신의 선수를 써서 리드를 해야 한다고 생각했다. 그녀는 반바지 속에 있는 그의 남성을 기습하듯 덥썩 잡았다. 리무엘은 깜짝 놀라 몸을 피하며 항거하는 듯했으나 이내 잠잠해졌다.

그녀는 난생 처음으로 한 남성을 정복하는 기분이 들었다. 그것은 정복이라기보다는 자기 자신의 적극적인 의사에 의해 한 남성을 자기 마음껏 부리고 소유하는 그런 느낌이었다.

그녀는 그의 허리끈을 풀었으며 그의 반바지는 벗겨져 그의 발목 아래로 떨어졌다. 그녀는 그의 남성을 손으로 꽉 잡고 아래위로 천천히 애무하기 시작했다.

그녀는 상반신을 앞으로 숙여 그의 남성에 키스를 해 주었다. 그는 그녀를 일으켜 세우고는 무릎을 꿇고 앉아 그녀의 비키니 팬티를 벗기고 그곳에 그의 머리를 파묻었다. 그리고는 그녀의 숲속을 더듬기 시작했다.

그녀는 그의 머리를 끌어안고 발돋음을 하며 그녀의 숲을 위로 치켜올려 그의 입으로 밀어부쳤다.

그녀는 머리를 좌우로 흔들며,

"어서 사랑해 줘!"
하고 그녀는 외쳤다.

그는 충실한 하인처럼 그 말이 떨어지자말자 그녀의 양 다리를 벌리고 그 사이로 자신의 남성을 조심스럽게 밀어넣기 시작했다.

"오―"

"죄송해요."

"그게 무슨 말이야? 우린 사랑하는 사이잖아?"

"그래두…"

"그래두가 뭐야? 사랑하는데…"

"미안해요, 아프게 해서…"

그녀는 그를 향해 그녀의 몸을 밀어올리며,

"끝까지 다 넣어! 그런 쓸데없는 걱정을랑 말고…"

그녀는 명령하듯 말했으나 터져나오는 웃음을 겨우 참았다.

그는 손을 그녀의 허리 아래에 넣고 그녀를 위로 힘껏 끌어올리면서 그의 남성을 그녀의 몸속 깊숙이 밀어넣었다.

그녀는 그의 남성이 배꼽에까지 들어온 듯한 느낌이 들어 자신도 모르게 식은 땀이 흘렀다. 그는 크게 숨도 쉬지 않고 천천히 상하운동을 시작했다.

그녀는 탐욕스럽게 그를 받아들이면서,

"리무엘, 사랑해."

하고 열띤 사람처럼 말했다.

"미안해요."

그는 또 미안해서 어쩔 줄을 몰라했다.

그는 점점 절정에 가까워지는 듯 자신의 어금니를 질끈 깨물고

터져나오려는 분출을 참으려고 안간힘을 다했으나 그만 놓치고
말았다.

그는 무거운 신음소리와 함께 분출하기 시작했다. 끊임없이 흘
러나오는 그의 분출물은 그녀의 몸 깊숙히까지 밀려 들어갔다.

그래도 그는 계속 그녀의 젖꼭지를 빨고 율동을 하면서 그녀가
오르가슴에 이를 때까지 계속해 주었다.

한참 후에 그들의 사랑이 끝나자 리무엘은 뒷처리를 깨끗이 해
놓은 다음 그녀의 곁에 앉았다.

"비가 그쳤네."

하며 캐럴라인은 마치 꿈에서 깨어난 듯 말했다.

햇빛이 다시 내려쬐기 시작하자 숲에서는 김이 모락모락 솟아
오르고 습기가 차기 시작하며 열대지방의 기온으로 되돌아왔다.

"당신은 파일럿 코브에 머무르세요?"

하고 리무엘이 그녀의 눈치를 보며 물었다.

"그래요, 나를 다시 만나러 오겠어요?"

"아뇨, 그렇게는 못해요. 만약 내일 같은 시간에 이곳으로 산
책을 나오신다면 내가 당신을 찾아볼께요."

"좋아요. 나도 꼭 와서 찾아보도록 하죠."

그녀는 실로 오랜 만에 신선한 한 남자를 보는 것 같았다.

그로부터 이틀 동안 계속 캐럴라인은 그를 만나 동굴 속에서
그와 사랑을 나누었다. 에덴 동산에서 아담과 이브가 나누었던
사랑도 아마 이런 것일지 모른다. 거기에는 굴욕감도 이해 타산
도 오만함도 없었다. 그것은 너무도 순수하고 아름다운 것이었
다.

20
다시 찾은 행복

금요일은 새터 잡지사의 사진사가 오기로 한 날이었다. 캐럴라인이 방갈로 앞의 바닷가 모래 위에 누워 있을 때,

"당신이 혹시 캐럴라인 잭슨 씨입니까?"

하는 소리가 들렸다.

그녀가 일어나 선글라스를 벗고 보니 놀랍게도 너무도 잘 생긴 젊은 남자가 그녀를 내려다보고 있었다.

그는 180센티 정도의 키에 검은 곱슬머리이고 눈은 카리브 바다와 같은 푸른색이었다.

"나는 새터 잡지사에서 온 마이크 지글리오입니다."

사진사는 비키니 팬츠를 입고 있었으며, 멋진 몸매를 가지고 있었다. 그는 아무 스스럼 없이 비치 타올을 깔고 그녀의 옆에 누

웠다.

"오래간만에 바닷가에서 햇빛을 쬐며 누우니 기분이 좋군요. 그래, 여행은 재미있었어요?"

"네, 아주 즐거웠어요."

"괜찮으시다면 내일까지는 사진 촬영을 하지 않았으면 좋겠습니다. 그 동안 나는 여기저기 다니면서 적당한 촬영 배경을 찾아보아야 할 것 같아서요."

"그렇게 하도록 하세요."

사진사는 그녀의 아름다운 몸매를 마음 속으로 감탄하면서 이번 촬영은 매우 즐거운 일이 될 것이라고 내심 기뻐했다.

그는 지나가는 웨이터를 불러 그녀에게 무엇을 마시겠느냐고 물었다. 그는 캐럴라인을 위해서는 블러드 메어리를, 그리고 자신을 위한 하이네켄 맥주를 주문했다.

"사진 촬영을 이곳 세인트 토머스에서 하게 되어 난 얼마나 기쁜지 몰라요. 사실 난 올 여름 내내 뉴욕에 갇혀 있었거든요. 그런데 이번에 처음으로 빠져나와 이 신선한 경치에 이 좋은 공기를 마시며 당신과 같은 미인과 함께 일하게 되다니 정말 꿈만 같아요."

하고 그는 순진한 소년같이 말했다.

"당신이 그 잡지사에서 근무한 지는 얼마나 되나요?"

"삼년 됐습니다."

"삼년?… 난 제임스 맥켄리와 삼년 동안 같이 있었답니다."

"지금 미국에선 당신만큼 매스컴을 타고 있는 사람도 없죠."

하고 그는 몸을 돌려 캐럴라인을 향해 누우면서 말했다.

"나도 알고 있어요. 나의 매니저인 엘리카 조던이 계속 알려주고 있거든요. 그녀의 말로는 내가 타임 지의 표지 인물로 나온다고 해요."

캐럴라인이 자랑스러운 듯이 말했다.

"아, 그러셨어요. 당신의 등에 선탠 로션을 제가 발라 드릴까요? 히프 윗부분은 로션을 바르시지 않은 곳이 있군요."

그는 화제를 슬그머니 딴데로 돌렸다.

"네, 그렇게 해 주세요."

하며 그녀는 가지고 온 로션을 그에게 건네주었다.

마이크는 그의 손에 로션을 듬뿍 바른 다음 그녀의 부드러운 피부를 문지르기 시작했다. 그녀는 자신이 흥분하고 있음을 알고 스스로도 놀랐다.

그의 큰 손은 그녀의 몸을 맛사지 전문가처럼 부드럽게 문지르며 점점 비키니 속으로 들어와 그녀가 비키니 때문에 바르지 못한 곳까지 발랐다.

그녀는 머리를 돌려 등뒤의 그를 보며 미소를 지었다.

"난 벌티모어에서 사진사와 같이 일한 적이 있어요."

"어떤 일을 하셨는데요?"

"캘린더의 모델이라든가 뭐 그런 따위의 일이지요."

"내가 지금까지 본 당신의 사진들은 그리 마음에 들지 않아요. 내가 그 사진사들보다 더 운이 좋아 정말 멋진 사진을 찍고 싶군요."

"마이크, 내 마음을 솔직히 얘기해 볼까요. 처음엔 내가 매스컴을 타기를 원했어요. 그러나 지금은 그 마음이 달라지고 있으며 마음의 갈등을 느끼고 있어요. 사람들이 돌아서서 수근거린다면 누구나 어디로 숨어버리고 싶겠죠."

그녀는 말을 끊고 잠시 생각하는 듯했다.

"캐럴라인…"

그가 뭐라고 하기 전에 그녀는 말을 계속했다.

"내가 어떤 놀라운 공적을 세웠다든가 훌륭한 자선사업을 했다든가 해서 유명해진 건 아니니까, 나 자신 떳떳함을 느끼지 못하고 있어요. 나는 여러 남자들과 실컷 함께 놀아나다 고자질을 한 일종의 변덕쟁이 계집같은 느낌이 들어요. 제 말이 무엇을 뜻하고 있는 것인지 이해하시죠?"

"네, 무슨 뜻인지 이해가 되는군요. 하지만 당신은 맥켄리 의원과 동침하면서 그로부터 공금으로 연봉을 받았다고 세상에 폭로했습니다. 국민들 중에는 당신이 정말 옳은 일을 했다고 당신을 옹호하며 칭찬하는 사람도 있습니다. 그들은 당신이 의원들의 공금 횡령을 폭로한 국가적 영웅이라고 부르고 있어요."

"국가적 영웅이라고요? 나에게는 국가적 매춘부같이 느껴지는데요."

그녀는 자조 섞인 어조로 말했다.

마이크는 무슨 수를 써서든지 캐럴라인의 침체된 기분을 바꿔야만 했다. 그러기 위해 그는 바다로 수영을 가자고 제의했다.

두 사람은 거의 30분 동안이나 바다에서 수영을 하다가 나중에는 지쳐서 물에서 나와 모래사장 위에 쓰러져 누웠다.

"오늘 오후 나와 드라이브를 하지 않으시렵니까? 사진 촬영을 위해 좋은 배경을 같이 한번 찾아보기로 하죠."

하고 마이크가 그녀에게 물었다.

"당신 회사의 잡지는 누드 사진만 싣나요?"

"꼭 그렇지는 않습니다. 다만 선정적이고 감동적이어야 합니다. 뭐 그리 어려울 건 없다고 생각됩니다. 지금 관광객들이 별로 많지 않으니까 해변가에서 몇 장 찍도록 하죠."

"그러죠."

그녀는 쉽게 동의해 주었다.

캐럴라인은 방갈로에 가서 샤워를 하고 드레스를 입었다. 그녀는 마이크가 아디오의 젊었을 때 모습과 비슷하다고 생각했다. 그는 어떤 면에서는 빈센트와도 닮은 데가 있다고 느꼈다.

그녀는 등이 깊이 패인 레몬 오렌지색의 여름 드레스를 입고 오렌지 옐로의 스카프로 허리를 동여맸다.

그녀는 거울 앞에서 립스틱을 바르면서,

'마이크와 사랑을 나누어야지.'

하며 마음 속으로 다짐했다.

마이크도 샤워를 한 다음 리바이스형 바지를 입었다. 그는 생각했던 것보다 그녀가 순진하고 아름다운 것에 대해 놀라움을 금치 못했다.

세상 사람들은 그녀를 두고 이러쿵 저러쿵 말이 많지만 그녀의 얼굴이나 행동에는 아직도 때묻지 않은 천진스러움이 있었다. 그것은 참으로 뜻밖의 발견이었다.

그러한 그녀에게 자신의 감정이 끌리고 있다는 것은 어쩌면 지극히 자연스러운 일인지도 몰랐다. 그는 서둘러 카메라를 어깨에 둘러메고 그녀와 만나러 밖으로 나갔다.

그들은 샤를롯 어맬리로 가 원주민들이 생선과 야채 등을 팔고 있는 장터를 구경했다. 그는 그녀가 물건을 사려고 물어보는 모습 등을 열심히 스냅 사진으로 찍었다.

그는 그녀가 망고를 사서 입에 넣으려는 순간들을 여러 장 찍었는데, 특히 망고의 쥬스가 그녀의 입술에 튀는 장면은 일대 히트 작품이 될 게 틀림없다고 생각하며 만족해 했다.

그들은 산쪽으로 드라이브를 하며 나무숲을 배경으로 잔디가 깔린 곳에서 촬영을 하였다.

"이곳에서 몇 컷 찍어 볼까요? 누드로 찍었으면 합니다. 괜찮으시겠죠?"

하고 마이크가 물었다.

"좋아요."

그녀는 즐거운 듯이 대답했다.

그녀가 드레스를 벗고 고혹적인 포즈로 상체를 굳히고 있자,

"좋았어요. 그 자세에서 얼굴은 나를 보다가 반대쪽으로 급히 돌리세요."

하고 마이크가 지시했다.

그녀는 그가 하라는 대로 머리를 돌렸으며 그는 사진을 연속적으로 찍었다.

"아주 잘했어요."

하고 그는 그녀를 칭찬해 주었다.

그들은 그곳을 떠나 레인 포레스트란 우거진 숲에 도착하자 차에서 내렸다.

그녀는 혹시 이곳에서 리무엘을 만나게 되지나 않을까 더럭 겁

이 났다. 하긴 지금은 오후니까 이곳에 그가 있을 가능성은 거의 없었다. 그러면서도 그녀는 왠지 무서웠다.

'오, 리무엘.'

한편으로 생각하면 그 흑인이 측은했다. 두려움에 떨면서 머뭇거리는 그를 유혹하여 며칠간의 노리개감으로 삼았던 자신이 아니었던가.

'나와 결혼하지 못하는 이유가 뭐죠?'

얼마 전 자신이 맥켄리 의원에게 대들면서 했던 말과 똑같은 말을 리무엘이 나에게 한다면 난 뭐라고 대답해야 할까.

'리무엘, 미안해.'

그녀는 마음 속으로 리무엘에게 깊이 사과했다.

"캐럴라인, 뭘 우물우물해요? 빨리 따라오지 않고…"

앞서 가던 마이크가 외쳤다.

"네? 네, 알았어요."

그녀는 깜빡 정신이 든 듯 헐레벌떡 그를 따라붙쳤다.

그들은 키가 큰 열대지방 풀을 헤치며 천천히 안쪽으로 걸어 들어갔다. 그곳에는 잔디가 깔린 작은 뜰에 화사한 색깔의 열대 지방 꽃들이 아름답게 피어 있었다. 캐럴라인은 다시 옷을 벗고 여러 장의 사진을 찍었다.

"저쪽에 연못이 있는데 그곳에 괜찮은 배경이 있을 것 같군요."

그녀가 의견을 말했다.

"좋아요. 어디 가 봅시다."

그녀가 옷을 어깨에 메고 길을 안내했다. 마이크는 그녀의 엉덩이가 이리저리 움직이는 것을 흥미롭게 바라보며 따라갔다.

그들이 연못에 왔을 때,

"내가 물속에 들어가 볼까요?"

하고 물었다. 그녀는 정말 적극적이었다.

"좋아요. 그럼 먼저 물속으로 다이빙한 다음에 머리카락을 전부 적시세요. 그리고 수영을 하면서 내 쪽으로 천천히 오세요."

그녀가 수련꽃을 꺾어 입에 물고 마이크를 향해서 천천히 헤엄쳐 오는 장면을 그는 열심히 찍었다.

그가 물가로 나오는 캐럴라인의 손을 잡아주자,

"난 깜빡 타올을 갖고 오지 않았어요. 그래서 몸을 닦고 드레스를 입을 수가 없군요."

하고 그녀는 말했다.

"우리가 자동차 있는 곳까지 걸어가는 동안 따뜻한 공기가 몸을 충분히 말려줄 거예요."

말을 끝낸 마이크가 갑자기 걸음을 멈추더니 그녀의 손을 잡으며 유연하게 끌어당겼다. 그녀의 몸이 그의 품속으로 들어가며 둘은 서로 입을 맞추었다.

뒤이어 그녀의 혀가 그의 입안으로 파고들었다. 그는 두 손으로 그녀의 등을 어루만지다가 손을 내려 그녀의 히프를 꽉 잡고 힘껏 끌어당겼다.

그러자 그의 남성이 불끈 일어서며 그녀의 아랫배를 찔렀다. 그녀는 두 손으로 그의 머리를 움켜잡고 그의 몸에 자신의 몸을 바짝 밀착시켰다.

"캐럴라인, 난 당신을 원해요."

하고 그는 속삭였다.

"마이크, 나도 그래요."

그녀는 그의 앞에 꿇어앉아 그의 허리띠를 풀고 바지를 벗겨내렸다. 다음 순간 그의 남성이 용수철처럼 튀어오르며 꼿꼿하게 일어섰다.

그녀는 몸을 앞으로 기울여 그것에 키스해 주었다. 마이크는 신고 있던 신발을 벗어 버리고 그녀를 꼭 껴안았다. 그녀는 그의 남성을 자신의 뺨에 비비었다.

"오, 나의 기쁨, 나의 행복!"

그녀는 그것이 너무도 귀엽고 사랑스러웠다.

"마이크, 사랑해요."

"캐럴라인, 사랑해."

두 사람의 감미로운 대화는 그들의 흥분을 더욱 고조시켰다.

"우리 결혼할까?"

마이크가 불쑥 말했다.

"그건 미끼인가요?"

"미끼?"

"남자들이 여자를 유혹할 때 흔히 쓰는…"

"그건 아니오."

"그렇다면 일시적인 흥분?"

"그것도 아니오."

"그럼 장난?"

"그건 더욱 아니오."

"음, 그럼 뭘까?"

"이건 진심이오."

마이크가 다시 한 번 그녀를 꼭 껴안았다.

그들의 퀴즈풀이 같은 긴 대화가 끝나고 한동안 침묵이 흘렀다. 샤를롯 애멀리의 우거진 숲에 눈부신 햇살이 가득 쏟아져 내리고 있었다.

"마이크, 난 지금 무한히 행복해요."

캐럴라인은 눈물이 글썽해서 말했다.

그녀는 뺨에 대고 있던 그의 남성에 키스를 했다. 그것은 지금 그녀에게 있어 하나의 남성이라기보다는 지극히 소중한 보물같이 느껴지는 것이었다.

그녀는 놓치기 싫은 보물을 완전한 자기 것으로 만들고 말겠다는 듯이 천천히 입속에 집어넣었다. 그리고는 그것을 꿀꺽 삼켜 자기의 심장 한가운데에 안전하게 놓아두고 싶었다.

그녀는 그의 남성을 목구멍 깊숙히 밀어넣어 부드럽게 애무하였다.

"음, 음…"

그는 흥분을 참지 못하고 신음소리를 냈다.

캐럴라인은 서두르지 않았다. 그녀는 입으로 그의 남성을 천천히 애무하기 시작했다. 부드러운 혀의 감촉과 함께 그녀의 뜨거운 열기가 그의 온몸을 전류처럼 흘렀다.

그는 한없이 기뻤다. 뛰어난 미모에다가 섹스의 기교에 있어서는 예술의 경지에까지 다달은 이런 여자는 일찍이 만나본 적이 없었기 때문이었다.

그는 단순히 기계적인 것이 아닌, 정성과 열정을 담은 혼신의 노력으로 자기를 기쁘게 해 주려는 그녀에게 무한한 사랑과 감사를 느꼈다.

이제 그에게 있어 캐럴라인은 단순한 섹스의 대상이 아니었다. 한없이 아껴주고 보살펴주고 싶은 사랑의 대상이었다. 그 자신도 많은 여자와 섹스를 해 보았지만, 이렇게 감동적인 사랑을 느껴 보기는 처음이었다.

그는 그녀를 안아 천천히 잔디에 눕힌 다음 그녀의 젖꼭지를 애무하기 시작했다. 그녀는 가냘픈 신음소리와 함께 그의 얼굴을 그녀의 가슴으로 끌어당겼다.

그녀의 젖꼭지는 점점 단단해져 가고 있었다. 그는 손을 그녀의 다리 사이로 내려 그녀의 숲속에 손가락을 집어넣었다.

그녀는 끙끙 신음소리를 내며 히프를 이리저리 비틀었다. 그녀의 숲속 깊숙히 들어간 그의 손이 조그만 원을 그리며 쉴새없이 꼼지락거리자 그녀는 다리를 더 크게 벌리며 파도가 치듯 온몸을 들썩들썩하였다.

그는 다시 얼굴을 그녀의 젖가슴에 파묻고 젖꼭지를 빨았다. 그것은 흥분에 들뜬 난폭한 공격이 아니고 부드럽고 따뜻한 애무였다. 목마른 자가 자신의 갈증을 풀려는 몸부림이 아니고, 목마른 자의 갈증을 풀어주려는 세심한 배려였다.

"오, 마이크."

캐럴라인의 가슴에 이제까지 어느 누구에게서도 느껴 보지 못했던 뭉클한 감동이 일어났다.

"마이크…"

그녀는 까닭 모르게 울컥 나오려는 눈물을 삼켰다.

마이크의 섹스 방법은 지극히 정상적인 것이었다. 애무가 끝나자 그는 그녀의 팬티를 벗기고 몸 위로 올라왔다. 그는 그의 남성을 자신의 손으로 잡고 그녀의 몸속으로 가만가만 밀어넣었다. 그리고는 조심스럽게 율동을 시작하는 것이었다.

그것은 섹스의 기교에 대해서 모른다거나 둔감한 것과는 다른 것이었다. 거기에는 상대방을 존중해 주고 아껴준다는 의미와 함께 지나치게 섹스에 집착하지 않는 의연함과 품위가 있었다.

캐럴라인은 처음 맛보는 감동과 감흥에 흥분이 고조되어 갔다. 그녀의 몸이 점점 더 격렬하게 퍼득거렸다. 그에 따라 그의 숨결도 점점 가빠졌다.

마침내 둘은 절정에 달한 듯 신음소리를 내며 서로 으스러지도록 꼭 껴안았다. 한동안 거친 숨소리만 들리다가 이윽고 정적이 찾아왔다. 멀리서 새 우는 소리가 은은히 들려오고 있었다.

"마이크, 고백할 게 있어요."

"새삼스럽게 무슨 고백이오?"

"나에겐 많은 남자들이 있었어요."

"그건 누구에게나 있는 거예요."

그는 대수롭지 않게 들어넘겼다.

"어느 영화에 나오는 대사처럼 난 인생을 낭비한 것 같아요."

"누구나 다 조금씩은 그런 거죠 뭐."

"그들은 하나같이 날 사랑하지 않았어요."

"음…"

"그런데 날 사랑하는 사람이 생겼어요."

"다행이군."

"그게 바로 당신이예요."

"사랑해요, 캐럴라인."

마이크가 그녀를 포옹했다.

"나도 당신을 사랑해요. 진심으로…"

그녀의 눈에 눈물이 글썽했다.

그들은 뉘엿뉘엿 기울어 가는 해를 바라보며 한동안 말이 없었다. 숲속에는 조금씩 검은 빛이 감돌고 있었다.

"캐럴라인, 아직도 맥켄리를 미워하나요?"

"…"

너무도 뜻밖의 질문에 캐럴라인은 당황했다.

"그를 용서해 주세요."

그는 마치 성자처럼 말했다.

"왜죠?"

"우리들의 사랑을 위해서예요."

"…"

그녀는 다시 입을 다물었다.

"지나간 남자들은 모두 당신을 사랑하지 않았다고 했죠. 맥켄리도 그 중의 한 사람이 아니겠어요. 그러니까 우리들의 사랑을 위해 그들을 모두 잊으라는 뜻이예요. 그들을 잊으려면 용서가 필요해요."

"좋은 충고로 받아들이겠어요."

캐럴라인은 그녀답지 않게 다소곳이 대답했다.

"아침에 워싱턴에 있는 친구 전화를 통해 알았는데, 그는 지금 완전히 파멸상태에 있다고 해요. 의원직은 이미 사퇴했고 곧 기소될 거라고 하더군요. 여성단체와 인권단체 등에서 사람들이 몰려와 하도 격렬하게 농성과 시위를 하는 바람에 집에 들어가지도 못하고 밖에서 떠돌이 생활을 하고 있대요."

"그 사람은 그렇게 맥없이 주저앉을 사람이 아니예요."

"이미 종이 호랑이가 된 그가 뭘 어쩌겠소? 전해 들은 말로는 기소에 대비하여 신변 정리를 하고 있다고 해요."

"신변 정리?"

그녀의 눈이 갑자기 빛났다. 그러나 그것은 공포의 빛이었다.

"그럴 거예요. 그는 아마 반드시 정리를 할 거예요?"

그녀는 혼잣말처럼 중얼거렸다.

"그게 무슨 말이오?"

그는 이해할 수 없다는 듯이 그녀를 쳐다보았다.

"그는 나를 정리하고야 말 거예요."

"아니, 당신과 맥켄리와의 관계는 이미 정리되지 않았어요?"

그는 더욱 영문을 알 수 없었다.

"지금 내가 말하는 정리란 제거를 뜻하는 거예요. 날 죽일 거란 말입니다."

"무슨 그런 끔찍한 말을…"

그의 눈이 휘둥그레졌다.

"아녜요, 그는 승부욕과 집착력이 강하고 누구 못지않게 자존심도 강해요. 더구나 그는 거대한 폭력 조직과도 연계되어 있음이 분명해요. 언젠가 대형 정부 공사를 따낼 때 전화하는 소리를 들었는데, '이봐, 큰애들 한 사오십 명을 현장에 배치해!' 하고 지시하더군요. 또 어떤 때는 '제거해 버려!'라든가 '깨끗이 정리해

버려!'라는 알듯 모를 듯한 말도 하곤 해요. 그의 날카로운 매눈
이 말해주듯 참으로 무서운 사람이예요."

그녀는 공포에 부르르 떨며 몸을 움츠렸다.

"염려 말아요. 당신의 신경이 너무 예민해져 있는 것 같아요."

그는 그녀의 어깨를 토닥거려 주었다.

그들은 각자 깊은 생각에 잠겨들었다. 그들이 문득 정신을 차
렸을 때는 파랗게 불을 켠 개똥벌레들이 그들의 주위를 맴돌고
있었다.

"벌써 어두워졌군. 자, 어서 자동차 있는 데로 갑시다."
하고 마이크가 말했다.

그들은 옷을 고쳐입고 서로 손을 마주잡은 채 숲을 지나 자동
차 세워둔 곳으로 갔다. 그들이 차를 타고 산 아래로 내려갈 때
캐럴라인은 마이크의 얼굴을 바라보며 나직히 속삭였다.

"사랑해요, 마이크."

21
화려한 종말

캐럴라인은 그녀의 일생을 통해 지금과 같은 행복감을 느껴보기는 처음이었다. 엘리카는 그녀의 책 판매를 위한 판촉 활동을 벌여야 한다며 빨리 뉴욕으로 돌아오라고 거의 매일 전화로 독촉하고 있었다.

그러나 캐럴라인은 출발 일자를 계속 뒤로 미루고 있었고, 마이크도 아직 촬영이 끝나지 않아 돌아갈 수 없다고 하면서 귀사를 최대한 늦추고 있었다.

그들은 밤낮으로 함께 지내며 관광도 즐기고 사진도 찍었다. 그리고 무엇보다도 그들의 장래 문제에 대해서도 의논하였다.

그녀는 충분한 휴식을 취하여 몸도 가벼워졌고 머리카락은 더욱 윤이 났으며 눈은 더 맑고 빛났다. 그녀는 그 동안 잘 쉬고 사랑도 듬뿍 받았었다.

"자, 이젠 떠나야겠죠?"

캐럴라인이 밝게 웃으며 말했다.

마침내 더 이상 지체할 수 없어 그들은 같이 세인트 토머스 섬을 떠나 뉴욕으로 돌아갔다.

마이크는 그녀를 데리고 그의 아파트로 가 그곳에서 함께 기거하기로 했다. 사람들의 관심은 아직도 캐럴라인에게 집중되고 있었다. 어디를 가나 기자들이 그녀를 집요하게 따라 붙었다.

"마이크 씨와는 어떤 관계죠?"

"같이 일하는 동료 사이예요."

"어떤 일이죠?"

"멋진 사진을 찍기 위한 일이예요."

"맥켄리 씨와는 요즘도 만나나요?"

"그럴 이유가 없죠."

"이유만 있다면 또 만날 겁니까?"

"아뇨."

"그건 왜죠?"

"그를 사랑하지 않으니깐요."

"스타가 되신 소감은요?"

"난 내가 스타라고 생각해 본 적 없어요."

"이미 스타가 됐잖아요?"

"스타가 아니라 그저 화제의 주인공 정도라 할까요."

"앞으로의 계획은? 결혼은 언제쯤 하게 됩니까?"

"노 코멘트!"

그들의 질문은 끝이 없었다.

그녀는 또한 수없이 많은 편지와 팩스를 받았다. 그 중에는 그녀에게 비난을 퍼붓는 것도 있었고, 격려하거나 위로하는 편지도 많았다. 심지어는 열렬히 구애하는 편지도 수십 통 있었다.

마이크에게서 들은 대로 그녀가 세인트 토머스 섬에 체류하는 동안 맥켄리는 의원직을 사퇴하고 어디론가 잠적했고, 그의 신부 페니도 워싱턴에서 자취를 감추었다고 한다.

확인되지 않은 소문에 의하면, 페니는 그후 수녀가 되기로 결심했는데 그녀의 아버지가 눈물을 흘리며 만류하는 바람에 지금은 어느 조용한 별장에 은거하고 있다고 한다.

"측은한 맥켄리…."

캐럴라인의 입에서 한숨이 나왔다.

"그리고 가없은 페니."

그녀는 페니에게 사죄라도 하듯 고개를 떨구었다.

새터 잡지사는 캐럴라인의 사진에 대해 만족했으며 마이크가 찍은 작품 중에 최고 걸작품이라고 칭찬하였다.

마이크의 성공적인 임무 수행으로 그는 최고 대우의 프리랜서 직을 맡게 되어 앞으로 사진 촬영에 대한 우선권과 선택권까지 갖게 되었다.

캐럴라인의 '의사당으로부터 온 여자'는 찍기가 바쁘게 불티나게 팔려 애벌론 출판사는 물론 엘리카와 마이어로 하여금 즐거운 비명을 지르게 했다.

캐럴라인은 비행기로 워싱턴에 가서 옷과 가재 도구 등을 모두 뉴욕으로 옮기도록 했다. 그런데 녹음 테이프는 어떻게 해야 할지 좋은 생각이 떠오르지 않았다.

그녀는 메리안느와 홉킨스 기자를 만나 점심을 같이 했다. 그들은 맥켄리 사건 취재의 공적을 인정받아 우드워드 상과 번스타인 상을 받고 일약 유명 기자가 되었으며, 어느 사이에 그들은 결혼도 하였다.

캐럴라인은 두 기자에게 선물로 녹음 테이프를 주면서,

"이 테이프가 당신들에겐 잊지 못할 귀중한 기념물이 될지 모르겠군요. 그러나 나에게는 잊고 싶은 나의 지나간 역사이기도 해요. 난 추한 과거를 가지고 있어요."

캐럴라인은 쓸쓸한 얼굴로 말했다.

"앞으로 어떻게 하실 작정이세요?"

하고 메리안느가 물었다.

"우선 뉴욕으로 가서 마이크와 만날 예정이예요."

"마이크는 유능하고 참 좋은 사람이라고 듣고 있어요."

하고 홉킨스가 말했다.

"네, 좋은 사람이예요. 내가 그를 만나지 않았다면 어떻게 이 소용돌이를 혼자 감당해야 할지 몰랐을 거예요."

캐럴라인은 잠시 회상에 잠기는 듯했다.

"물론 엘리카가 많은 도움을 주었지요. 그러나 마이크가 정신적인 기둥이 되어 주었어요. 내가 신문에 그 일을 폭로한 것이 잘못되지 않은 것이라고 끝까지 나에게 용기를 북돋워 준 사람이 바로 마이크였어요. 두 기자님에게도 감사드려요."

"앞으로 뉴욕에서 사실 계획이십니까?"

*

메리안느가 물었다.

"네, 마이크가 그곳에서 일하고 있어요. 나도 뉴욕을 좋아하고 있고요."

"사람들이 당신을 알아보던가요?"

홉킨스가 물었다.

"알아보는 사람이 많지는 않았어요. 마이크는 내가 사진이 잘 나오지 않는 편이라고 하면서 사진보다 실물이 더 예쁘다고 했어요. 아마 그것이 나에게 유리한 점이 되었는지도 모르겠어요. 그래서 많은 사람이 나를 알아보지도 못했고 또 안다고 해도 그저 호기심 정도뿐이었어요."

"영화배우가 되려는 생각은 가져보지 않으셨어요?"

하고 홉킨스가 묻자 메리엔느가 거들었다.

"아예 이번 기회에 할리우드로 진출해 보면 어떨까요?"

"어머, 할리우드요?"

캐럴라인의 눈이 번쩍했다.

"그래요. 할리우드는 1920년대부터 워싱턴 정계와 긴밀한 커넥션을 갖기 시작했어요. 60년대의 케네디 대통령은 원체 부자집안이라 정치자금에는 그다지 관심이 없었지만 프랭크 시내트러, 셜리 매클레인 등과 아주 가깝게 지냈죠. 그러나 70년대 들어서면서부터 워싱턴은 정치 기금 모금을 할리우드에 의존하기 시작했고, 할리우는 그 반대급부로서 정치적 영향력을 추구하게 됐죠."

"연예인들의 힘이 그만큼 센가요?"

캐럴라인은 입을 다물지 못했다.

"그럼요. 특히 지난 86년에는 그들이 할리우드 여성 정치 위원회를 중심으로 정치권과 정면으로 맞서기도 했어요."

메리안느의 말에 홉킨스가 제동을 걸듯 말했다.

"할리우드 진출엔 뛰어난 연기력과 미모도 중요하지만, 무엇보다도 돈이 있어야 해요. 그것도 상당한 돈이…"

캐럴라인이 머리를 저으며 웃었다.

"내겐 꿈같은 얘기예요. 사실 난 배우가 될 소질은 없는가 봐요. 나에게 제의가 들어오는 건 모두 포르노 영화뿐이거든요. 게다가 나에겐 그만한 돈도 없구요."

캐럴라인은 그것이 다소 아쉬운 듯이 말하다가 이내 환한 얼굴로 돌아오며,

"하지만 내 생각에도 난 남자를 행복하게 해 주는 재능은 있나 봐요. 난 앞으로 요리하는 법도 배우고, 마이크에게 사진에 대해 가르쳐 달라고 해서 그가 촬영하러 나가면 같이 가서 도와주기도 하면서 살고 싶어요."

점심 식사가 끝나자 캐럴라인은 두 젊은 기자에게 작별 키스를 했다. 그녀는 택시를 타고 공항으로 가서 뉴욕행 비행기를 탔다.

그녀가 뉴욕 공항에 내리자 마이크가 마중을 나와 있었다. 둘은 같이 마이크의 아파트로 갔다.

"내가 당신에게 보여줄 게 있어요."

"그게 뭐죠?"

마이크는 그녀의 사진이 실린 새터 잡지를 건네주었다. 그녀는 자신의 사진을 보고 깜짝 놀랐다.

"어머, 멋져! 정말 사진이 잘 나왔군요. 이건 한 마디로 환상

적이예요."

"당신은 정말 아름답고 착한 여자예요. 우리 내일 시청에 가서 정식으로 결혼식을 올려 합법적인 부부가 되도록 합시다."

"좋아요. 우리 내일 같이 가요."

그들은 서로 껴안고 키스를 했다.

"잠깐만 기다려요. 냉장고에 샴페인을 넣어둔 게 있어요."

그는 부엌으로 뛰어가 잔 두 개를 가져왔다.

"자, 우리 건배합시다."

그는 샴페인이 가득 채워진 잔을 높이 들었다.

"마이크, 잠깐만…"

그녀가 마주 잔을 들려다 말고 건배를 중단시켰다.

"왜 그래요, 캐럴라인?"

그가 놀라 물었다.

"마이크, 솔직하게 말해줘야 돼요."

캐럴라인의 얼굴은 진지했다.

"뭘 말이오?"

"난 추한 여자예요. 그렇게 생각하지 않으세요?"

"전혀… 전혀 그렇게 생각하지 않아요."

"어째서 그렇죠?"

"당신이 생각을 바꾸었기 때문이오. 그것도 진심으로…"

"생각만 바꾸면 추한 과거가 다 지워지나요?"

"그래요. 난 그렇게 생각해요."

"좀더 구체적인 당신의 생각을 듣고 싶어요."

"당신은 지나간 남자들을 깨끗이 잊고 지금 나를 사랑하고 있어요. 그러면 그만 아니예요? 그리고 현재 당신에게는 조그만 몸의 상처도 없지 않아요."

"너무 쉽게 얘기하군요."

그녀가 다소 실망한 듯이 말했다.

"이건 나의 확고한 신념을 말하는 거예요. 당신의 과거는 결코 추한 것이 아니었어요. 그건 오히려 아름답다고 말할 수도 있어요. 왜냐하면 당신은 당신 나름대로 최선을 다했으니까요."

마이크의 표정은 진지했다. 그는 말을 계속했다.

"특히 여자들이 '더럽혀진 몸'이라든가 '상처입은 몸'이라는 표현을 많이 쓰는데, 더럽혀진 건 씻으면 되고 상처는 아물면 그만 아닙니까?"

"그러나 그곳은 다른 곳과 똑같이 비교될 순 없잖아요?"

"그렇게 생각하는 것이 문제예요. 뭐가 달라요? 손에 상처를 입고 다리를 다쳤다고 해서 경멸의 대상이 되거나 비판의 표적이 될 이유는 없는 것과 마찬가지죠."

"마이크, 난 두려워요."

"또 뭐가 문제예요, 나의 예쁜 신부?"

"우리들의 행복이 깨어질까 봐서요."

"캐럴라인…"

둘은 또 한번 뜨거운 키스를 했다.

그때 요란하게 전화 벨이 울렸다. 엘리카였다.

"마이크와의 결혼 준비는 잘 되고 있어요?"

"어머, 그걸 어떻게 아셨어요?"

"나에게도 예민한 안테나가 몇 개 있지요… 그런데 요즘 워싱턴 정가에는 이상한 소문이 떠돌고 있어요."

"맥켄리에 관한 건가요?"

"그래요."

"또 어떤 내용이죠?"

"최근 맥켄리가 거액을 챙겼다는 소문이에요."

"아니, 어떻게? 그는 이미 매장되어 잠적하지 않았어요?"

캐럴라인이 깜짝 놀라 물었다.

"그 점이 불가사의예요. 그러나 어떻든 그는 워싱턴 해럴드 신문과 애벌론 출판사로부터 각각 10만 달러씩 20만 달러를 받아냈다는 확인되지 않은 소문이 나돌고 있어요."

"정말 대단한 사람이군요."

캐럴라인의 입에서 감탄하는 말이 나왔다.

"그러니까 자기 때문에 많은 돈을 벌었으니, 자신의 보석금 준비에 좀 협조해 달라고 했다는 거고, 신문사와 출판사는 어쩔 수 없이 그에 응할 수밖에 없었다는 얘기예요. 뭐가 뭔지 나 원…"

하며 엘리카가 혀를 찼다.

"다 그런 거죠, 뭐. 그렇게 얽혀 먹고 사는 거 아니겠어요. 그리고 이제 난 맥켄리가 완전히 매장되는 건 원치 않아요. 마이크도 그렇게 말했어요."

"좋은 생각을 하셨군요. 남을 미워하면 자기 자신도 그만큼 고통스러우니까요. 참, 그리고 출판사에서 보내드린 우편물은 받으셨어요?"

"우편물요? 아직…"

"아이구, 내가 그만 깜박 잊었군. 오늘 당신 앞으로 우편물이 왔었는데…"

그제야 마이크가 생각난 듯 소리를 질렀다.

"네, 마이크가 받아두었대요. 엘리카, 고마워요."

"안녕, 캐럴라인. 또 전화할게요."

마이크가 침대에서 일어나 편지 봉투를 가지고 왔다.

캐럴라인이 그것을 열어보니 안에 들어 있는 것은 그녀의 책을 판 첫 로얄티의 수표였다. 자그만치 8만 5천 달러나 되는 거금이었다.

"그걸로 뭘 하려고 해요?"

"근래에 들어온 돈과 함께 이걸 은행에 예금해 두었다가 이 다음에 세인트 토머스 섬에 우리의 집을 사는 데 쓰겠어요."

"앞으로 나도 열심히 벌면 우린 언젠가는 그 집을 살 수 있을 거예요. 나도 이제는 사진 촬영을 프리랜서로 하고 있으니까 많은 돈을 벌 수가 있어요."

다음날 캐럴라인은 마이크와 같이 시청에 가서 간단하게 결혼식을 올렸다. 메리안느와 홉킨스가 워싱턴에서 비행기로 와서 그들의 결혼식을 축하해 주었다.

캐럴라인과 마이크가 시청의 계단을 걸어 내려올 때 메리안느와 홉킨스는 풍습대로 그들 뒤에서 쌀을 뿌렸다. 캐럴라인이 걸음을 멈추고 말했다.

"오 마이크, 난 정말 행복해요."

그녀는 마이크를 껴안고 키스를 했다.

바로 그때였다.

퍽! 퍽! 퍽!

하고 세 차례의 둔탁음이 일정한 간격을 두고 울렸다.

"암살이다!"

홉킨스 기자가 큰 소리로 외쳤다. 지원병으로 걸프전에 참전한 바 있고 첩보영화를 좋아하는 그는 그것이 소리를 제거한 총의 조준사격에 의한 관통음이라는 것을 직감했다. 그는 메리안느를 부둥켜안으며 계단 위로 굴렀다. 여기저기서 비명소리가 나고 주위는 삽시간에 아수라장이 되고 말았다.

캐럴라인도 뭔가 희미한 소리를 들었다. 그러나 그것이 무슨 소리인지는 분명치 않았다. 그때 갑자기 분명하게 떠오르는 것이 있었다. 그것은 놀랍게도 맥켄리의 찌르는 듯한 음성이었다.

"나를 끝까지 매장시킨다면 반드시 당신을 죽이는 사람이 나타날 거야!"

캐럴라인의 머리 속에 지난 3년간의 일들이 주마등처럼 빠르게 지나갔다. 그녀의 하원의원 여비서로서의 화려한 비상은 그와 동시에 한갓 섹스 파트너로서의 비참한 추락을 의미하는 것이기도 했다.

그것이 그녀의 한계라면 한계이고 운명이라면 또 그렇게 받아들일 수밖에 없는 일이었다. 그 모순 속에서 때로는 즐기며 웃기도 하고 또 때로는 혼자 슬퍼서 울기도 했다. 그러나 이제는 모든 것이 끝나가고 있는 것이다.

캐럴라인의 머리와 가슴에서 흥근히 피가 흐르고 있었다. 그녀의 얼굴이 점점 창백해지기 시작했다.

"난 한번 멋지게 살아보려 한 것뿐인데…"

그녀의 눈에서 주르르 눈물이 흘러내렸다.

첫 사랑의 추억에서
다시 찾은 행복

2020년 11월 10일 인쇄
2020년 11월 15일 발행

옮긴이 / 이 성
펴낸이 / 김 용 성
펴낸곳 / 지성문화사
등 록 / 제5-14호 (1976. 10. 21)
주 소 / 서울시 동대문구 신설동 117-8 예일빌딩
전 화 / 02)2236-0654
팩 스 / 02)2236-0655, 2952